복 있는 사람

오직 여호와의 율법을 즐거워하여 그 율법을 주야로 묵상하는 자로다.
저는 시냇가에 심은 나무가 시절을 좇아 과실을 맺으며 그 잎사귀가 마르지 아니함 같으니
그 행사가 다 형통하리로다.(시편 1:2-3)

로마서는 깊은 샘과 같아서 누구도 그 끝을 알 수 없다. 말씀을 사모하고 진리를 추구하는 사람들이라면, 누구나 로마서 속으로 깊이 파고 들어가기 전에는 맛보지 못하는 샘물을 퍼 올리고 싶어 한다. 그래서 로마서에 대한 주석은 언제나 대작이 된다. 해야 할 말과 하고 싶은 말이 너무나 많기 때문이다. 그러한 맥락에서 프레더릭 브루너의 이 주석은 차별성을 가진다. 그는 절제된 언어로 "다섯째 복음서"라고 불리는 로마서의 전체 흐름과 세부 내용을 함께 볼 수 있도록 안내한다. 그 과정에서 그동안의 중요한 로마서 연구자들의 의견을 소개한다. 또한 자신의 신앙적 체험과 목회적 경험을 통해 로마서를 오늘의 삶에 적용하도록 돕는다. 저자 스스로 "짧은 주석"이라고 이름 붙였지만, 그 내용은 결코 짧지 않다. 내 서재에 오랫동안 곁에 두고 참고할 만한 책이다.

김영봉 와싱톤사귐의교회 담임목사

로마서는 많은 학자들이 오랫동안 연구하여 한 구절도 자세히 다루지 않은 곳이 없다. 그러나 이 책처럼 평생 복음서를 연구하며 가르치다가 은퇴 후에 로마서를 연구한 학자의 주석은 흔하지 않다. 이 주석은 누구나 읽을 수 있게 쉽게 쓴 장점과 복음서 전문가의 관점에서 로마서 본문을 해석한 독특성을 가진다. 물론 어떤 해석이든 주석가의 관점을 완전히 벗어날 수 없고, 어떤 주석서든 성경의 깊이를 다 드러낼 수 없는 한계를 가지기에 이 책의 내용을 최종 결론인 양 받아들일 수는 없을 것이다. 그러나 그러한 한계로 인해 그동안 아무리 많은 로마서 주석서들이 나왔음에도 로마서의 광산에는 여전히 캐낼 것이 많고, 우리는 이 광산에 온 독특한 광부가 수고하여 새롭게 캐낸 옛 보석들을 이 책에서 소개받을 수 있을 것이다.

신현우 총신대학교 신학과 교수

프레더릭 브루너는 내가 가장 사랑하는 주석가 중 한 사람이다. 나는 이 주석을 사전 찾듯 부분만 읽은 것이 아니라 처음부터 끝까지 읽었는데, 그의 저술은 그럴 만한 가치가 있을 정도로 일관적이며 탁월하기 때문이다. 그의 주석은 역사상 가장 뛰어난 주석가들과의 정직한 대화를 바탕으로, 저자 자신의 개인적인 경험과 지성을 신실하게 녹여 낸다. 특히 (논란이 많은 장인) 7장에 대한 그의 주석을 통해 개인적으로 큰 도움을 받았는데, 이 장을 읽어 본다면 브루너 주석의 가장 탁월한 강점을 고스란히 맛볼 것이라 확신한다. 특히 저자의 다른 주석들과 달리 분량 면에서 부담 없이 읽을 수 있는 이 책은, 설교를 준비하는 현장 목회자들과 진지하게 성경을 연구하는 성도들 모두에게 큰 선물이 될 것이다.

이정규 시광교회 담임목사

교회의 위대한 가르침인 복음서—마태복음과 요한복음—의 탁월한 해석자로 인정받은 프레더릭 브루너가 이제 교회의 신학 선언서인 로마서—"다섯째 복음서"라고 불러 마땅하다—로 독자들을 인도한다. 교회 역사를 이끌었던 주요 해석자들의 알차고 소중한 글로 채워진 이 짧은 강해서는 현대 설교자와 해석자들에게 특별히 가치가 있다.
폴 N. 앤더슨 조지폭스 대학교 교수

이 짧은 주석서에서 브루너는 복음을 절실히 필요로 하는 우리의 형편과 하나님께서 그리스도 안에서 베푸신 사랑의 은혜에 관한 바울의 논의를 명료하고 이해하기 쉽게 설명한다. 전문 용어와 난해한 학문적 논쟁에 얽매이지 않으면서도 시의적절한 사례들로 채워진 이 책은 소그룹 성경 연구나 성인 교육반에서 사용하기에 최적이다.
윌리엄 A. 더네스 풀러 신학교 교수

복음을 탁월하게 설명하는 이 책은 미국 최고의 복음서 주석가 중 한 사람인 프레더릭 브루너의 작품이다. 브루너의 로마서 번역은 신선하고 명쾌하며, 그의 로마서 해석은 솔직담백하고 통찰력이 있으며, 그가 핵심 본문에 덧붙인 개인적 간증들은 현대 독자들에게도 로마서가 적합함을 보여준다. 브루너는 복음서와 교회의 고백들을 살펴 바울의 메시지를 견고하게 다지는 증거를 찾아서, "다섯째 복음서"를 연구한 최고의 주석가들의 탁월한 통찰을 책 전체에 담아 독자들에게 소개한다.
제임스 R. 에드워즈 휘트워스 대학교 교수

브루너가 저술한 역작 마태복음과 요한복음 주석 두 권은 교회에서 믿을 만하고 영감을 주는 포괄적인 연구서로서 그 가치를 인정받았다. 그 후 십여 년의 연구 끝에 브루너는 또 한 번 그 일을 해냈다. 로마서—브루너는 "다섯째 복음서"라고 부른다—를 다룬 이 짧은 책은 바울의 탁월한 서신을 명료하고 이해하기 쉽도록 설명한 저술이다. 훌륭한 강해서는 본문을 그 원래의 양식을 살펴 해명하고, 본문의 의미와 가치를 신학적으로 꿰뚫어 보며, 나아가 현대 독자들의 삶에 본문을 적용할 수 있도록 돕는다. 브루너는 그의 저술이 지닌 공통된 특성인 평이하고도 삶에 친숙한 양식을 적용해서 이러한 세 요소를 최고로 드러낸다.
게리 M. 버지 칼빈 신학교 교수

브루너의 최고 저술이다! 개인 특유의 체험과 교회사에 등장한 주석가들에게서 인용한 멋진 글로 가득하며 신학적으로도 깊이 있는 강해서인 이 작은 책은, 독자들에게 기쁨과 영감을 불어넣어 로마서를 더욱 깊이 공부하고자 하는 열의를 불러일으키기에 충분하다. 성경을 소중히 여기고 흥미롭게 글을 쓰는 뛰어난 교사가 현대 신자들이 씨름하는 문제들을 염두에 두고 저술한 이 책은, 목회자와 교사 및 성경의 핵심을 이해하려는 모든 사람에게 큰 도움이 된다. 브루너만큼 복음이 힘 있게 울려 퍼지게 하는 사람도 없다!
로저 모랑 휘트워스 대학교 교수

프레데릭 브루너 **로마서 주석**

The Letter to the Romans: A Short Commentary

Frederick Dale Bruner

프레더릭 브루너 **로마서 주석**

프레더릭 D. 브루너 지음 / 김기철 옮김

복 있는 사람

프레데릭 브루너 로마서 주석

2022년 6월 16일 초판 1쇄 인쇄
2022년 6월 28일 초판 1쇄 발행

지은이 프레데릭 D. 브루너
옮긴이 김기철
펴낸이 박종현

(주) 복 있는 사람
주소 서울특별시 마포구 연남동 246-21(성미산로23길 26-6)
전화 02-723-7183, 7734(영업·마케팅) 팩스 02-723-7184
이메일 hismessage@naver.com
등록 1998년 1월 19일 제1-2280호

ISBN 979-11-91987-73-7 03230

The Letter to the Romans
by Frederick Dale Bruner

차례

서문

다섯째 복음서 해석에 붙인 개인적 서론

교직 생활 전체와 교수직에서 물러나서도 한동안 필리핀의 유니온 신학교에서 1964-1975, 휘트워스 대학교에서 1975-1997, 은퇴한 후로 상당한 기간 나는 아주 즐겁게 연구하고 가르쳤으며, 그 결실로 성경 가운데서 두 책을 강해서로 펴냈다. 마태복음 1987, 2004 과 요한복음 2012 의 강해서가 그것이다. 그러니 최근 십여 년 사이에 온 마음을 쏟아 바울의 대작인 로마서를 깊이 연구하고 가르치며 이제 강해서로 출간하게 된 일은 개인적으로나 학문적으로 커다란 도약인 셈이다. 나는 내가 연구하고 가르치는 책이 마태와 요한의 책과 마찬가지로 철저하게 '그리스도 중심성' christocentricity 을 견지하는 복음이요, 다른 것이 있다면 바울의 복음은 예수를 '그림 그리듯' 제시하기보다는 '명제적'으로 설명한다는 사실을 깨달았다. 바울의 로마서는 똑같이 복음이지만 깊이 있는 **이야기**들보다는 심원한 **명제**들로 기록되었다. (나도 바로 그 세계 속에 있으면서도) 이제 그 세계를 완전히 새로운 시각에서 바라보게 되었으며, 그 시각은 아주 멋졌다. 그렇게 해서 나는 이 동일한 복음을 저 높은 곳, 매력적이고 찬란한 정상에서 바라보는 대신 여기 아래쪽, 그 풍요로운 심연 속에 서서 바라보게 되었다.

그와 동시에 나는 로마서의 이런 심연들을 깊이 탐구해 온 풍성한 강해 세계로 여행을 시작했다. 이 새로운 주석 세계에서 만난 학자들은 대부분 자신이 선택한 이 대작을 깊이 파고들어 황금을 거둬 올리는 일에 삶의 많은 부분을 쏟아부은 사람들이었다. 내가 바울의 본문과 나눈 대화는 대부분 이 동료 광부들과 나눈 대화라고 할 수 있는데, 이 사람들은 바울의 심원한 문장들을 뒤져 그가 말하고 의미한 것을 정확히 파악하는 일에 삶을 바친 이들이다. 그리하여 오랜 세월에 걸쳐 활동한 중요한 로마서 주석가들—골치 아픈 오리게네스약 185-254에서부터 탁월한 찰스 크랜필드Charles Cranfield, 1915-2015에 이르기까지—과 사귀는 일에서 풍성한 결실을 얻었다. 나는 이 책의 독자들이 바울의 대작에 담긴 의미를 이해하고자 애쓰는 일 못지않게 이 주석가들과도 소통할 수 있기를 바란다.

폭넓은 학문적 합의에 따르면, 바울은 주후 50년대에 마지막이자 운명을 건 예루살렘 방문을 앞두고 고린도에서 이 편지를 썼다. 바울은 예루살렘에서 체포되었으나 (그가 로마 시민이었던 까닭에) 로마 관원의 보호를 받아 로마로 이송되었으며, 로마에서는 (놀라울 정도의 특권을 누리면서) 가택에 연금되었다. 이렇게 예상 밖의 장소와 형편에서 바울은 자기가 원하는 유대인과 그리스도인들을 손님으로 초대하여 복음에 관해 대화를 나누도록 허락받았다. (바울이 로마에서 순교하기 전 마지막 시기에 관한 자세한 내용은 사도행전 28장 후반 3분의 2 부분을 참조하라.)

바울은 1세기에 수십 년에 걸쳐서 네 권의 복음서가 기록되던 때보다 몇 년 앞서서 로마서를 저술했다. 따라서 내가 로마서를 "다섯째 복음서"라고 부르는 것은 연대적 순서에 따른 것이 아니라, 널리 알려진 네 복음서가 메시아 예수의 기쁜 소식을 그 '넓이'(마태)와 '토대'(마가), '폭'(누가), '높이'(요한)라는 면에서 설명한 것을 '깊이'라는 측면에서 밝혀내는 바울의 독특한 견해를 독자들에게 제시하려는 것이다. 바울의 다섯째 복음서는 시기상 나중에 기록되었으나 지금은 앞자리에 놓인 네 복음서의 깊고 최종적인 '의미'를 밝히 드러내 보인다. 그 의미란 사랑하시는 아버지와 고난당하신 예수, 그리고 이처럼 고난을 통한 사랑을 적용하시는 성령으로 말미암아 **인간은 그리스도를 단순히 믿음으로**

써 하나님과 온전히 바른 관계를 누릴 수 있다는 것이다. 앞 문장에서 굵은 글자로 강조한 부분에서 주장하는 것이 바울의 로마서에서 핵심을 이루는 메시지다. 만일 이런 의미가 역사적이고 사실에 근거한 참이라면, 당연히 그것은 참 기쁜 소식이다(이것이 그리스어 유앙겔리온eu-angelion과, 초기 영어 gōd-spel 기쁜 이야기에서 유래한 "gospel"의 문자적 의미다). 만일 다양한 형태를 지니는 복음서를 그 풍성한 형태를 고려하고 이 최종적 평가의 관점에서 철저하게 읽지 않는다면—다시 말해 이렇게 제시된 참 기쁜 소식과 인격적으로 상호작용하면서 읽지 않는다면—이 책들이 그토록 힘주어 강조하는 유익을 온전히 누릴 수 없을 것이다. 교회를 위한 강해서를 저술하는 우리 같은 사람들은 대부분 예수 그리스도의 기쁜 소식이 흥미롭고 중요할 뿐만 아니라 참 진리—이 세상에서 가장 중요하고 확실하고 단일한 진리—라고 믿는다. 사도 바울의 말을 공정하게 귀 기울여 듣고, 나아가 교회가 믿는 이 진리가 실제로 신뢰할 만한 진리인지 우리 스스로 새롭게 결단할 필요가 있다.

내가 이 강해서를 쓰는 데 두 사람이 특히 큰 도움을 주었다. 신학을 좋아하고 쾌활하며 상식이 뛰어난 내 아내 캐시가 내게 끊임없이 조언을 해주었다. 또 어드먼스 출판사의 편집자 크레이그 놀은 이 책의 원고를 읽고서 신중하게 용기를 북돋아 주고 좀 더 명료하게 다듬을 수 있도록 제안하였다. 그런 배우자와 편집자라면 하나님께 복을 받을 자격이 있다.

로마서 전체의 구조

바울의 서론적 논의와 다섯째 복음서의 주제 1:1-17

Ⅰ. 인간의 죄 1:18-3:20

Ⅱ. 하나님의 은혜 3:21-5:21

Ⅲ. 그리스도인의 삶 6:1-8:39

Ⅳ. 하나님의 선택 9:1-11:36

Ⅴ. 그리스도인의 실천 윤리 12:1-15:13

바울의 결론적 논의와 로마의 그리스도인들에게 보내는 개인적 인사 15:14-16:27

로마서의 세부적인 구조와 차례

1:1-32 | 바울의 서론: 복음의 기쁜 소식이 절실히 필요한 우리

Ⅰ. 로마의 그리스도인들에게 자신과 "기쁜 소식"을 소개하는 바울 1:1-7

Ⅱ. 수신자들을 위한 바울의 특별한 기도와 지지, 감사, 간구 1:8-15

Ⅲ. 복음의 의미에 대한 바울의 간략한 소개 1:16-17

Ⅳ. 슬픈 소식: 하나님의 의를 전하는 기쁜 소식이 긴급한 이유 1:18-32

1장의 부록: 메시아에 관한 예언들

2:1-3:20 | 인간의 죄를 의로 심판하시는 하나님

서언: 로마서 이외에 심판 주제를 다루는 성경 본문들

① 마태복음 7장에 나오는 예수의 말씀

② 누가복음 18장에 나오는 예수의 말씀

③ 고린도 교회의 그리스도인들에게 보낸 바울의 편지

Ⅰ. 모든 인간에 대한 하나님의 의로운 심판 2:1-16

① 심판에 관한 바울의 서론적 강화 2:1-11

② 심판에 관한 바울의 둘째 강화 2:12-16

Ⅱ. 하나님의 백성인 유대인도 의로 심판하시는 하나님 2:17-3:8

① 심판에 관한 바울의 셋째와 넷째 강화2:17-29

② 심판에 관한 바울의 다섯째 강화3:1-4

③ 심판에 관한 바울의 여섯째 강화3:5-8

Ⅲ. 결론적 요약: 행위로 하나님 앞에서 의로운 사람은 없다3:9-20

3:21-31 | 하나님의 기쁜 소식: 그리스도의 완전한 희생으로 말미암아 단순한 믿음으로 받는 하나님과의 완전히 바른 관계

Ⅰ. 바울이 전하는 하나님의 기쁜 소식의 핵심 진리들3:21-25a

Ⅱ. 바울이 선포한 하나님의 기쁜 소식의 부차적인 진리들3:25b-26

Ⅲ. 3:21-26의 의미에 대한 신약성경 자체의 해석

① 예수가 산상수훈에서 가르친 참된 복들마 5:3-6

② 예수의 탕자 비유에서 중간과 끝부분눅 15:20-32

③ 예수가 가르친 바리새인과 세리의 비유눅 18:9-14

Ⅳ. 3:21-26: 역사적으로 큰 영향을 끼친 두 가지 번역

① 마르틴 루터의 로마서 3:21-26 번역

② 윌리엄 틴데일의 로마서 3:21-26 번역

Ⅴ. 3:21-26에 대한 하이델베르크 교리문답의 해석

① 하이델베르크 교리문답, 1563: 제1문

② 하이델베르크 교리문답, 1563: 제60문

Ⅵ. 3:21-26에 대한 현대 교회와 성경의 주해, 칭의와 속죄의 교리들

① 현대 교회:

루터교 세계연맹과 로마 가톨릭교회의 칭의 교리에 관한 공동선언1999

② 3:21-26에 대한 현대의 성경 주해들

Ⅶ. 후기: 한 번 더, 오직 단순한 믿음으로 Sola Fide, 3:27-31

부록: 히브리서에서 예수의 대속을 칭송하는 본문들

① 우리 안에 계시는 성령에 대한 서론8:1-8

② 우리 안에 계셔서 생명을 주시는 성령8:9-11

③ 우리 안에 계셔서 양자 삼으시고 싸우시는 성령8:12-17

II. 장차 모든 피조물이 누릴 영광을 바라보는 그리스도인의 삶8:18-30

III. 정점: 우리 주 예수 그리스도 안에 나타난 하나님의 크신 사랑8:31-39

부록: 신약성경에 나오는 성령의 은사 개관

9:1-29 | 하나님의 이스라엘 선택

I. 문제 제기: 큰 특권을 누렸던 이스라엘9:1-5

II. 제기된 문제와 일차적인 답: 하나님의 주권9:6-18

III. 추가 사항: 하나님의 진노와 자비9:19-29

9:30-10:21 | 단순한 믿음으로 의를 이루시려는 하나님의 계획과 이스라엘의 불신앙

I. 이스라엘의 불신앙 형태9:30-10:4

II. 믿음을 보시고 만인을 구원하시려는 하나님의 계획, 자세한 설명10:5-13

III. 하나님께서 이끄시는 구원의 연결 고리와 그 안에 참여하라는 권고10:14-21

11:1-36 | 이스라엘과 교회에 관한 신비

I. 이스라엘의 배제가 최종 결말은 아니다11:1-10

① 하나님은 언제나 이스라엘의 남은 자들을 보호하셨으며
지금도 보호하신다11:1-6

② 하나님의 목적은 그 최종 목표에서 어긋남이 없다11:7-10

II. 이스라엘과 이제는 이방인이 주도하는 교회11:11-24

III. 하나님의 최종 계획의 비밀: "모든 이스라엘이 구원받게 된다"11:25-32

IV. 하나님께 드리는 찬미의 노래11:33-36

15:14-16:27 | 바울의 로마서 결론

Ⅰ. 바울이 담대히 글을 쓰는 이유 15:14-21

Ⅱ. 로마를 방문하려는 바울의 계획 15:22-33

Ⅲ. 바울이 로마의 그리스도인들에게 보내는 개인적 문안 16:1-16

Ⅳ. 바울의 마지막 가르침 16:17-24

Ⅴ. 바울의 마지막 송영 16:25-27

일러두기

1 이 책에 인용된 성경은 '개역개정판' 제4판을 따랐다.
이해를 돕기 위해 저자가 로마서 본문을 사역(私譯)한 구절은 괄호( ) 안에 별도 표시했다.

2 저자가 인용한 참고 문헌은 본문의 위 첨자에 표기하면서 해당 문서의 출처를 밝히고 있다. 예를 들어, 이 책 26쪽 칼 바르트의 '『로마서』, 1928, 6, 29'는 1928년도에 출간된 제6판 29쪽이라는 의미다. 또한 27쪽의 '『교부들의 성경 주해』(ACCS) 6:14'는 원서인 *Ancient Christian Commentary on Scripture*의 제6권 14쪽이라는 의미다. 국내에 번역 출간된 경우, 위 첨자의 도서명을 한국어로 표기했다(예를 들어, 『칼빈주석 로마서』).

다섯째 복음서

—

바울의 로마서

바울은 로마서의 시작과 끝에 간략하나 중요한 서론적 논의(1:1-17)와 몇 가지 논의를 포함한 결론부(15b-16장)를 배치하고 본문을 '다섯 가지 주요 주제'를 다루는 부분으로 나누었으며, 각 부분은 거의 비슷하게 3-5쪽 분량으로 이루어져 있다. 잘 알다시피 훗날 교회는 바울의 로마서 전체(와 성경 전부)를 장과 절로 구분하고 번호를 붙여서, 독자들이 특정 본문의 위치를 쉽게 확인할 수 있도록 다듬었다. 따라서 바울의 로마서 전체는 다음과 같은 구조로 이루어진다.

서론적 논의와 다섯째 복음서의 주제	1:1-17
I. 인간의 죄	1:18-3:20
II. 하나님의 은혜	3:21-5:21
III. 그리스도인의 삶	6:1-8:39
IV. 하나님의 선택	9:1-11:36
V. 그리스도인의 실천 윤리	12:1-15:13
결론적 논의와 개인적 인사	15:14-16:27

1:1-32

바울의 서론

복음의 기쁜 소식이 절실히 필요한 우리

로마서 1장은 다음과 같은 구조로 이루어진다.

Ⅰ. 로마의 그리스도인들에게 자신과 "기쁜 소식"을 소개하는 바울1:1-7

Ⅱ. 수신자들을 위한 바울의 특별한 기도와 지지, 감사, 간구1:8-15

Ⅲ. 복음의 의미에 대한 바울의 간략한 소개1:16-17

Ⅳ. 슬픈 소식: 하나님의 의를 전하는 기쁜 소식이 긴급한 이유1:18-32

1장의 부록: 메시아에 관한 예언들

I. 로마의 그리스도인들에게 자신과 "기쁜 소식"을 소개하는 바울1:1-7

[1] 예수 그리스도의 종 바울은 사도로 부르심을 받아 하나님의 복음을 위하여 택정함을
입었으니 [2] 이 복음은 하나님이 선지자들을 통하여 그의 아들에 관하여 성경에 미리
약속하신 것이라. [3] 그의 아들에 관하여 말하면 육신으로는 다윗의 혈통에서 나셨고
[4] 성결의 영으로는 죽은 자들 가운데서 부활하사 능력으로 하나님의 아들로 선포되셨
으니 곧 우리 주 예수 그리스도시니라. [5] 그로 말미암아 우리가 은혜와 사도의 직분을
받아 그의 이름을 위하여 모든 이방인 중에서 믿어 순종하게 하나니 [6] 너희도 그들 중
에서 예수 그리스도의 것으로 부르심을 받은 자니라. [7] 로마에서 하나님의 사랑하심을
받고 성도로 부르심을 받은 모든 자에게 하나님 우리 아버지와 주 예수 그리스도로부
터 은혜와 평강이 있기를 원하노라.

1a 바울: 예수 그리스도의 종.

1b 부르심: 사도-대사.

1c 목적: 하나님의 기쁜 소식을 위해 선택받다.

2 기쁜 소식: 하나님께서 예언자들을 통해 성경에 미리 약속하셨다.

3 약속의 내용: 하나님의 아들이 육신을 입어 다윗의 후손으로 태어나셨다.

4a 신성의 확인: 성결의 영에 의해 능력으로 하나님의 아들로 선포되셨다.

4b 확증: 죽은 자들 가운데서 부활하신, 우리 주 예수 그리스도시다.

5a 내 직분의 원천: 예수로 말미암아 우리가 은혜와 사도의 직분을 받았다.

5b 내 직분의 목적: 모든 사람이 믿어 순종하게 하는 것.

5c 내 섬김의 자리: 세상 모든 민족 가운데서.

5d 내 섬김의 목표: 예수 그리스도의 이름을 높이기 위해.

6 나의 특별한 수신자들: 로마에 있는 너희도 예수 그리스도께 부르심을 받은 자들이다.

7a 그들의 됨됨이: 하나님의 사랑을 입어 성도로 부르심을 받은 사람들.

7b 나의 기도: 이 편지를 읽는 이들에게 은혜와 평화가 있기를.

7c 우리에게 은혜를 베푸시는 거룩한 분: 하나님 우리 아버지와 주 예수 그리스도.

1:1-7 사도 바울의 대표적인 특성은 확고한 그리스도 중심성으로, 위에서 살펴본 그의 인사말 15개 항 가운데 8개 항에서 그런 면모를 확인할 수 있다.

1:1a 본래 이름은 "다소의 사울"이다. 그는 한때 교회의 주요 박해자였으나(그는 교회가 거짓 메시아를 추종하는 위험한 집단이라고 여겼다) 이제는 기적을 통해(사도행전 9, 22, 26장에 실려 있는 그의 개종에 관한 기록을 보라) 자신이 그토록 비방했던 역사적 인물인 "**예수**"의 미천한 "**종**"(문자적으로는 "**노예**", 놀랍게도 이것이 바울의 **최초의** 자기 소개다)이 된

바울이다. 역사 속에서는 주 예수 그리스도께 헌신했던 다소의 바울만큼 다른 누군가를 위해 자신을 내어놓은 사람을 찾아보기 힘들다. 바울이 자신의 전부를 예수께 온전히 내어드려 헌신한 성숙한 삶은 존경받아 마땅하다.

"메시아"를 가리키는 중요한 그리스어는 '크리스토스' Christos, 그리스도, '기름 부음을 받은 자'를 뜻하는 히브리어 명사 **마쉬아흐**(mashiah)를 번역한 말이다. 이 말은 신약성경에 자그마치 531회나 나온다(아주 짧은 요한3서를 제외하고 신약의 모든 문헌에 나온다). 이 '그리스도' 용례 가운데 절반 이상—383회—이 바울 서신들에 나온다. "[이 유대-메시아 호칭에] 결정적 영향을 끼친 것은 삼하 7:8-16에 나오는 나단의 약속과 [그 약속대로] 다윗의 후손에게서 왕정이 회복된다는 희망이다. 이러한 [회복에 대한 희망]은 사 8:23-9:6이 보여주듯이 역사 안에서 성취될 사건이라고 여겨진다." F. Hahn, "크리스토스"(Christos), *EDNT* 3:479, 그가 위와 같은 유용한 통계 자료를 제공했다 여기서부터 세 절에 걸쳐 바울은 예수가 다윗 혈통에 속했다는 점을 구체적으로 소개한다. 그리스어 예수스 Iēsous, 예수는 히브리어 인명 예호슈아 Yehoshua, 나중에는 **예슈아**(Yeshua)로 단순화되었으며, 이 말에서 영어 '조슈아'(Joshua)가 생겨났다에서 왔다. 예호슈아는 "여호와께서 도우신다" Ya-Shuah 또는 "여호와는 구원이시다"라는 의미이다. G. Schneider, "예수스"(Iēsous), *EDNT* 2:180-181 '예수' Jeshuah/Joshua라는 이름은 역사에 존재했던 **인명**이 확실하며(히브리 성서의 여호수아를 보라), "메시아"와 그 동의어인 "그리스도"는 **칭호**이지만(성이 아니다), 이제는 기독교 신앙에서 하나님께서 온 세상을 향해 약속하신 최종적이고 결정적인 "메시아", 즉 역사적 인물인 나사렛 예수를 기념하고 나타내는 단어가 되었다.

1:1b 바울은 예수의 미천한 **종**일 뿐만 아니라,—이것만으로도 매우 값진 소명이다—예수께서 이방 세계를 향해 나가라고 확고하게 지명하신

“**사도**”이기도 하다. 그리스어 ‘아포스톨로스’apostolos는 오늘날 우리가 사용하는 말인 “대사”와 같은 위엄을 지닌다. 다시 말해 자기보다 훨씬 더 중요한 인물이나 실체를 대신하도록 온전한 권위를 부여받아 파송된 사람이다. “바울은 그의 서신들(빌립보서와 데살로니가전후서는 제외)의 시작 부분에서 자신을 매우 위엄 있고 권위 있는 모습으로 소개하기 위해 아포스톨로스라는 개념을 사용한다.”J.-A. Bühner, *EDNT* 1:143 그래서 온전히 인간의 이름인 “**예수**”와 하나님께서 선택하신 메시아 칭호인 “**그리스도**”가 서로 멋지게 균형을 이루듯이, 여기 서론 부분에서 바울이 자신을 소개하는 두 개의 호칭—미천한 “**종**”과 왕의 “**대사**”—은 서로 멋들어지게 균형을 잡아 준다.

1:1c 초기 기독교 시대의 교부 오리게네스185-253는 그의 주석에 붙인 “로마서 서언”에서 다음과 같이 말했다. “바울이 ‘**복음을 위하여 택정함을 입었**’다고 말하는데……그 이유는 바울에게 그러한 목적을 위해 선택받기에 합당한 이유와 공로가 있음을 하나님께서 보셨기 때문이다.”*The Church's Bible*, 16 바울이 하나님의 은혜를 강조하는 것 못지않게 오리게네스는 로마서 주석 전체에 걸쳐서 인간의 공로를 크게 강조한다. (바울의 회심에 관해 설명하는 사도행전 9, 22, 26장의 세 본문에 따르면, 바울은 회심을 “얻을 자격”이 있는 것처럼 말하는데 엄밀히 따져 그의 행위에서 “공로로 인정받을”만한 일은 무엇인가? 그는 그리스도의 교회를 핍박했다.) 공로를 강조하는 오리게네스의 해석과 마르틴 루터가 세상을 뒤집어 놓은 그의 『로마서 강해』1515-1516 서두에서 다음과 같이 말한 것을 대조해 보라. “육신에 속한 지혜와 의로움은 제아무리 진지하고 열심히 실천할 만한 것으로 보일지라도 (그리고 사람들과 우리의 눈에 매우 중요한 것으로 보인다고 해도) 하나도 남김없이 벗겨내고 근절하고 파괴해야 한다는 것이 이 서신의 요점이자 핵심이다.”『기독교 고전 총서』(*LCC*) 15권, W. Pauck 번역 및 편

집, 3 **"하나님의 기쁜 소식을 위해."** 20세기 초의 독일 주석가인 테오도르 찬Theodor Zahn은 바울의 서언 1절에서 마지막 구절인 **"하나님의 기쁜 소식"**에 대해 다음과 같이 설명한다.Michel, 36n. 3에서 "하나님은 당신의 메신저들, 곧 예언자와 사도와 설교자들을 통해……그리고 무엇보다도 예수를 [통해 가장 분명하게] 말씀하시는 분이시다." 이 **일차적** 원천은 아주 중요하기에 우리가 로마서를 읽을 때 언제나 기억해야 한다.

1:2 이 약속은 특히 이사야 42장 첫머리에 나오는 종의 노래에서, 그리고 사무엘하 7장의 다윗의 자손 및 다니엘 7장의 인자에 대한 위대한 약속들에서 볼 수 있다. (구약성경의 주요 "메시아에 관한 예언들"에 관해서는 이 장의 끝에 실은 부록을 보라.)

1:3 "기쁜 소식"이나 "복음",그리스어 유앙겔리온(eu-angelion), 이 말에서 영어 가스펠(gōd-spel)이 나왔다 "기쁜 이야기"Good Spelling, "하나님께서 말씀하시는 하나님 이야기"는 **"하나님의 아들"**3절을 통해 **인간의 몸으로** 인간의 역사 한가운데 나타났다. 우리는 장 칼뱅이 하나님의 아들에 관한 바울의 언급에 대해 다음과 같이 논평한 데서 칼뱅의 특징인 그리스도 중심성Christ-centeredness을 간파할 수 있다. "바울은 복음 전체가 그리스도 안에 담겨 있다고 가르친다. 그리스도에게서 한 발자국이라도 벗어나는 것은 복음에서 이탈하는 것을 뜻한다. 그리스도는 아버지 하나님의 살아 있고 명백한 형상이시며, 그런 까닭에 그분만이 우리 신앙의 유일한 대상이요 중심되시는 분으로 우리 앞에 제시된다고 해도 놀랄 일은 아니다.……그리스도를 제쳐 놓고 지혜를 찾는 것은 무모하고 완전히 어리석은 짓이다."『칼빈주석 로마서』, 1556, 3, 15

1:4 종으로서 십자가에 달리신 예수는 의심의 여지없이 **"성결의 영에 의해 능력으로 하나님의 아들로 선포되셨"**으며, 특히 성령의 능력을 힘입어 **"죽은 자들 가운데서 부활"**하심으로써 **"우리 주 예수 그리스도"**이심을

분명하게 보이셨다. 교회는 예수가 죽음에서 부활한 사건의 역사성을 믿느냐, 부정하느냐에 따라 서거나 무너진다. 예수가 자신에게 맡겨진 사명이라고 주장했던 것처럼 **"우리 주 예수 그리스도"**가 되신다는 사실은 그가 부활했을 때 성령을 통해 역사적이고 극적으로 확증되었다. 칼뱅의 충실한 계승자로 20세기에 활동한 개혁주의 신학자 칼 바르트Karl Barth는 바울이 자신의 서신들에서 철저하게 예수에게 집중하는 것을 보고 이렇게 평했다. "예수라는 이름은 [역사 속에서]……알려지지 않은 세상이 알려진 세상 속으로 뚫고 들어오는 지점을 가리킨다.……주후 1년에서 30년은 [신적] 계시의 시대이다."『로마서』, 1928, 6, 29

1:5 바울이 이 서신—우리는 존중하는 마음으로 "다섯째 복음서"라고 부른다(물론 장엄한 네 복음서보다 일찍 기록되었다)—에서 한결같이 강조하듯이, 복음을 받는 데 필요한 순종은 오직 하나(!), 진실하게 고백하는 믿음뿐이다(여러 가지 순종이 있을 수 없다). 즉, 예수를 믿고 또 크신 하나님께서 당신의 아들 안에서 온 세상을 위해 **행하셨고 지금도 행하시며 장차 행하실 일**을 믿는 것이다. 그 외의 다른 순종들은 모두 엄중하고 유일한 이 순종에서 흘러나온다.

1:6 바울은 로마의 그리스도인들에게 그들도 지중해 주변 세계에서 예수를 따르는 신자들과 마찬가지로 예수 그리스도께 매우 특별한 **"부르심을 받은 자"**라고 상기시킨다. 그들은 로마에서 하나님의 **참 백성**이 되라고 그리스도께서 **"불러내신 자들"**이다. 참으로 놀라운 특권이 아닌가!

1:7a 더글러스 무Douglas Moo, 55가 이 구절의 의미를 다음과 같이 설명한 것이 도움이 된다. "바울은 그리스도인들을 가리키는 말로 '성도'라는 표현을 적어도 38회나 사용하는데……그럴 때 [그들의] 행실이 아니라 신분에 초점을 맞춘다. 다시 말해 그리스도인들은 '주 예수 그리스도의

이름과 우리 하나님의 성령 안에서' 고전 6:11 성화에 **이른**[성화되는 특권을 누리는] 사람들이다[이때 우리는 '성도가 되었다'고 말할 수 있다]"(굵은 글씨체는 더글러스 무가 강조한 것). 알랜드 헐트그렌Arland Hultgren, 52 은 아우구스티누스가 비슷하게 주장한 견해를 인용한다. "'성도로 부르심을 받은'이라는 말을 **거룩하기 때문에** 부름을 받았다는 뜻으로 이해해서는 안 된다. 그와는 달리 **부름 받았기** 때문에 거룩한 것이다." 아우구스티누스가 『교회의 성경』*The Church's Bible*, 20 에서 이 구절에 대해 이처럼 은혜에 강조점을 두고 주해한 것을 살펴보라. (위에서 오리게네스가 "공로"를 근거로 바울의 소명을 설명한 것과 비교해 보라.) **참된 그리스도인은 누구나** 그리스도로 말미암아—그리스도께서 그를 불러 주셨기 때문에—하나님께서 주시는 성姓 을 얻었으며, 그래서 **성도**聖徒 아무개라고 불린다.

1:7b 바울은 그의 존경심 가득 담은 서언을 마무리하면서, 하나님께서 이 편지를 읽는 신자들에게, **이 서신 전체에 걸쳐서** "은혜"를 부어주시고, 그에 더해 오직 은혜로 말미암는 "평화"를 허락하시기를 기도한다. 바로 이것이 믿음의 사람들이 이 서신을 읽으면서 누리는 큰 복이다. 아우구스티누스는 바울 서신들에 두루 나오는 중요한 두 단어, "은혜"와 "평화"의 의미를 다음과 같이 설명한다.『교부들의 성경 주해』(*ACCS*) 6:14 "바울은 '**은혜**'라는 말로 죄의 용서와 [그리스도의 가족이 되는] 선물을 의미하며, '**평화**'라는 말로는……눈에 보이지 않는 원수들을 물리치는 것을 의미한다." 19세기의 위대한 해석자들인 스위스의 프레더릭 고데Frederick Godet 와 영국의 J. B. 라이트푸트J. B. Lightfoot 두 사람은 매우 중요하고 상호 보완적이기도 한 이 두 말을 다음과 같이 정의한다. "**은혜**에 해당하는 그리스어 **카리스**charis 는 죄인을 향한 죄 용서의 형태로 나타난 하나님의 사랑을 의미하며, **평화**에 해당하는 그리스어 **에이레네**eirēnē 는 화해를 이룸으로써 마음에 깃드는 깊은 고요나 내적 평온을 뜻한다."Godet, 85 "**카**

리스[은혜]는 실제적인 모든 복의 **원천**이며, **에이레네**[평화]는 그런 복들의 **목표**이자 주제다."[Lightfoot, 8]

1:7c 사도 바울과 신약성경의 여러 저자들이 볼 때, 하나님께서 이 세상에 큰 선물로 주신 하나님의 아들 예수 그리스도를 믿지 않으면 참 구원으로 이어지는 하나님 지식은 있을 수 없다. 하나님과 그의 아들 예수 그리스도는 서로를 밝혀 준다. 하나님은 누구인가? 이 세상에서 하나님께서 행하신 주요한 일은 무엇인가? 예수는 누구인가? 예수는 누구를 나타내 보이는가? 하나님을 제대로 이해하기 위해서는 예수께서 역사적으로 행하시고 말씀하신 것을 살펴보아야 한다. 예수를 제대로 이해하기 위해서는 그가 행하신 모든 사역에서 핵심이 되는 철저한 신중심성,[Theocentricity] 곧 하나님께서 중심이 되심[God-centeredness]을 이해해야 한다. 하나님이든 예수든 어느 한쪽을 올바르게 이해하려면 끊임없이 다른 한쪽을 살펴보아야 한다.

정통파 유대교에 속하는 랍비 요하난은 이렇게 주장했다.[AD 279년] 한마디로 말해 "모든 예언자들이 예언한 것은 오로지 메시아의 날에 관한 것이었다."[Str.-B. 3:13] 조셉 피츠마이어[Joseph Fitzmyer, 233]는 "복음이 무엇이며 기독교 신앙의 내용이 무엇인지를 알려면 신약성경의 다른 책이 아니라 이 로마서를 배워야 한다"고 주장했다.

마지막으로 존 스토트[John Stott, 53-54]는 일곱 절과 열다섯 행으로 이루어진 이 서론에서 우리가 바울의 복음에 관해 알 수 있는 **여섯 가지 기본 진리**를 다음과 같이 간략하게 제시한다. "[복음의] 원천은 하나님 아버지이며, 그 내용은 하나님의 아들 예수 그리스도다. 구약성경이 이 복음의 증거이고, 세상 온 나라가 복음의 자리이다. 우리가 복음을 전파하는 직접적인 목적은 사람들을 이끌어 믿음으로 순종하게 하는 것이지만, 우리의 궁극적 목적은 예수 그리스도의 이름에 큰 영광을 돌리는 것이다. 여섯 개 전치사를 사용해 이 진리를 간략하게 표현하면, 이 기쁜 소식은 그리스도**에 관한**about Christ 하나님**의**of God 복음으로, 성경**에 따라,**according to Scripture 열방**에게,**for the nations 그 이름을 **위해,**for the sake of the Name 믿음의 순종**에 이르게**unto the obedience of faith 하는 것이라고 말할 수 있다." 바울이 이 서신의 나머지 부분에서 **"하나님의 기쁜 소식"**을 차근차근 풀어 보이기도 전에, 이곳 인사를 나누는 구절에서부터 그 기쁜 소식이 주는 흥분이 울려 퍼진다.

II. 수신자들을 위한 바울의 특별한 기도와 지지, 감사, 간구 1:8-15

8 먼저 내가 예수 그리스도로 말미암아 [로마에 있는] 너희 모든 사람에 관하여 내 하나
님께 감사함은 너희 믿음이 온 세상에 전파됨이로다. 9 내가 그의 아들의 복음 안에서
내 심령으로 섬기는 하나님이 나의 증인이 되시거니와 항상 내 기도에 쉬지 않고 너
희를 말하며 10 어떻게 하든지 이제 하나님의 뜻 안에서 너희에게로 나아갈 좋은 길 얻
기를 구하노라. 11 내가 너희 보기를 간절히 원하는 것은 어떤 신령한 은사그리스어 '카리
스마'(charisma)를 너희에게 나누어 주어 너희를 견고하게 하려 함이니 12 이는 곧 내가 너
희 가운데서 너희와 나의 믿음으로 말미암아 피차 안위함을 얻으려 함이라. 13 형제들
아 내가 여러 번 너희에게 가고자 한 것을 너희가 모르기를 원하지 아니하노니 이는
너희 중에서도 다른 이방인 중에서와 같이 열매를 맺게 하려 함이로되 지금까지 길이
막혔도다. 14 헬라인이나 야만인이나 지혜 있는 자나 어리석은 자에게 다 내가 빚진 자
라. 15 그러므로 나는 할 수 있는 대로 로마에 있는 너희에게도 복음 전하기를그리스어 동사
로 '유-앙겔리사따이'(eu-angelisasthai) 원하노라.

얼마 전에AD 30년 새로 탄생한 그리스도의 교회에 대한 증언이, 예수가 팔레스타인의 작은 땅에 발을 내디딘 역사적 사건이 일어난 후 20년 만

에(50년대에) 제국의 수도인 로마에 전해져 뿌리를 내렸다는 사실과 이 기쁜 소식이 이미 "세상에 널리"(지중해 주변 전역에) 알려지게 되었다는 사실[8절]에 바울은 흥분을 감추지 못한다. 다음으로 우리는 여기서처럼 바울 서신들 전체에서도 바울이 복음 전파의 사람일 뿐만 아니라 신실한 기도의 사람이었다는 사실을[9-10절] 알게 된다. 다른 모든 영적 은사들의 원천으로서, 바울이 새로 태어난 로마 교회와 함께 나누기를 갈망했던 "**신령한 은사**"[그리스어로 카리스마(charisma)]는 바로 단순하나 깊이가 있어 새롭게 하는 힘을 지닌 "**믿음**"이다.[12절, 그리고 5절도 참조하라] 하나님께서 온 세상에 주신 선물 중의 선물이 바로 예수 그리스도라는 사실을 진실하게 믿는 것, 이것이야말로 세상 널리 퍼져 있는 교회들 속에서 생명을 낳고 사랑을 창조하는 유일한 실재라는 점을 바울은 경험으로 알았다. 어떤 사람들은 바울이 로마로 가려는 시도가 자주 방해를 받아 막힌 일에 크게 걱정했다고 말할 수도 있다.[13절] (하지만 바울이 그렇게 지체되지 않았다면 우리는 결코 바울의 걸작인 이 서신을 만나지 못했을 것이다. 그야말로 "복된 지체"다!) 바울은 로마 교회에서 지혜 있는 자나 어리석은 자를 가리지 않고 모든 사람들과 함께 어울리고 섬기기를 원한다고 말한다. 다시 말해 바울은 엘리트주의자가 아니다.[14절, 특히 고린도전서—예를 들어 1:26-30—에서 바울의 폭넓고 반엘리트주의적인 "면모"를 확인할 수 있다] 그리고 바울이 볼 때 복음은 그가 전달하는 **객체**일 뿐만 아니라, 그 자체가 바울과 다른 신자들에게 스스로를 드러내고 또 그들을 통해 드러내는 **주체**이기도 하다. 그래서 이 절에서는 명사인 유앙겔리온[euangelion, 기쁜 소식]을 **동사**로 사용한다. "그러므로 나는 할 수 있는 대로 로마에 있는 너희에게도 **복음 전하기를** 원하노라."[15절] 살아 계신 주 예수 그리스도는 그 기쁜 소식이 인격으로 나타난 분으로, 그를 믿는 사람들에게, 그리고 그들을 통해서 **자기 자신을 선포**하신다.

우리 앞에 모습을 드러낸 『유대교 주석 신약성경』*Jewish Annotated New Testament*, 2011에서 로마서를 주석한 부문을 보면 바울의 핵심 단어인 **"믿음"**을 다음과 같이 정의하는데, 참으로 유감스럽다. "바울은 이 서신 전체에 걸쳐서 피스티스pistis, 믿음 및 같은 어원에 속한 단어들을 사용한다. 이 단어는 일반적으로 '믿음'으로 번역되지만, 바울 서신들의 경우에는 오히려 '신실함'faithfulness으로 번역하는 편이 더 낫다.……피스티스는 행함과 대조적으로 어떠한 진리 주장이나 견해를 단순히 인정한다는 것을 뜻하지 않는다. 오히려 이 말은 히브리어 에무나'emunah처럼 충성과 신뢰를 의미하며, 이는 적절한 **행위**behavior를 수반한다. 따라서 [이 말이 뜻하는 것은] **신실함**이다."[255] 하지만 기독교 신앙에서는 이러한 견해를 정중히 거부한다. 만일 피스티스pistis라는 것이, 우리가 "바로" 서거나 "옳게 되도록"(옛말로 하면 "의롭게 되도록") **하나님께서** 그리스도 안에서 성령을 통해 **우리에게** 베푸시는 **신실하심**을 우리가 단순하게 신뢰하는 것이 아니라 우리가 하나님께 바치는 우리의 **신실함**을 의미한다면, 우리의 구원은 **하나님의 선하신 행위**가 아니라 **우리의** 선행으로 성취하는 것이 되며, 그 결과 복음 전체가 전복되어 버린다. 우리는 **우리의 신실함**으로 의롭게 되는 것이 **아니다**. 물론 믿음으로 기쁜 소식을 받은 사람들은 공로와는 상관없이 단순하게 믿은 다음에 이어서 신실하게 살려고 애쓰는(하지만 언제나 불완전할 수밖에 없다) 것이 마땅하다. 크랜필드는 독일 주석가 오토 미헬Otto Michel의 견해를 따라, 바울이 지혜 있는 자들뿐만 아니라 어리석은 자들에게까지 기쁜 소식을 전하고자 애쓴 일에 대해 다음과 같이 말한다.Cranfield, 84 n. 1 "그렇게 해서 바울은 지혜 있고 교양 있는 사람들은 떠받들고 어리석고 무지한 사람들은 경멸했던 그리스 철학자들과 자기 자신을 구분한다. 고린도전서 1:20-29에서 바울이 낮아짐을 강조하는 것을 보라."

Ⅲ. 복음의 의미에 대한 바울의 간략한 소개1:16-17

16 내가 복음을 부끄러워하지 아니하노니 이 복음은 모든 믿는 자에게 구원을 주시는 하나님의 능력이 됨이라. 먼저는 유대인에게요, 그리고 헬라인에게로다. 17 복음에는 하나님의 의가 나타나서 **믿음**으로 믿음에 이르게 하나니 기록된 바 오직 의인은 믿음으로 말미암아 살리라합 2:4 함과 같으니라.

"단순한 믿음." 신뢰와 신앙, 열린 마음, 안도의 한숨처럼 인간이 보이는 모든 응답 가운데서 가장 단순한 응답인 믿음으로 인간이 크고 거룩하신 하나님과 관계를 맺을 수 있다는 사실을 아는 것, 이것이 바로 기쁜 소식이다. (바울은 구원받는 일과 관련해 "믿음"이나 "믿다"라는 아주 **간단한** 말을 사용하는데, 나는 그 말에 담긴 이적과 은총을 강조하기 위해 그 말 앞에다 자주 "단순한" 또는 "단순하게"라는 말을 붙여서 사용한다.) 이처럼 인간의 응답 가운데서 가장 간단한 응답을 통해 하나님의 선물 가운데서 가장 큰 선물을 받을 수 있다는 게 정말일까? 그렇다, 바로 이 사실 때문에 그리스도의 **복음**이 **세상에서 가장 은혜로운 소식**이 된다. 이 메시지가 너무 단순한데다 인간의 번듯한 공로라고 할 만한 것도 지니지 못하는 까닭에 부끄럽게 여길 사람도 있을 것이다. 바울은 고린도 교회에게 보낸 첫째 편지의 서론에서 이렇게 말한다. "하나님의 지혜에 있어서는 이 세상이 자기 지혜로 하나님을 알지 못하므로 하나님께서 전도의 미련한 것으로 믿는 자들을 구원하시기를 기뻐하셨도다. 유대인은 표적을 구하고 헬라인은 지혜를 찾으나 우리는 십자가에 못 박힌 그리스도를 전하니 유대인에게는 거리끼는 것이요 이방인에게는 미련한 것이로되 오직 부르심을 받은 자들에게는 유대인이나 헬라인이나 그리스도는 하나님의 능력이요 하나님의 지혜니라. 하나님의 어리석음이 사

람보다 지혜롭고 하나님의 약하심이 사람보다 강하니라." 고전 1:21-25

나는 또 로마서 전체에서 바울이 중요하게 사용하는 "하나님의 의"라는 말을 "**하나님과 완전히 바른 관계**"(때로는 더 간략하게 "하나님 앞에 온전함")라고 번역할 터인데, 그 까닭은 그의 서신에 나오는 가장 중요한 이 말에다 단순히 **정신적** 의미를 넘어서는 구체적이고 **상호인격적인** 의미를 부여하기 위해서다. 예수 그리스도를 믿는 우리는 그분으로 인해 그저 "괜찮게" alright, 영어 관용어에서 이 말은 "그냥 그저 그렇다"(just so so)를 뜻한다 되는 정도로 끝나지 않는다. 우리는 확실히 "하나님 앞에서 **온전해** *all* right" 지는데, 이처럼 놀라운 일은 **하나님으로 말미암아** 일어나는 것으로, 하나님께서 당신의 아들인 예수 그리스도의 삶과 죽음, 부활, 승천 안에서 행하시는 완전하고 합당하며 효력 있는 **선한 행동**으로 인하여 인간이 하나님과 완전히 바른 관계를 이루게 되는 것을 뜻한다. 이 관계는 인간이 스스로 성취할 수 없으며, 요구할 수도 없고, 받을 자격도 없는 것이다. 인간과 하나님의 **완전히 바른**All-Right 관계는 순전한 **선물**이자 "놀라운 은혜"이며, 이로써 우리처럼 망가지고 자격 없는 사람들이 구원을 받는다. 바로 이 사실로 인해 하나님의 구원은 매우 독특하고 단순하며 도달하기 쉬운 것이 되며, 따라서 매우 **기쁜** 소식이 된다. 하나님과 우리의 바른 관계는 우리가 얻어낸 것이라고 여길 만한 것이 아니다.

이제 세계와 역사를 두루 살펴서, 두 절로 이루어진 이 작은 단락에서 정의하고 소개하는 복음에 대해 몇몇 주요한 주석가들이 평가한 것을 살펴보자. 18세기 독일의 저명한 주석가인 알브레히트 벵엘Albrecht Bengel, 19은 두 절로 주제를 제시하는 이 본문1:16-17에 대해 이렇게 말한다. "바울은 로마서에서 [전체] 복음서를 요약했듯이, 이 두 구절로 로마서 [전체]를 요약한다." 19세기의 스위스 학자인 프레더릭 고데Frederick Godet, 92(프랑스어로 저술함)는 이 본문을 다음과 같이 요약했다. "값없는 구원을 선포하는 일은 하나님께서 인간을 품으시는 행위이며, 신앙은 인간이 자기 자신을 내어놓아 하나님께서 품으시도록 맡기는 행위이다." 20세기 초에 활동한 독일의 주석가 아돌프 슐라터Adolf Schlatter, 33는 이렇게 썼다. "바울이 볼 때, 하나님께서 일하시고, 인간은 그 일의 대상이 된다. 이 메시지를 통해 인간은 신자로 세워지며, 그렇게 세워짐으로써 구원받는다." 또 이어서 이렇게 말한다.[42] "믿음은 구원을 담는 유일한 그릇이며, 따라서 믿음이란 전적으로 그렇게 받아들이는 일이다." 즉, **오직 믿음으로**Sola fide이다. 20세기 중반, 스웨덴 룬드의 주교인 안더스 니그렌Anders Nygren, 67은 이렇게 썼다. "복음이란 어떤 개념을 제시하는 것이 아니라 능력의 활동이다. 복음이 선포될 때 그것은 단순히 발화로 끝나지 않는다. 무엇인가 중요한 일이 발생하는 것이다." 그는 또 이렇게 말했다.[71] 바울에게는 "하나님과 인간에게 각각 구원에서 담당하는 몫을 분배한다는 생각이 전혀 없다.……인간의 믿음이 복음에 힘을 부여하는 것이 아니라, 정반대로 복음의 능력이 [사람들로 하여금] 믿는 일을 가능하게 해준다." 니그렌은 오실 메시아에 관한 예레미야의 약속을 인용한다. "그의 날에 유다는 구원을 받겠고, 이스라엘은 평안히 살 것이며, 그의 이름은 여호와 우리의 공의라 일컬음을 받으리라."렘 23:6, 참조 33:16 이 구절이 바로 로마서의 주제다. 20세기 중반의 프랑스 주석가인 프란츠 렌아르트Franz Leenhardt, 47는 이렇게 말했다. "세계사에서 절대적이고 결정적인 사건은 예수 그리스도의 복음 선포다. 예수 그리스도는 자연 역사 과정의 한 가운데서 초자연적인 역사를 일으켰으며, 인간 세계의 중심에 하나님의 세계를 세웠다." 20세기 초에 활동한 독일 주석가 한스 리츠만Hans Lietzmann, 30은 바울이 로마서 전체에 걸쳐 사용하는 결정적 구절인 "하나님의 의"디카이오쉬네 테우(dikaiosynē theou)의 의미를 다음과 같이 설명했다. "**디카이오쉬네 테우**라는 표현은 두 가지 선명한 의미를 지닌다. 이 말은 **의로**움디카이오쉬네이라는 하나님의 성품과 더불어 하나님께서 이 의로움을 인간에게 **선물**로 주셨다는 의미이다." 마지막으로 21세기 초 미국 주석가인 로버트 쥬윗Robert Jewett, 141은 바울이 뜻하는 것을 다음과 같이 요약했다. "정치적이고 군사적인 힘이 아니라 [복음의] 설득이 오늘날 세상의 구원을 이루는 수단이다."

내 생각에는 20세기 말과 21세기 초에 활동한 영국 학자 찰스 크랜필드Charles Cranfield, 90가 이 단락에서 바울이 소개하는 복음을 다음과 같은 두 가지 결론적 논평으로 요약한 것이 가장 완벽해 보인다. "바울은 [십자가에 달린 메시아 복음의] 메시지가 겉으로는 약하고 어리석어 보이나 사실은 그 겉모양과는 달리 커다란 능력이요, 다른 것들에 맞대항하는 하나의 능력에 불과한 것이 아니라 지고의 능력, 곧 하나님의 전능한 능력이라고 말한다.……바울에게 [인간의] 구원은 전적으로—거의 전적으로가 아니라—하나님의 일이며, 여기서 말하는 신앙이란 복음을 향한 개방성을 뜻하는 것으로 하나님께서 친히 일으키시는 것이다." 이어서 100쪽에서 그는 다음과 같이 확정 지어 말한다. 복음이 선포될 때마다 "의로운 신분이 하나님의 선물로서 계시된다(따라서 [신자들에게] 허락된다). 이 의로운 신분은 온전히 믿음으로 받는 것이다." 공로를 쌓는 "행위"와는 상관없이 하나님의 순전한 은혜로 말미암아 우리가 **세상에서 가장 기쁜 소식**에 참여하고 그에 힘입어 살게 된다는 것이 얼마나 감사한 일인가.

Ⅳ. 슬픈 소식: 하나님의 의를 전하는 기쁜 소식이 긴급한 이유 1:18-32

18 **하나님의 진노**가 불의로 진리를 막는 사람들의 모든 경건하지 않음과 불의에 대하
여 하늘로부터 나타나나니 19 이는 하나님을 알 만한 것이 그들 속에 보임이라. 하나

님께서 이를 그들에게 보이셨느니라. 20 창세로부터 그의 보이지 아니하는 것들 곧 그
의 영원하신 능력과 신성이 그가 만드신 만물에 분명히 보여 알려졌나니 그러므로 그
들이 핑계하지 못할지니라. 21 하나님을 알되 하나님을 영화롭게도 아니하며 감사하지
도 아니하고 오히려 그 생각이 허망하여지며 미련한 마음이 어두워졌나니 22 스스로
지혜 있다 하나 어리석게 되어 23 썩어지지 아니하는 하나님의 영광을 썩어질 사람과
새와 짐승과 기어다니는 동물 모양의 우상으로 **바꾸었느니라.** 24 그러므로 **하나님께서**
그들을 마음의 정욕대로 더러움에 **내버려 두사** 그들의 몸을 서로 욕되게 하게 하셨으
니 25 이는 그들이 하나님의 진리를 거짓 것으로 **바꾸어** 피조물을 조물주보다 더 경배
하고 섬김이라 주는 곧 영원히 찬송할 이시로다 아멘. 26 **이 때문에 하나님께서 그들을**
부끄러운 욕심에 **내버려 두셨으니** 곧 그들의 여자들도 순리대로 쓸 것을 **바꾸어** 역리
로 쓰며 27 그와 같이 남자들도 순리대로 여자 쓰기를 버리고 서로 향하여 음욕이 불
일듯 하매 남자가 남자와 더불어 부끄러운 일을 행하여 그들의 그릇됨에 상당한 보응
을 그들 자신이 받았느니라.

28 또한 **그들이** 마음에 **하나님 두기를 싫어하매 하나님께서 그들을 그 상실한 마음**
대로 내버려 두사 합당하지 못한 일을 하게 하셨으니 29 곧 모든 불의, 추악, 탐욕, 악의
가 가득한 자요 시기, 살인, 분쟁, 사기, 악독이 가득한 자요 수군수군하는 자요 30 비방
하는 자요 하나님께서 미워하시는 자요 능욕하는 자요 교만한 자요 자랑하는 자요 악
을 도모하는 자요 부모를 거역하는 자요 31 우매한 자요 배약하는 자요 무정한 자요 무
자비한 자라. 32 그들이 이같은 일을 행하는 자는 사형에 해당한다고 하나님께서 정하
심을 알고도 자기들만 행할 뿐 아니라 또한 그런 일을 행하는 자들을 옳다 하느니라.

본문에서 세 번에 걸쳐 굵은 글씨로 표시한 인간이 "바꾸다"라는 말과 하나님께서 "내버려두다"라는 말을 주의해서 살펴보라. **바로 뒤에 이어지는** 2장 1절에 비추어 보면, 바울은 여기 1장에서 그의 고발장을 읽게 되는 **우리 모두**를 그 고발의 테두리 안에 포함하기를 바란다. 2장 첫째

절에서 바울은 다음과 같이 말한다. "그러므로 남을 판단하는 사람아, **누구를 막론하고** 네가 핑계하지 못할 것은 **남을 판단하는 것으로 네가 너를 정죄함이니** 판단하는 네가 같은 일을 행함이니라."

1:18-32 내가 볼 때 이 본문 전체를 이해하는 데 가장 도움이 되는 설명은 고데가 다음과 같이 말한 것이다.Godet, 106 "만일 그런 식의 행동[즉 하나님께서 진노하시고 반복해서 "내버려 두심"]이 어떻게 하나님의 도덕적 완전함과 조화될 수 있겠느냐고 묻는다면, 그 대답은 인간이 심각한 타락에 빠졌을 때 그가 고침받을 수 있는 길은 그 타락한 정도를 훌쩍 넘어서는 것을 부담함으로써만 가능하다는 말이 될 것이다." 현대 영국 학자인 N. T. 라이트N. T. Wright, 19, 25도 그와 비슷하게 말한다. "강간과 살인, 고문, 경제적 착취—이 목록에 얼마든지 보탤 수 있다—와 같은 일들……하나님께서는 이 모든 것을 미워하신다. 분명하게 말해, [**하나님께서 이런 일들에 진노하지 않으신다면] 그는 선한 하나님이 아닐 것이다**"(굵은 글씨체는 라이트가 강조한 것). 그러면서 바울의 2장을 소개하는 다음과 같은 말로 결론을 내린다. "선과 악을 가르는 선은 '우리'와 '그들' 사이가 아니라 우리 각 사람의 한 가운데 그어진다." 존 스토트도 역시 바울의 논의에 대해 다음과 같이 결론을 내린다.Stott, 67 "사람들이 그리스도께로 가까이 다가가지 못하게 만드는 가장 큰 장애물은 그리스도가 **필요함**을 깨닫지 못하거나 그럴 필요성을 인정하지 않으려는 태도이다.……알코올 중독자 모임Alcoholics Anonymous에서 제안한 '열두 단계' 가운데 첫째는 이렇다. '우리는 알코올에 대해 무기력하다는 점, 곧 우리의 삶이 통제 불가능한 상태에 이르렀다는 사실을 인정했다.'" 바울의 글을 읽는 우리도 이 교훈을 첫째 단계로 삼아야 할 것이다.

왜 하나님께서는 당신의 영원한 아들 안에서 이 세상으로 내려오시고, 십자가에서 치욕스러운(그러나 구원을 이루는) 죽음을 겪으시고, 다시 살아나셔서 당신의 사역의 신성divinity을 증명하셔야 했는가? 당신의 인류가 **깊고 거룩한** 구속을 필요로 할 만큼 절망적인 상태에 있었기 때문이다. 그래서 사도 바울은 이 주요한 서신에서 펼치는 교리 논증을 이처럼 음울한 서언으로 **시작**한다. 그렇게 해서 인간의 위기에 관해 설명하는데, 이것은 하나님께서 실제로 이 세상에 오셔야 했던 이유를 명료하게 밝히기 위해서 꼭 필요한 설명이다. 이 슬픈 소식은 사도 바울이 기쁜 소식에 대한 서론으로 제시한 것이다.

1:18 하나님은 인간이 처한 참상을 내려다보시고는 어떤 일을 하셔야 했을까? 못 본 체하셔야 했을까? 어깨를 으쓱하고 지나쳐야 했을까? 무엇이 문제인가? 하나님께서 이 아래 세상에서 벌어지고 있는 일에 큰 관심을 기울이고 그토록 단호하고 극적이고 인격적으로 행동하시는 것은 사실 하나님의 영광과 관련된 것이다. 만일 하나님께서 사악한 죄에 대해 진노하지 **않으신다면** 찬양받으실만한 분이 못 된다. 바울에 따르면, 인간이 역사 속에서 짓밟아 버린 첫 번째 진리는 하나님께서 우리를 에워싼 창조 세계 속에서 은혜로이 자기 자신을 드러내셨다는 것이다. 하나님은 우리 얼굴 안에 계시며, 우리의 등 뒤에 서신다. 하나님께서는 우리를 원하시는데, 우리는 다른 것을 더 좋아한다. 바로 이것이 기쁜 소식을 그토록 절실히 필요하게 만드는 나쁜 소식이다. 마지막으로 존 지슬러John Ziesler와 마찬가지로 스토트도 이 본문에서 "하나님의 진노가 하나님께서 개입하시는 방식으로 나타나지 않고, 엄밀히 말해 하나님께서 간섭하시지 않고 인간이 제멋대로 행하도록 내버려 두는 방식으로 발휘된다며" 놀라움을 나타낸다.Stott, 75 1장 23-24절과 25-26절, 28절에 세 번 나오면서, 이 본문 전체의 배경음으로 작용하는 "그들은……을 바꾸었으며, [그래서] 하나님은 그들을……에 내버려 두셨다"라는 구절을 살펴보라. 바로 이 '슬픈 소식'이 "[로마서] 1:18-3:20

전체를 이끄는 표제와 같은 역할을 한다." Moo, 129

1:19-23 우리 위에 펼쳐진 푸른 하늘과 우리를 에워싼 초록과 갈색의 풀과 나무 및 온갖 색의 잎사귀가 이루는 많은 음영, 날마다 우리 위를 회전하는 찬란한 태양, 우리 곁을 흐르는 푸른 강과 바다와 호수, 어스레한 빛으로 우리 앞에 위풍당당하게 솟아 있는 산맥, 저녁에 우리 위로 한없이 장엄하게 떠올라 희미하게 반짝이는 별들만큼이나 하나님의 실재는 분명하다. 그런데도 우리는 뱀을 경배했다! 우리가 창조주가 아니라 피조물들을 경배한 것은 사실상 경멸할 만한 일이 아닌가? 고데가 다음과 같이 설명한 것이 도움이 된다. Godet, 1:105-106 바울이 **"스스로 지혜 있다 하나"**라고 꼬집었을 때, "그의 의도는 결코 고대 철학을 비난하려는 것이 아니다. 그는 다만 현자들의 온갖 노력으로도 이집트와 그리스, 로마와 같은 고대 최고의 문명국가들이 가장 깊이 우상숭배에 빠지는 것을 막을 수 없었다는 것을 뜻할 뿐이다.……특히 **인간**을 숭배하는 일은 그리스와 로마 다신론의 두드러진 특징이다. 다양한 등급의 동물을 [숭배하는 일은] 이집트와 야만족의 이교적 신앙이다. 이집트인들이 수소 아피스와 따오기, 고양이, 악어 등을 숭배한 일만 봐도 알 수 있다." 무는 바울의 논의를 현대에 적용한다. Moo, 110 "이처럼 인간이 '신을 만들어내는' 비극적 관행은 우리 시대에도 거침없이 계속된다. 그리고 바울의 말은 나무와 돌을 쪼아 우상을 만들었던 사람들 못지않게 돈과 성과 명성을 자기 신으로 삼는 사람들에게도 합당하다." 그래서 세 번 언급되는 인간의 **"바꿈"** 가운데서 앞에서부터 두 곳에는 그 결과로 하나님의 **"내버려 두심"**이 따르게 된다.

1:24-27 바울은 뒤틀린 영성이 곧바로 뒤틀린 육체성으로 이어진다고 주장한다. 오늘날에는 동성애 주제와 관련해 심각한 논쟁이 벌어지고 있다. 그리스도인들은 신중하고 공평하게 귀를 기울일 필요가 있

다. 크랜필드는 이렇게 지적한다.Cranfield, 127 "고대 그리스와 로마 사회에서 남색男色, 영국식 표기-paederasty을 관대하게 받아들였을 뿐만 아니라, 실제로 이성 간의 사랑보다 훨씬 우월한 것으로 칭송하는 경향이 있었다는 사실은 여기서 길게 논할 필요가 없을 정도로 잘 알려졌다.…… 그에 관한 자료를 고전 문헌에서 폭넓게 확인할 수 있다."(pedophilia/paedophilia[소아성애]는 그리스어로 "어린이"를 뜻하는 파이디온paidion과 "사랑"을 뜻하는 필리아philia라는 두 단어에서 온 것으로 "어린이를 대상으로 하는 성적 감정"이라고 정의되며, pedophile[소아 성애자]는 "어린이에게 성적으로 집착하는 사람"이라고 정의된다.) 미헬은 다음과 같이 평했다.Michel, 68-69 "헬레니즘 세계에서는 남색이 널리 용인되었으며, 때로는 고상한 사랑의 형태로 칭송받기까지 했다." 쥬웻은 이렇게 말한다.Jewett, 181 "바울의 수사는 그리스도인 노예들이 비슷하게 겪은 불행한 경험을 이해할 수 있는 길을 열어 준다.……그들 자신이나 자녀들 모두가 성적 착취를 경험했으며, 그들은 그 일에 크게 분개했다." 구약성경에서 동성애 관행을 다루는 주요 본문은 소돔과 고모라의 충격적인 이야기를 길게 언급한 창세기 19장과 "너는 여자와 동침함 같이 남자와 동침하지 말라. 이는 가증한 일이니라"고 말하는 레위기 18:22이다. 레위기 20:13도 참조하라. 마크 악트마이어Mark Achtemeier가 최근에 펴낸 『동성결혼에 찬성하는 성경』*The Bible's Yes to Same-Sex Marriage: An Evangelical's Change of Heart*. 2014, 81-83과 여러 곳에서에서 펼치는 주장은 내가 보기에, 동성애 관행을 반대하는 성경 본문들이 정죄하는 것은 오직 동성애에서 나타나는 폭력적이고 강압적인 행태뿐이라고 주장하는 오류를 범했다. 창세기 19장의 소돔과 고모라 이야기에는 이런 주장이 맞을지 모르나, 위에서 살펴본 레위기 본문들은 자발적이고 의도적인 동성애 관행까지 정죄한다는 점에서 다르게 보아야 한다. 신약성경에서 이 주제를 다루는 주요 본문들은 여기서 살펴보는 로마서 1:26-27과 고린도전서 6:9-11이다. 오늘날 동성결혼과 동성애자의 성직 안수를 둘러싼 쟁점은 내가 속한 교파인 미국 장로교회PCUSA에서 가장 큰 분란을 일으키는 문제이다. 그리고 오늘날 소아성애 문제는 로마 가톨릭교회에 크고 뚜렷한 상처를 입히고 있다.

나는 유대교 정기간행물인 「오늘의 정통신앙」*Orthodoxy Today*에 사설로 실린 "유대교의 성 혁명: 유대교(와 기독교)는 왜 동성애를 배척하는가?"2012, pp. 1ff.에서 다음과 같은 글을 읽고 깊은 인상을 받았다. "모든 성행위는 결혼으로 이어져야 한다고 주장한 유대교의 정신은 세상을 변화시켰다. 토라에서 혼외 성관계를 금지한 것이 분명 서구 문명의 등장을 가능하게 했다. 성 둘레에 울타리를 세우지 않은 사회들은 발전이 막혀 버렸다. 서구 세계가 지속해 온 [문명은] 유대교에서 시작되었고, 그 후 기독교에서 수행한 성 혁명으로 말미암아 가능했다. 이 혁명은 성의 '요정'을 결혼이라는 병 속에 가두는 일로 이루어졌다. 이러한 성 혁명은 성이 더 이상 사회를 지배할 수 없다는 사실을 확고히 밝혔으며, 남녀 간의 사랑을 고양시켰고……(그렇게 해서 결혼 안에서만 사랑과 성적 표현이 가능한 길을 열었다) 나아가 여성의 지위를 드높이는 힘겨운 과제를 이루는 길을 열었다."

내가 로마서의 이 장을 편집하던 당시, 뉴욕 타임스 "선데이 리뷰"에 실린 프랭크 브루니Frank Bruni의 주간 칼럼(2019년 8월 11일자, 3면)을 읽은 적 있다. 브루니는 그 칼럼에서 노골적으로 동성애자임을 드러냈으며, 그 결과로 증오심 가득한 메일을 엄청나게 받았다고 밝혔다. 최근 그는 다른 자리에서 "이 나라의 내로라하는 의사들도 내 오른쪽 눈의 시력이 약해지고 결국 실명할 위험에 처하게 된 이유를 설명하지 못했다"는 사실을 언급했었는데, 그의 독자 한 사람이 편지를 보내 그가 병에 걸린 이유는 그가 동성애자이기 때문이며, "하나님은 당신을 도우실 수 없다. 당신은 하나님의 법을 노골적으로 어기며 사는 것이다"라고 말했다고 밝혔다. 또 맨해튼에 사는 어떤 여성 교수도 메일을 보내 이렇게 말했다. "나는 당신을 위해 기도하겠다. 하나님께서 당신을 용서하기를 빈다. 왜곡된 삶은 결코 즐거울 수 없으며, 당신이 맞이할 내세는 분명히 처참할 것이다. 또 당신의 어머니를 위해서도 기도하겠다. 동성애자 아들을 두는 것만큼 끔찍한 일도 없을 것이다." 우리는 중서부 지역의 교회가 "하나님은 동성애자를 증오하신다"는 악명 높은 표지판을 온 나라에 돌리고 있는 것을 잘 알고 있다.

교회가 철저하게 반동성애적 확신을 지니게 된 근원이 바로 바울의 주요 **구원 서신**의 서두에 나오는 이 로마서 본문이라는 점을 인정해야 한다. 예수께서는 이 쟁점에 관해 전혀 언급하지 않으셨다(하지만 마 10:15과 11:23-24, 그리고 그 평행본문인 눅 10:12과 17:29에서 소돔의 이름을 직접 비판적으로 언급하신다). 물론 오늘날 우리는 교회 안에서 바울의 이름을 내세워 여성들에게 반대해 가르치거나 설교하는 본문들딤전 2:11, 고전 14:33b-36을 인정하지 않는다. 그 까닭은 네 권의 복음서만 보더라도 부활하신 주님께서는 **여성들**을 당신의 부활을 알리는 최초의 전언자로 보내셨기 때문이다. 그렇다면 우리는 예수께서 그 주제에 대해 전반적으로 침묵하셨다는 사실에 비추어 바울이 동성애에 대해 정죄하는 것도 무시해 버려야 하는가? 그런데 최근에 로스앤젤레스 타임스(2019년 9월 23일, B3면)에 "여장 남자가 시위를 촉발하다"라는 제목의 기사가 "코스타메사 교회에서 [여장 남자가 주도한] 어린이 이야기 시간에 시위자와 지지자들이 충돌했다"라는 부제와 함께 실렸다. 나는 그 기사에 자극을 받아 여기서 다루는 바울의 확신을 새롭게 평가하게 되었다. 우리 시대에는 이 중요한 문제와 관련해 교회들의 결정들이 새롭게 이루어질 것이다. 주님께서 성령으로 우리를 인도하셔서 진리에 이르게 해주시기를 구한다. 이 장의 마지막 단락에서 바울은 인간이 안고 있는 이 중요한 문제를 요약해 제시한다.

1:28-32 1:18-3:20에서 바울이 다루는 **슬프고 나쁜 소식**을 통해 우리는 바울 서신의 나머지 부분, 곧 3:21 이후에 등장하는 **기쁘고 좋은 소식**을 준비하게 된다. 리츠만은 바울이 여기와 다른 여러 곳에서 제시하는 (치명적인 죄의 근원에 강조점을 둔) **기질적인** "악의 목록"과 구약성경에서 주로 **행위와 비열한 처신**으로 여겨지는 악의 목록을 대조했다.[Lietzmann, 35] 크랜필드는 이 장에서 하나님이 세상을 그 부끄러운 욕심에 **"내버려 두사"**라고 세 번씩이나 말한 것은 "하나님께서 그들을 고치시기 위해 의도적으로 행하신 심판과 자비의 행위"[사 19:22]를 강조한 것이라고 결론 내렸다.[Cranfield, 121] 또한 윌리엄 바클레이를 인용하여 그리스-로마 사회에서는 원치 않은 아이를 내버리거나 유아를 살해하는 일이 통상적인 관례였다고 말한다.[William Barclay, 132-133] 바울과 동시대에 살았던 세네카도 약하거나 기형인 아기들을 물에 던져 버리는 일을 당연하게 여겼다.[『화에 대하여』[*De ira*] 1.15] 고데는 **"무정한"**[그리스어 아스토르고스(astorgos)]이라는 말을 다음과 같이 설명한다.[Godet, 1:111] "(아스토르고스는) '온유함이 없다'는 의미이며, 이는 '애정을 표현하다, 소중히 여기다'를 뜻하는 [그리스어 동사] 스테르게인[stergein]에서 왔고……자기 자식을 버리거나 죽이는 어머니, 자기 가족을 방치하는 아버지, 나이 든 부모를 돌보지 않는 자식들처럼, 본능적인 온유함조차 파괴된 상태를 가리킨다. 그리고 '**무자비한**'으로 번역된 아넬레모나스[aneleēmonas]는 동정심이 없음을 뜻하며……도시 주민들이 모두 서커스로 몰려가 검투사들의 싸움을 구경하면서 인간의 피가 솟구치는 것에 광적으로 환호하고, 검투사들이 고통 속에 울부짖으며 죽어가는 모습을 흡족하게 바라보는……이교 세계 전체를 사로잡은 이루 말할 수 없이 완악한 마음을 떠올리게 한다. 이 극한의 순간에 생명

을 낳는 숨결이 그 일을 모른 체하고 지나치지 않았다면 어떻게 되었을까?"

이 "생명을 낳는 숨결"은 갓 태어난 기독교 선교 활동을 통해 지중해 주변 세계로 널리 퍼져나갔다. 이 선교의 특징에 관해서는 윌 듀런트Will Durant가 여러 권으로 이루어진 그의 대작 『문명 이야기』*The Story of Civilization*의 셋째 권(『카이사르와 그리스도』), 마지막 장("기독교의 승리, A. D. 306-325"), 652쪽에서 다음과 같이 감동적으로 요약하고 있다. "인간의 기록 가운데서 황제들에게 계속해서 멸시와 억압을 당하고, 혹독하고 집요한 온갖 시련을 견뎌 내면서, 원수들은 혼돈을 낳을 때 질서를 세우고, 칼에는 말로, 잔인함에는 희망으로 맞서 싸우며, 마침내 역사상 가장 강력한 국가[로마 제국]를 무너뜨린 소수의 그리스도인들 이야기만큼 장엄한 드라마는 없다. 경기장 한가운데서 카이사르와 그리스도가 맞섰으며, 그리스도가 승리했다."

나는 바울이 결론에서 "자기들만 행할 뿐 아니라 또한 그런 일을 행하는 자들을 옳다"1:32c고 치켜세우는 사람들을 비난하는 데 대해 크랜필드가 다음과 같이 두 문장으로 내린 마지막 평가Cranfield, 135를 매우 좋아한다. "다른 사람의 악행을 묵인하고 옹호하는 자들은 사실상 고의로 여론을 악에 호응하도록 조장하는 것이요 수많은 사람이 타락하도록 부추기는 것이다. 예를 들어, 보안 기관이 저지르는 고문이나 극히 불의한 인종차별과 억압을 옹호하거나 모른 체하는 일은, 비록 그 일에 직접 가담하지는 않더라도 거대한 악을 그럴듯한 겉모양으로 가리도록 돕는 일이요, 나아가 악이 더욱 견고하게 뿌리내리는 데 가장 효율적으로 기여하는 것이다."

1장의 부록: 메시아에 관한 예언들

"이 복음은 하나님이 선지자들을 통하여 그의 아들에 관하여 성경에 미리 약속하신 것이라."롬 1:2 아래의 성경 본문들은 교회의 해석자들 다수가 장차 오실 메시아와 그의 구원 방식에 관해 구약성경이 예언하거나 제시한 주요 본문이라고 믿는 것들이다.

"여호와 하나님이 뱀에게 이르시되 네가 이렇게 하였으니……내가 너로 여자와 원수가 되게 하고 네 후손그리스어 '스페르마토스'(spermatos) 칠십인역도 여자의 후손과 원수가 되게 하리니 여자의 후손은 네 머리를 상하게 할 것이요 너는 그의 발꿈치를 상하게 할 것이니라."창 3:14-15 초기 교회는 이 본문을 원복음Protoevangelium, "최초 형태의 복음"이라고 불렀다. 이 본문은 한 여자의 남자 후손이 (발꿈치가 물려서) 죽게 되나, 이렇게 상한 후손이 뱀을 (머리를 상하게 해서) 정복하게 되는 일을 그림처럼 묘사한다. 간단히 말해 성경 전체에서 최초로 인간의 삶을 다룬 아담과 하와의 이야기는, 동정녀에게서 태어난 예수가 역사적으로 겪은 십자가 처형과 부활을 통해 악을 정복하게 되는 일을 예시한다.

"아브람이 여호와를 **믿으니** 여호와께서 이[아브람의 믿음]를 그의 **의**로 여기시고."창 15:6 이것은 바울이 유일하게 좋아하는 구약성경 구절인데, 창세기 15장의 이 구절에 이스라엘의 초기 역사에서 발견되는 믿음으로 말미암는 의라는 집약된 복음이 담겨 있기 때문이다. 바울이 로마서 4장 전체와 갈라디아서 3:6-9에서 아브람(나중에는 "아브라함")의 신앙 체험을 요약해서 다룬 것을 참조하라.

신명기 18:15-18에서 모세가 이스라엘 백성에게 전승을 따라 "모세와 같은 선지자"라고 불리는 이에 관해 예언한 것을 보라. "네 하나님 여호와께서 너희 가운데 네 형제 중에서 너를 위하여 **나와 같은 선지자** 하나를 일으키시리니 너희는 그의 말을 들을지니라.……여호와께서 내게 이르시되……내가 그들의 형제 중에서 **너와 같은 선지자** 하나를 그들을 위하여 일으키고 내 말을 그 입에 두리니 내가 그에게 명령하는 것을 그가 무리에게 다 말하리라." 갓 태어난 교회의 초기 역사에서 베드로가—그리스도를 가리키기 위해—이스라엘과 관련된 이 본문을 사용한 것을 살펴보라.[행 3:22-23]

나단이 다윗에게 한 예언. "여호와가 또 네게 이르노니 여호와가 너를 위하여 집을 짓고 네 수한이 차서 네 조상들과 함께 누울 때에 **내가** 네 몸에서 날 네 씨를 네 뒤에 **세워 그의 나라를 견고하게 하리라**. 그는 내 이름을 위하여 집을 건축할 것이요 나는 그의 나라 왕위를 **영원히** 견고하게 하리라. 나는 그에게 아버지가 되고 그는 내게 아들이 되리니."[삼하 7:11-14a] 시편 132:11도 보라. 마태복음 1장과 누가복음 3장에 나오는 족보에서 예수가 **다윗의 자손**으로 대를 잇고 있는 것을 보라.

[그들이] 서로 꾀하여 여호와와 **그의 기름 부음 받은 자를 대적하며**……여호와께서 내게[기름 부음 받은 자] 이르시되 **너는 내 아들이라**……내게 구하라 내가 **이방 나라**를 네 유업으로 주리니 네 소유가 땅 끝까지 이르리로다.[시 2:2-8. 초기의 시편]

"내 하나님이여, 내 하나님이여, **어찌 나를 버리셨나이까**.……개들이 나를 에워쌌으며 악한 무리가 나를 둘러 내 수족을 찔렀나이다.……그들이 나를 주목하여 보고 내 겉옷을 나누며 속옷을 제비 뽑나이다.……나를……들소의 뿔에서 **구원하셨나이다**! 내가 주의 이름을 형제에게 선포하고 회중 가운데에서 주를 찬송하리이다.……그는……그의 얼굴을 그에게서 숨기지 아니하시고 그가 울부짖을 때에 들으셨도다.……땅의 모든 끝이 여호와를 기억하고 돌아오며 모든 나라의 모든 족속이 주의 앞에 예배하리니."시 22:1-27의 여러 곳에서 이 시편 기자의 "고난 경험"은 십자가에서 부활로 이어지는 예수의 고난과 많이 닮았다.

"이는 한 **아기**가 우리에게 났고 한 **아들**을 우리에게 주신 바 되었는데 **그의** 어깨에는 정사를 메었고 **그의** 이름은 기묘자라, 모사라, **전능하신 하나님**이라, 영존하시는 아버지라, 평강의 왕이라 할 것임이라."사 9:6, 헨델의 고전음악으로 연주된 이사야의 메시아 예언은 다음 절에서 다음과 같이 이어진다. "그 정사와 평강의 더함이 무궁하며 또 다윗의 왕좌와 그의 나라에 군림하여 그 나라를 굳게 세우고 지금 이후로 영원히 정의와 공의로 그것을 보존하실 것이라. 만군의 여호와의 열심이 이를 이루시리라."사 9:7

"내가 붙드는 나의 종, 내 마음에 기뻐하는 자, 곧 내가 택한 사람을 보라. 내가 **나의 영**을 그에게 주었은즉 그가 이방에 **정의**를 베풀리라."사 42:1 제2이사야에는 네 개의 종의 노래가 이사야 42:1-4, 49:1-6, 50:4-9와 마지막으로 **52:13-53:12**에서 나온다. 그 시작 부분인 이 절은 독특한 의미와 중요성을 지니고 있어 여기서 살펴본다. 이에 더해 이사야 61:1-2은 가장 놀라운 부분으로 절정을 이룬다.

"보라, 내 종이 형통**하리니** 받들어 높이 들려서 지극히 존귀하게 **되리라**. 전에는……그의 모습이 사람들보다 **상하였으므로** 많은 사람이 그에 대하여 놀랐거니와……우리가 전한 것을 누가 **믿었느냐**?……그는 주 앞에서 자라나기를……마른 땅에서[나사렛을 생각해 보라] 나온 뿌리 같아서……그는 멸시를 받아 사람들에게 버림 받았으며, 간고를 많이 겪었으며, 질고를 아는 자라. 마치 사람들이 그에게서 얼굴을 가리는 것 같이 멸시를 당하였고 우리도 그를 귀히 여기지 아니하였도다. **그는** 실로 **우리의** 질고를 지고 **우리의** 슬픔을 당하였거늘 **우리는** 생각하기를 **그는** 징벌을 받아 하나님께 맞으며 고난을 당한다 하였노라. **그가** 찔림은 **우리의** 허물 때문이요 **그가** 상함은 **우리의** 죄악 때문이라. **그가** 징계를 받으므로 **우리는** 평화를 누리고 **그가** 채찍에 맞으므로 **우리는** 나음을 받았도다. **우리는** 다 양 같아서 그릇 행하여 **각기** 제 길로 갔거늘 여호와께서는 **우리 모두의** 죄악을 **그에게** 담당시키셨도다."사 52:13-53:12의 핵심 부분 계속해서 언급되는 "대속" 개념을 주의 깊게 살펴보라.

"주 여호와의 영이 내게 내리셨으니 이는 여호와께서 내게 기름을 부으사 **가난한 자에게 아름다운 소식을 전하게** 하려 하심이라. 나를 보내사 마음이 상한 자를 고치며 포로된 자에게 자유를, 갇힌 자에게 놓임을 선포하며 여호와의 은혜의 해를 선포하여."사 61:1-2 예수께서는 최초로 행한 설교에서 이 본문으로 선포했으며, "이 글이 오늘 너희 귀에 응하였느니라"고 덧붙여 말씀하셨다.눅 4:21 처음에 예수는 사람들에게 큰 감명을 주었다. 하지만 이어서 이방인을 치켜세우는 본문을 두 군데 인용해 말씀하시자, 회당에 있던 사람들이 크게 화가 나 예수를 "낭떠러지까지 끌고 가서 밀쳐 떨어뜨리고자 하되 예수께서 그들 가운데로 지나서" 가셨다.눅 4:16-30, 곧 일어날 큰 사건에 대한 예고

"내가 또 밤 환상 중에 보니 **인자** 같은 이가 하늘 구름을 타고 와서 옛적부터 항상 계신 이에게 나아가 그 앞으로 인도되매 그에게 권세와 영광과 나라를 주고 모든 백성과 나라들과 다른 언어를 말하는 **모든** 자들이 그를 섬기게 하였으니 그의 권세는 소멸되지 아니하는 **영원한** 권세요 그의 나라는 멸망하지 아니할 것이니라."단 7:13-14 복음서 전체에서 예수가(오직 예수만이) 반복적

으로 자신을 가리켜 "인자"라고 밝히고 있음에 주목하라(내가 세어보니 86회다). 신약성경 복음서 밖에서는 이 구절이 딱 한 번, 그것도 다른 사람의 입을 통해 언급된다. 사도행전 7:56에서 스데반이 순교하면서 "보라, 하늘이 열리고 인자가 하나님 우편에 서신 것을 보노라!"라고 외친다. 위에서 살펴본 다니엘 7장의 주요한 구절 이외에, 구약성경에서 "인자"라는 말을 사용한 예를 시편 8:4에서 볼 수 있는데, 시편 기자 다윗이 "사람이 무엇이기에 주께서 그를 생각하시며 인자가 무엇이기에 주께서 그를 돌보시나이까"라고 노래하는 여기서는 단순히 '남자'나 '인간'(물론 예수도 인간이다)에 대한 동의어로 사용된다.

마지막으로 누가복음의 마지막 24장에 보면, 부활하신 예수는 (1) **엠마오**에서, 곧이어 (2) **승천하시기 전에**, 옛 메시아 약속과 예언에 언급된 그대로 영광을 나타내신다. 이것은 예수께서 자기의 삶을 성경의 성취라고 여긴 **개인적** 의식을 이중적으로 강조한다.

1. **부활하신 예수께서 의심하는 엠마오 제자들에게 하신 말씀**: "이르시되 미련하고 선지자들이 말한 모든 것을 마음에 더디 믿는 자들이여, 그리스도가 [너희가 방금 묘사한 형편없는 일들과 같은] **이런 고난을 받고 자기의 영광에 들어가야 할 것이 아니냐** 하시고, 이에 모세와 모든 선지자의 글로 시작하여 모든 성경에 쓴 바 **자기**에 관한 것을 자세히 설명하시니라."눅 24:25-27 이 성경 공부 자리에 우리도 참여했더라면 얼마나 좋았을까!
2. 누가복음에 따르면 그 후 얼마 지나지 않아 예수는 **승천하시기 직전에 자기 제자들에게 마지막 말을 남기신다**. "또 이르시되 내가 너희와 함께 있을 때에 너희에게 말한 바 곧 **모세의 율법과 선지자의 글과 시편에 나를 가리켜 기록된 모든 것이 이루어져야 하리라** 한 말이 이것이라 하시고, 이에

그들의 마음을 열어 성경을 깨닫게 하시고 또 이르시되 이같이 그리스도가 고난을 받고 제삼일에 죽은 자 가운데서 살아날 것과 또 그의 이름으로 죄 사함을 받게 하는 회개가 예루살렘에서 시작하여 모든 족속에게 전파될 것이 기록되었으니 너희는 이 모든 일의 증인이라."[눅 24:44-48] 그리고 예수는 선교 사명을 감당하도록 성령을 선물로 주시기로 약속하신 후 하늘로 올라가신다.

2:1-3:20

인간의 죄를
의로 심판하시는 하나님

바울은 거의 두 장에 이르는 분량을 할애하여 **하나님의 심판**에 대해 다루는데, 우리는 신약성경에서 적절한 관계가 있는 세 본문을 서론으로 삼아 이 주제를 살펴본다. 바울의 논의는 다음과 같은 구조로 이루어진다.

서언: 로마서 이외에 심판 주제를 다루는 성경 본문들

① 마태복음 7장에 나오는 예수의 말씀

② 누가복음 18장에 나오는 예수의 말씀

③ 고린도 교회의 그리스도인들에게 보낸 바울의 편지

Ⅰ. 모든 인간에 대한 하나님의 의로운 심판2:1-16

① 심판에 관한 바울의 서론적 강화2:1-11

② 심판에 관한 바울의 둘째 강화2:12-16

Ⅱ. 하나님의 백성인 유대인도 의로 심판하시는 하나님2:17-3:8

① 심판에 관한 바울의 셋째와 넷째 강화2:17-29

② 심판에 관한 바울의 다섯째 강화3:1-4

③ 심판에 관한 바울의 여섯째 강화3:5-8

Ⅲ. 결론적 요약: 행위로 하나님 앞에서 의로운 사람은 없다3:9-20

서언: 로마서 이외에 심판 주제를 다루는 성경 본문들

① 마태복음 7장에 나오는 예수의 말씀

비판을 받지 아니하려거든 비판하지 말라. 너희가 비판하는 그 비판으로 너희가 비판을 받을 것이요 너희가 헤아리는 그 헤아림으로 너희가 헤아림을 받을 것이니라. 어찌하여 형제의 눈 속에 있는 티는 보고 네 눈 속에 있는 들보는 깨닫지 못하느냐. 보라, 네 눈 속에 들보가 있는데 어찌하여 형제에게 말하기를 나로 네 눈 속에 있는 티를 빼게 하라 하겠느냐. 외식하는 자여, 먼저 네 눈 속에서 들보를 빼어라. 그 후에야 밝히 보고 형제의 눈 속에서 티를 빼리라.[마 7:1-5]

예수의 첫째 강화인 산상수훈 끝부분에서 **제자들에게** 하신 말씀.

② 누가복음 18장에 나오는 예수의 말씀

또 자기를 의롭다고 믿고 다른 사람을 멸시하는 자들에게 이 비유로 말씀하시되 두 사람이 기도하러 성전에 올라가니 하나는 바리새인[하나님의 백성에 속해 철저히 순종하는 사람]이요, 하나는 세리[점령 세력인 로마 제국의 협력자로 멸시당하는 사람]라. 바리새인은 서서 따로 기도하여 이르되 하나님이여, 나는 다른 사람들 곧 토색, 불의, 간음을 하는 자들과 같지 아니하고 이 세리와도 같지 아니함을 감사하나이다. 나는 이레에 두 번씩 금식하고 또 소득의 십일조를 드리나이다 하고, 세리는 멀리 서서 감히 눈을 들어 하늘을 쳐다보지도 못하고 다만 가슴을 치며 이르되 하나님이여, 불쌍히 여기소서! 나는 죄인이로소이다 하였느니라. 내가 너희에게 이르노니 이에 저 바리새인이 아니고 이 사람이 의롭다 하심을 받고 그의 집으로 내려갔느니라. 무릇 자기를 높이는 자는 낮아지고 자기를 낮추는 자는 높아지리라 하시니라.[눅 18:9-14]

③ 고린도 교회의 그리스도인들에게 보낸 바울의 편지

이는 우리가 **다** 반드시 그리스도의 심판대 앞에 나타나게 되어 **각각** 선악간에 그 몸으로 행한 것을 따라 받으려 함이라.고전 5:10 리츠만은 다음과 같이 평한다.Lietzmann, 40-41 "바울은 믿음으로 말미암는 의를 절대적인 것으로 인정하면서도 그리스도인들에게 행위에 따르는 심판이라는 사상을 어떻게 가르쳐야 하는지 안다."

Ⅰ. 모든 인간에 대한 하나님의 의로운 심판2:1-16

① 심판에 관한 바울의 서론적 강화2:1-11

1 그러므로 [방금 롬 1:18-32에서 언급된 죄목들을 적용해] 남을 판단하는 사람아, **누구를 막론하고** 네가 핑계하지 못할 것은 남을 판단하는 것으로 네가 너를 정죄함이니 판단하는 네가 같은 일을 행함이니라. 2 이런 일을 행하는 자에게 하나님의 심판이 진리대로 되는 줄 우리가 아노라. 3 이런 일을 행하는 자를 판단하고도 같은 일을 행하는 사람아, 네가 하나님의 심판을 피할 줄로 생각하느냐. 4 혹 네가 하나님의 인자하심이 너를 인도하여 회개하게 하심을 알지 못하여 그의 인자하심과 용납하심과 길이 참으심이 풍성함을 멸시하느냐. 5 다만 네 고집과 회개하지 아니한 마음을 따라 진노의 날 곧 하나님의 의로우신 심판이 나타나는 그 날에 임할 진노를 네게 쌓는도다. 6 하나님께서 각 사람에게 그 행한 대로 보응하시되 7 참고 선을 행하여 [하나님으로부터 말미암고 또 하나님께 돌리는] 영광과 존귀와 썩지 아니함을 구하는 자에게는 영생으로 하시고 8 오직 당을 지어 진리를 따르지 아니하고 불의를 따르는 자에게는 진노와 분노로 하시리라. 9 악을 행하는 각 사람의 영에는 환난과 곤고가 있으리니 먼저는 유대인에게요 그리고 헬라인에게며 10 선을 행하는 각 사람에게는 영광과 존귀와 평강이 있으리니 먼저는 유대인에게요 그리고 헬라인에게라. 11 이는 하나님께서 외모로 사람을 취하지 아니하심이라.

"그러므로 스스로 의롭다고 여기는 사람[2:1-11]은 이교에 속해 타락한 사람[1:18-32]과 마찬가지로 하나님의 심판 아래 놓인다"고 미헬은 주장한다.[Michel, 73] 스토트는 다음과 같이 말한다.[Stott, 81] "바울이 파렴치한 부도덕의 영역[1:18-32]에서 자의식적인 도덕의 영역[이 단락]으로 넘어가는 데서 그의 주된 강조점을 분명하게 확인할 수 있다. 여기서 바울이 지적하는 대상은 단순한 '**사람**'이 아니라 '**판단하는 사람**'[1-3절]이다." 크랜필드는 다음과 같이 말한다.[Cranfield, 151] "1:18-32에서 [바울은] 복음이 인류 전체를 대상으로 선포하는 심판에 관해 말했다. 2장에서 바울은, 이러한 일반적인 정죄에서 자기들은 예외라고 생각하는 사람들에 대해 그들이 결코 예외가 될 수 없다는 사실을 입증한다."

흥미롭게도 이 새 본문[2:1-3:20]에서 바울은 문법을 바꾸어 사용한다. 1장의 후반부에서는 내내 객관적인 3인칭 복수형("그들")을 사용했는데, 여기 2장에 들어와서는 비난의 성격이 훨씬 더 강한 2인칭 단수형 "너"—개별 독자로서 너!—를 사용한다.[Fitzmyer, 298] 이제 바울은 "누구를 막론하고"[1절] **그의 수신자들 전체**—그리스도인과 유대인, 그리고 **너와 나**—를 대상으로 말한다.

바울이 **첫** 장에서 이 세상의 죄에 대해 엄중하게 정죄하는 것을 읽거나 들었던 그리스도인들은 이 **둘째** 장으로 넘어와 처음 두 단락에서 바울이 말하는 것을 듣고는 깜짝 놀라게 된다. 이 두 단락에서 바울은 분명 우리 그리스도인들까지 포함해 **모든 사람**—"남을 판단하는 사람아, 누구를 막론하고"—을 정죄하는 것으로 보이기 때문이다. 참으로 바울은 1장에 나오는 죄목들로 우리 **그리스도인을** 정죄하는 데 주저하지 않는 것처럼 보인다. 나는 개인적으로 1장의 고발하는 내용으로 돌아가서 그 가운데 내가 어디에 해당하는지를 확인하기 위해 자아 비판적 관점에서 그 구절들을 세밀하게 살펴보았다. 내 양심을 가장 강하게 사로잡은 죄는 바울이 **"탐욕"**그리스어로 플레오넥시아(pleonexia)이며, 문자적으로는 "욕심, 탐심"을 뜻한다. *EDNT* 3:102이라고 부른 것으로서, 제대로 번역하면 "과도한 야망"을 뜻한다. 내 경우 이 말은 지나칠 정도로 사람들에게 칭찬을 받고자 하는 욕구를 의미할 수 있다. 구체적으로 말해 "이 강해서가 널리 인기를 끌어서 사람들이 나를 높이 치켜세워 주기를 바라는 것"이다. (에른스트 케제만Ernst Käsemann, 59은 로마서 2:8에 나오는 에리테이아eritheia를 매우 설득력 있게 **"이기적인 야망"**이라고 번역하였으며, 개역영어성경Revised English Bible도 그렇게 옮겼다[한국어 개역개정 성경은 "당을 지어"라고 번역했다—옮긴이].)

하지만 내가 보기에 실천적 그리스도인이나 철저히 자기 비판적 그리스도인들은 바울이 1장에서 날카롭게 제기한 비판에 자신이 해당된다고는 **쉽사리** 인정하지 않을 것 같다. 그러면 여기 2장에서 바울이 유죄라고 판결하려는 대상은 누구인가? 깊이 있는 몇몇 주석서들에서는 바울이 자기 동료 유대인들에게(어쩌면 유대계 그리스도인들까지도) 양심의 가책을 느끼게 하려고 애쓰는 것이라고 보았다. 뒤에서 살펴볼 17절 이후를 보면, 이렇게 유대인을 염두에 두고 있는 것이 사실이다("유대인이라 불리는 네가 율법을 의지하며 하나님을 자랑하며……"). 하지만 여기 2장의 **첫째 단락**과 특히 바울이 **처음으로** 고발하는 구절을 문자 그대로 보면 그 대상은 "남을 판단하는 사람……누구를 막론하고……남을 판단하는" 모든 사람이다. 다시 말해 **1장에 나오는 죄인들을 판단하는 모든 사람**에게 말하는 것이라고 볼 수 있다. 따라서 바울은 우리 그리스도인들까지 **"하나도 빠짐없이 모두"** 자기 비판의 법정에 불러 세운다.

나는 초등학교 시절 우리 집에서 얼마 떨어지지 않은 곳에 살던 한 유대인 소년을 놀려댔던 일을 기억한다. 그 아이의 이름은 제롬이었는데 어느 날 내가 그에게 네 코가 무슨 코냐고 짓궂게 물었다. 그 아이는 기가 죽어 "매부리코야"라고 대답했다. 그 후로 나는 학교나 동네에서 그를 볼 때마다 "어이, 매부리코 제롬. 하하하!"하고 놀려댔다. 당시 나는 내가 놀리는 말로 그에게 얼마나 상처를 주었을지 도저히 생각하지 못했다. 그 무렵에 있었던 또 한 가지 일이 생각난다. 전화번호부를 뒤져서 미지의 "골드버그 씨"에게 장난 전화를 거는 일을 시도했었는데(그 일을 실행에 옮겼는지는 기억나지 않는다), 그 유대식 이름을 놀려댈 심산이었다. 우리 가정이 속한 경제 계층에서는 일반적으로 유대인을 "유대인 놈"kikes이라고 비하하면서 매우 가혹하게 대했다. (이때가 독일 사람들이 죽음의 수용소에서 유대인들을 학살하던 1940년대였다.) 그 무렵에 나는 마을 건너편에 있던 성 프란시스 성공회 교회에서 복사(미사를 집전하는 사제를 도와 뒤에서 십자가를 들고 따라가는 일을 했다)를 맡고 있었다. 그때 신부님이 이 비판적인 로마서 본문으로 설교하면서, 방금 언급한 내 사례와 같은 모습을 지닌 그리스도인들에게 적용했더라면 어땠을까 생각해 본다.

마르틴 루터는 세상을 떠나기 3년 전인 1543년에 "유대인과 그들의 거짓말에 관하여"라는 끔찍한 논문을 썼다. 롤런드 베인턴Roland Bainton은 루터의 탁월한 전기인 『마르틴 루터』*Here I Stand: A Life of Martin Luther*, 1950에서 루터가 3년만 일찍 죽어서 그 끔찍한 글을 쓰지 않았더라면 얼마나 좋았겠느냐고 언급했다.[297] 『루터 전집 영문판』*Luther's Works: American Edition*의 편집자들에 따르면, 그들이 루터의 그 장광설[47:121-306]을 출간한 까닭은 그 글을 공인해서가 아니라—오히려 그들은 그 글을 개탄했다—학문적 정직성이라는 면에서 루터의 글을 있는 그대로 모은 총서에서 그 글을 제외할 수 없었기 때문이다. 프랭클린 셔먼Franklin Sherman은 책의 서문에서[p. x] "그 글에서 유대인을 비인도적으로 대하는 모습은 독자들을 충격에 빠지고 슬프게 만들기에 족하다. 여기에 그 글을 싣는 이유는 단지 역사적인 이유 때문이다"라고 썼다.

내가 이 세 가지 사례—현재의 내 자만심과 소년 시절에 지녔던 못된 마음, 루터가 쓴 글—를 언급한 이유는 나 자신과 더불어 내가 속한 기독교 전통을 여기 2장에서 바울이 제기하는 심판 자리에 세우기 위해서다. 이 장에서 바울은 이 서신을 읽는 모든 사람을 이 피고석에 세우려고 한다(독자들이 직접 자기 평가서를 정직하게 작성해 보기 바란다).

초기 교회 때 크리소스토무스ACCS 6:56는 이렇게 주장했다. "진노의 진짜 원인은 [하나님이 아니라] 그것을 자초해 쌓아온 사람에게 있다.…… 이에 대해 바울은 '**하나님께서 네게 진노를 쌓으시는 것**'이 아니라 '[네가] **네 고집과 회개하지 아니한 마음을 따라……진노를 네게 쌓는도다**'라고 분명하게 밝혔다." 이 본문을 읽는 사람들이 마주하게 되는 또 한 가지 큰 문제는 바울이 "하나님께서 각 사람에게 그 **행한 대로** 보응하시되"6절라는 구절에서처럼 **행위**에 의한 구원과 매우 유사해 보이는 것을 반복적으로, 그리고 제법 길게 기술하고 있다는 점이다. 우리는 하나님과 완전히 바른 관계를 맺는 것은 공로를 쌓는 행위로 이루어지는 것이 **아니라 "처음부터 끝까지"** 오직 **믿음으로**1:17, 또 3:21-31과 특히 4장을 보라 이루어진다는 사실을 바울이 간략하게 복음을 제시한 서론1:16-17에서 배웠으며, 또 나중에는 로마서 나머지 전체를 두루 살피면서 확인하게 될 것이기 때문이다. 그런데 다음의 구절에서 바울이 반복해서 제기하는 당혹스러운 주장을 살펴보라. "하나님께서 각 사람에게 그 행한그리스어 '에르가'(erga) 대로 보응하시되……선을 행하는 자에게는 영생으로 하시고……불의를 따르는 자에게는 진노와 분노로 하시리라. 악을 행하는 각 사람의 영에는 환난과 곤고가 있으리니."2:6-9 서두르지 말고 잠시 여유를 두고 생각해 보자.

앞서 2장의 서두에서 살펴본 "로마서 이외의 본문들"마 7:1-5과 눅 18:9-14에 나오는 예수의 말과 고후 5:10에 나오는 바울의 말에 더해, 바울이 주장하는 **행위에 따르**

는 하나님의 심판을 지지하는 구약과 신약의 주요 성경 본문들을 주의해서 살펴보라. 욥기 34:(10)-11; 시편 62:12; 잠언 24:12b; 예레미야 17:(9)-10; 마태복음 12:36; 16:27; 25:31-46; 요한복음 5:28-29; 로마서 14:12; 고린도전서 6:9-11; 디모데후서 4:14; 베드로전서 1:17; 요한계시록 2:23; 20:12-13; 22:12a. 고데는 바울의 로마서 14:12과 예수의 말씀인 마태복음 12:36과 요한복음 5:28-29과 같은 구절들을 강조한다.[Godet, 117] 하지만 잠시만 더 기다려 보자. 바울은 거의 두 장을 할애하여 인간성에 대해 고발한 주장[2:1-3:20]을 다음과 같이 강력한 **반대 주장**으로 끝낸다. "그러므로 율법의 **행위로**[그리스어 복수형으로 '엑스 에르곤'(ex ergōn)] 그의 앞에 의롭다 하심을 얻을 **육체가 없나니** 율법으로는 죄를 깨달음이니라."[3:20] 나아가 바울은 **어떠한** 인간도 하나님 앞에서 마땅히 해야 할 일을 **행할 수 없다**고 말하는 구약성경의 여러 본문[3:10-18]을 제법 길게 인용하면서 인간 전체를 고발하는 2:1-3:20을 마무리한다. 그럼에도 도대체 왜 바울은 여기서 그토록 **행함**을 강조하는가? 이 물음에 대한 답은 복잡하면서도 매우 중요하다.

잠정적으로 이렇게 생각해 볼 수 있다. 우선 (1) 바울의 로마서 전체를 고려할 때 우리는 다음과 같이 말할 수 있을 것이다. 바울이 처음에는 **우리가 오직 예수 그리스도의 합당한 행위를 단순히 믿음으로써 하나님과의 완전히 바른 관계를 값없이 받게 된다**고 확고하게 믿었다는 것이다. 하지만 (2) 이어서 바울은 다음과 같이 주장하고 가르친다. 오직 믿음으로 의롭게 된 참된 신자들은—믿음만으로 하나님과의 완전히 바른 관계를 값없이 누리게 된 것에 크게 감사하면서, 또 성령의 인도하심을 따라[롬 8장] 그리스도를 신뢰하고 마지막 때에는 그리스도께서 신자들을 포함해 모든 사람을 그 행위대로 완전히 공평하게 심판하실 것이라는 확신을 품고서—믿음의 삶을 **실천하며 살고자** 노력한다. 우리는 두 장 가까이 되는 이 서론2:1-3:20의 나머지 부분에서, 그리고 바울이 가르치는 복음과 신약성경 전체에서 가르치는 복음을 두루 살펴서 이러한 이중적 특성을 살펴볼 것이다.

심판에 관한 예수의 가르침 가운데 대표적인 사례는 마태복음 25:31-46에 나오는 가르침(양과 염소를 가르는 예수의 최후 심판 이야기)이다. 그런데 흥미롭게도 이 이야기는 예수께서 고난을 당하기 전에 **제자들에게** [주목!] 말씀하신 **마지막 경고**다. "내가 진실로 너희에게 이르노니 너희가 여기 내 형제 중에 지극히 작은 자 하나에게 **한 것**이 곧 내게 **한 것**이니라."마 25:40 또 "내가 진실로 너희에게 이르노니 이 지극히 작은 자 하나에게 **하지 아니한 것**이 곧 내게 **하지 아니한 것**이니라"마 25:45고 경고하신다. 하지만 마태복음 앞부분에서는 **은혜에 관한 예수의 가르침**이 예수께서 사역 초기에 선포하신 네 가지 지복Beatitudes—심령이 가난한 자, 애통하는 자, 온유한 자, 의에 주린 자들을 대상으로, 그들을 위해, 그들에게 선포하신 복—에서 가장 분명하게 강조된다. 이 네 가지 복은 예수의 우주적인 시정연설인 산상설교마 5:3-6를 여는 말씀이자 축복이다.

바울이 여러 서신과 특히 여기 로마서에서 **가장** 강조한 것이 예수께서 베푸시는 지복의 **은혜**다. 하지만 예수와 마찬가지로 바울도 최후의 심판을 매우 진지하게 다룬다. 바울이 최후의 심판에 관해 언급한 주요 본문이 고린도후서 5:10이다. "이는 우리가 다 반드시 그리스도의 심판대 앞에 나타나게 되어 각각 선악간에 그 몸으로 행한 것을 따라 받으려 함이라." 하나님께서 공로의 행위를 **따지지 않으시고 완전히 값없이 베푸시는 현재의 의**에 관한 가르침뿐만 아니라, **장차** 하나님께서 **행위에 따라 책임을 물으시는 최후의 심판**에 관한 가르침도 매우 신중하게 생각하고 설명할 필요가 있다. (다시 한 번 밝히자면, 신약성경에서 행위에 따른 심판을 다루는 주요 본문은 마 7:21; 16:27; 요 5:28-29; 고후 5:10; 벧전

1:17; 계 2:23; 22:12-13이며, 구약성경의 주요 본문들은 시 62:12; 잠 24:12; 전 12:14; 렘 17:10; 호 12:2이다.)

케제만은 믿음으로 말미암는 칭의와 행위에 따른 심판이 복잡하게 얽혀 있는 것을 다음과 같이 신중하게 설명했다.Käsemann, 56-57 "심판 개념을 배제한 칭의론은 하나님의 주권에 대한 선포로서의 그 특성을 잃게 되며, 그로 인해 인간의 인간화를 위한 유일한 토대를 상실하게 된다.……칭의론으로부터 의미를 공급받지 못하는 심판 개념은 더 이상 구원을 보증해 주는 힘을 지니지 못한다." 나로 말하자면 오랫동안 단순한 믿음에 따라 값없이 주시는 의의 선물이라는 바울 교리에 만족하여 지내왔으며, 그 결과 한동안은 성경에서 똑같이 중요하게 여기는, 행위에 따라 책임을 묻는 마지막 때의 심판이라는 교리를 거의 믿지도 않고 가르치지도 않았다. 이런 형편에서 로마서 2장은 나의 태도를 교정하는 유익한 수단이었다. 케제만은 사려 깊게도 "행위에 따른 심판의 교리가 칭의론보다 우위에 오는 것이 아니며, 그와는 반대로 칭의론에 비추어서 심판 교리를 이해하는 것이 중요하다"라고 결론 내린다.Käsemann, 58 책임을 묻는 심판이라는 가르침이 결코 값없는 의라는 가르침을 무너뜨려서는 안 되지만, 앞의 가르침에는 반드시 뒤의 가르침이 분명하게 수반되어야 한다. 늘 이러한 균형을 깨뜨리지 않도록 애써야 한다. 마지막으로, N.T. 라이트는 다음과 같이 지적했다.Wright, 30-31 "그리스나 로마의 종교 및 철학에는 최후의 심판에 관한 교리가 전혀 없다. 하지만 유대교에서는 그 교리가 핵심적인 요소였으며, 이 본문에서 바울은 그 교리가 고대의 이교 세계와 크게 차별화되는 것으로 주장한다. 기독교 신학자로서 바울은 유대교의 이 기본 교리 가운데서 아무것도 배척하지 않는다. 정말 최후의 심판이 이루어질 것이며, 그 심판은 각 사람이 살아온 삶 전체에 상응할 것이다. 흔히 그리스도인들은 바울의 이신칭의 교리특히 3장과 4장을 보라가 행위에 따른 최후의 심판을 폐기하는 것이라고 생각하는데, 바울은 결코 그렇게 가르치지 않는다."

② 심판에 관한 바울의 둘째 강화2:12-16

[12] 무릇 율법 없이 범죄한 자는 또한 율법 없이 망하고 무릇 율법이 있고 범죄한 자는
율법으로 말미암아 심판을 받으리라. [13] 하나님 앞에서는 율법을 듣는 자가 의인이 아
니요 오직 율법을 행하는 자라야 의롭다 하심을 얻으리니 [14] (율법 없는 이방인이 본성
으로 율법의 일을 행할 때에는 이 사람은 율법이 없어도 자기가 자기에게 율법이 되
나니 [15] 이런 이들은 그 양심이 증거가 되어 그 생각들이 서로 혹은 고발하며 혹은 변
명하여 그 마음에 새긴 율법의 행위를 나타내느니라.) [16] 곧 나의 복음에 이른 바와 같
이 하나님이 예수 그리스도로 말미암아 사람들의 은밀한 것을 심판하시는 그 날이라.

바울은 오직 믿음을 보시고 당신과 바른 관계를 이루도록 허락하시는 하나님께서 심판의 날에도 우리가 살아온 삶의 모습에 따라 신자들과 모든 인간을 공평하고 의롭게 심판하실 것이라고 믿었으며, 또 우리에게 그렇게 가르친다. '현재 일상생활에서 이루어지는 믿음으로 말미암는 칭의'와 '장차 마지막 날에 행위에 따라 책임을 묻는 심판'이 우리의 사고와 삶에서 조화로운 관계를 유지하도록 하는 일은 모든 신자들이 진지하게 고민해야 할 일이다. 그럴 때에야 행위를 앞세워 값없는 은혜를 폐기하거나 믿음을 내세워 중대한 심판을 헛되게 만들지 않을 수 있다. 클라인 스노드그라스Klyne Snodgrass가 이 복잡한 쟁점에 관해 내린 다음과 같은 결론이 균형을 잡아 준다. "[바울은] 행위로 말미암는 의로움은 배척했지만, 하나님의 은혜에 응답하여 구원에 이르도록 순종하는 일은 부정하지 않았다."Jewett, 212 "여기서 우리는 바울 자신의 말을 증

거로 삼아 바울이 심판 선언을 복음의 일부로 간주한다는 사실을 알 수 있다."Nygren, 127 바울은 로마서 거의 끝부분에 이르러 이렇게 말한다. "우리가 다 하나님의 심판대 앞에 서리라……이러므로 우리 각 사람이 자기 일을 하나님께 직고하리라."롬 14:10-12 고데는 이 쟁점을 다음과 같이 요약한다.Godet, 122 "그러므로 두 가지 칭의, 곧 한편으로 오직 믿음에 근거한 처음의 칭의와 다른 한편으로 믿음과 **그 열매**에 근거한 마지막 칭의로 구분하는 것은……바울의 견해와 일치한다. 그보다 앞서 하나님의 (의의) 전가[칭의]가 **참이기** 위해서는 먼저 참이 **되는** 과정이 반드시 필요하다"(굵은 글씨체는 고데가 강조한 것).

크랜필드는 이 강화의 핵심 구절(13절 "하나님 앞에서는 율법을 듣는 자가 의인이 아니요 오직 율법을 행하는 자라야 의롭다 하심을 얻으리니")을 다음과 같이 명료하게 해석한다.Cranfield, 155 "이 구절을 하나님께서 의롭다고 인정하실 만큼 철저하게 율법을 지키고 행하는 사람들이 있다는 뜻으로 받아들여서는 안 된다. 오히려 바울이 말하려는 것은 그리스도를 믿는 사람들은 감사하는 마음으로 순종하기 시작하는데, 그 순종은 매우 보잘것없고 하나님의 은혜를 입기에도 합당하지 않지만, 그럼에도 하나님을 향한 겸손한 신뢰의 표현으로서 하나님께서 기뻐 받으시기에 충분하다는 것이다."

예레미야 31:31-34에 나오는 **새 언약의 약속**, 그중에서도 마지막 두 절에 요약된 약속은 여기서 다루는 바울 본문의 배경이 되는 핵심적인 구약 본문이다(굵은 글씨체로 표시한 마지막 문장은 복음의 형태를 갖추고 있는데, 이것이 이 약속의 **근거**가 된다는 점에 주목하라).

그러나 그 날 후에 내가……맺을 언약은 이러하니
곧 **내가** 나의 법을 그들의 **속에** 두며 그들의 마음**에** 기록하여

나는 그들의 하나님이 되고 그들은 **내 백성**이 될 것이라. 여호와의 말씀이니라.
그들이 다시는 각기 이웃과 형제를 가르쳐 이르기를
너는 여호와를 알라 하지 아니하리니
이는 작은 자로부터 큰 자까지 다 나를 알기 때문이라.
내가 그들의 악행을 사하고 다시는 그 죄를 기억하지 아니하리라. 여호와의 말씀이니라.

II. 하나님의 백성인 유대인도 의로 심판하시는 하나님 2:17-3:8

① 심판에 관한 바울의 셋째와 넷째 강화 2:17-29

[17] 유대인이라 불리는 네가 율법을 의지하며 하나님을 자랑하며 [18] 율법의 교훈을 받아 하나님의 뜻을 알고 지극히 선한 것을 분간하며 [19] 맹인의 길을 인도하는 자요 어둠에 있는 자의 빛이요 [20] 율법에 있는 지식과 진리의 모본을 가진 자로서 어리석은 자의 교사요 어린 아이의 선생이라고 스스로 믿으니, [21] 그러면 다른 사람을 가르치는 네가 네 자신은 가르치지 아니하느냐. 도둑질하지 말라 선포하는 네가 도둑질하느냐. [22] 간음하지 말라 말하는 네가 간음하느냐. 우상을 가증히 여기는 네가 신전 물건을 도둑질하느냐. [23] 율법을 자랑하는 네가 율법을 범함으로 하나님을 욕되게 하느냐. [24] 기록된 바와 같이 하나님의 이름이 너희 때문에 이방인 중에서 모독을 받는도다. 사 52:5 칠십인역; 겔 36:20에서 더 분명히 밝힌다

[25] 네가 율법을 행하면 할례가 유익하나 만일 율법을 범하면 네 할례는 무할례가 되느니라. [26] 그런즉 무할례자가 율법의 규례를 지키면 그 무할례를 할례와 같이 여길 것이 아니냐. [27] 또한 본래 무할례자가 율법을 온전히 지키면 율법 조문과 할례를 가지고 율법을 범하는 너를 정죄하지 아니하겠느냐. [28] 무릇 표면적 유대인이 유대인이 아니요 표면적 육신의 할례가 할례가 아니니라. [29] 오직 이면적 유대인이 유대인이며 할례

는 마음에 할지니 영에 있고 율법 조문에 있지 아니한 것이라. 그 칭찬이 사람에게서 가 아니요 다만 하나님에게서니라.

2:17-24 실제로 저명한 유대인들 다수가 위에서 바울이 언급한 율법을 범하는 잘못을 저질렀다는 사실을 유대교의 권위 있는 문헌에서 확인할 수 있다. (유대교의 탁월한 지도자들이 지은 죄를 고발하는 문헌들로는 특히 유대교의 『솔로몬의 지혜』 11-15장과 『탈무드와 미드라쉬에서 본 신약성경 주해』 Str.-B. 3:109-15를 보라.) 그러므로 그리스도인들과 마찬가지로 유대인들도 바울의 복음에서 가르치는 대로 (1) 현재의 죄에 대한 값없는 용서, 곧 **우리의 일상생활에서** 오직 믿음으로 얻는 칭의와 (2) **우리 삶의 마지막에 이르러** 하나님께서 우리의 행실에 따라 책임을 묻고 공의로 심판하시는 일을 인정해야만 한다. 케제만은 "유대교도 유대 전쟁 AD 64-70에 직면한 혼돈 속에서 자신들이 도덕적 타락에 빠져있음을 애통해했다"고 지적했다.Käsemann, 69 C. K. 바레트는 창의력을 발휘해, 바울이 "신전 물건을 도둑질한다"고 비난한 말을 "[어떤 사람이] 스스로를 동료 인간들을 지배하는 심판자와 주로 치켜세울 때 그는 자기 자신을 이렇게 [우상에게 돌리는] 숭배받는 자리에다 세우는 것"이라는 의미로 해석했다.C. K. Barrett, 54

2:25-29 랍비들은 "할례받은 사람은 게헨나로 떨어지지 않는다"고 가르쳤는데, 구체적으로 "랍비 레위AD 300년 경는 이 말을 색다르게 해석해 '마지막 때 아브라함은 게헨나 입구에 앉아서 할례받은 이스라엘 사람은 그 누구도 그곳으로 떨어지지 않도록 막을 것이다'라고 가르쳤다.*Gen. R.* 48 [30a] 또 랍비 격언에서는 '할례받은 사람은 누구나 장차 이를 세상에서 한 몫을 차지한다'고 가르쳤다."Godet, 129 그런데 이 단락에서 더 놀라운 일은, 바울조차도 하나님의 율법을 올바르게 지킨 이방인들이 있

다고 믿고 가르친 것으로 보인다는 점이다. 이것이 놀라운 까닭은 여기 2장과 다음에 오는 장의 3분의 2까지 이어지는 논의의 끝부분에 이르러 우리는 바울이 **이방인이나 유대인 그 누구도** 실상은 온전하게, 또는 적절하게 하나님의 율법과 규례들을 지키지 않는다고 생각했으며, 따라서 값없는 은혜 및 그리스도를 단순하게 믿어 하나님 앞에 설 수 있게 되는 의를 가르치는 복음이 반드시 필요하다고 주장했다는 사실을 확인하게 되기 때문이다. 하지만 또 바울은 교회뿐만 아니라 유대인들에게도 하나님 백성의 일원이 되는 일은 외적인 소속의 문제가 아니라 성령의 사역을 통해 내적으로 속하게 되는 문제라고 가르치려고 애썼다. 바울은 나중에 성령에 관해 힘 있게 가르치는 8장에서 이 문제를 다시 설명한다. 성령이 이끄시는 삶을 사는 것은 교회와 이스라엘에 속한 우리 모두가 주님의 약속을 믿고서 진지하게 이루어야 할 일이다. 케제만은 이렇게 말했다.[Käsemann, 75] "이방인 기독교인들은 성령을 통해 마음의 할례를 받았는데 그것만으로도 효과가 충분했다. 성령은 로마서 8:4에서 말하는 대로 이방인 기독교인들이 율법을 성취할 수 있게 해주며, 고린도후서 3:6에서 말하는 대로 그들이 하나님의 새 언약에 참여하게 해준다."

② 심판에 관한 바울의 다섯째 강화[3:1-4]

[1] 그런즉 유대인의 나음이 무엇이며 할례의 유익이 무엇이냐. [2] 범사에 많으니 우선은 그들이 하나님의 말씀을 맡았음이니라. [3] 어떤 자들이 믿지 아니하였으면 어찌하리요. 그 믿지 아니함이 하나님의 미쁘심을 폐하겠느냐. [4] 그럴 수 없느니라. 사람은 다 거짓되되 오직 하나님은 참되시다 할지어다. 기록된 바

주께서 주의 말씀에 의롭다 함을 얻으시고 판단 받으실 때에 이기려 하심이라 함과

같으니라[시 51:4].

바레트는 다음과 같이 옳게 주장한다.Barrett, 59 "구약성경에 따르면 하나님은 온 인류 가운데서 유대인을 **선택**하셨으며, 그들에게 특혜를 **주셨다**. 그러므로 [유대인을] 다른 나라들의 수준으로 끌어내리는 것은 구약성경을 거짓된 것이라고, 아니면 하나님께서 당신의 계획을 이루시는 데 실패한 것이라고 비난하는 것이다. 바울은 자기 논제에 제기된 이러한 신학적 반론에 맞닥뜨리게 된다."

그런데 바울은 하나님의 백성인 유대인에게 처음부터 참으로 엄청난 특권, 곧 "**하나님의 말씀**"을 담당하는 일이 맡겨졌다고 말한다. 히브리 성서 속에서 하나님의 말씀이라는 보배를 만나게 된다는 사실을 생각해 보라! (미헬은 바울이 말하는 "**하나님의 말씀**"이라는 구절이 특히 히브리 성서에 담겨 있는 하나님의 **약속들**을 가리킨다고 본다.Michel, 95 n.3) 그 뒤를 잇는 교회에 속한 우리도 여기서 다음과 같은 질문 앞에 서게 된다. 우리는 구약성경의 약속들(이것이 이 단락에서 말하는 것이다)뿐만 아니라 훨씬 더 특별나게 그 약속들의 성취로서 우리에게 맡겨진 신약성경까지 포함해 **하나님의 말씀**을 온전하게 다룰 수 있는 참으로 놀라운 특권이 우리에게 주어졌다는 사실을 아는가? 그런데 다음으로 4절에서 바울은 한때 간통을 저지른 죄인이었으나 회개한 **다윗**이 깊은 회개를 고백하는 시편 51편의 구절을 인용하여 이러한 특권이 무엇인지 서술한다(시 51:4, "주께서 말씀하실 때에 의로우시다 하고 주께서 심판하실 때에 순전하시다 하리이다"). 시편 51편은 특히 엄청난 죄를 회개한 신자들에게 크게 도움이 되는 본문이다. 그런 사람들은 자신이 지은 죄 때문에—현재든 최후의 심판 때든—하나님의 온전한 용서를 얻지 못하게 될지 모른다고 두려워하기 때문이다. 큰 죄를 지은 다윗간통과 살인, 삼하 11-12장과 가슴 찢는 회개를 담은 그의 시편 51편은 어느 시대나 진지하게 회개하는 사람에게 하나님께서 온전한 용서를 베푸신다는 사실을 보이는 두 가지 증거다. 매우 개인적인 다윗의 시편[51:1-2]은 다음과 같이 깊이 있는 복음의 말로 시작한다.

> 하나님이여, 주의 인자를 따라
> 내게 은혜를 베푸시며
> 주의 많은 긍휼을 따라 내 죄악을 지워 주소서.
> 나의 죄악을 말갛게 씻으시며 나의 죄를 깨끗이 제하소서.

③ 심판에 관한 바울의 여섯째 강화[3:5-8]

[5]그러나 우리 불의가 하나님의 의를 드러나게 하면 무슨 말 하리요. (내가 사람의 말하는 대로 말하노니) 진노를 내리시는 하나님이 불의하시냐. [6]결코 그렇지 아니하니라. 만일 그러하면 하나님께서 어찌 세상을 심판하시리요. [7]그러나 나의 거짓말로 하나님의 참되심이 더 풍성하여 그의 영광이 되었다면 어찌 내가 죄인처럼 심판을 받으리요. [8]또는 그러면 선을 이루기 위하여 악을 행하자 하지 않겠느냐. 어떤 이들이 이렇게 비방하여 우리가 이런 말을 한다고 하니 그들은 정죄 받는 것이 마땅하니라.

이 단락에서 바울이 마지막으로 하나님의 심판에 관해 논하는 글은 (바로 다음에 이어지는 매우 중요한 본문에서 이 주제 전체를 마무리 짓기 전에) 덧붙인 후기로서, "하나님의 공정한 심판과 은혜라는 바울의 가르침이 [도덕적으로] 자유분방한 태도를 낳았다고 주장하는 사람들에 대해 바울이 분개하여 답하는 논평"[Jewett, 240]의 형태를 띤다. 이제 마지막으로 우리는 매우 중요한 이 주제—하나님의 심판—에 관해 바울이 주장하는 중요한 결론을 살펴본다.

Ⅲ. 결론적 요약: 행위로 하나님 앞에서 의로운 사람은 없다3:9-20

[9] 그러면 어떠하냐, 우리는 나으냐. 결코 아니라. 유대인이나 헬라인이나 다 죄 아래에
있다고 우리가 이미 선언하였느니라. [10] 기록된 바

의인은 **없나니 하나도 없으며**

[11] 깨닫는 자도 **없고**

하나님을 찾는 자도 **없고**시 14:1c-3

[12] **다** 치우쳐 함께 무익하게 되고

선을 행하는 자는 없나니 **하나도 없도다.**전 7:20

[13] 그들의 목구멍은 열린 무덤이요

그 혀로는 속임을 일삼으며시 5:9

그 입술에는 독사의 독이 있고시 140:3

[14] 그 입에는 저주와 악독이 가득하고시 10:7

[15] 그 발은 피 흘리는 데 빠른지라.

[16] 파멸과 고생이 그 길에 있어

[17] 평강의 길을 알지 못하였고잠 1:16, 사 59:7-8

[18] 그들의 눈 앞에 하나님을 두려워함이 없느니라 함과 같으니라.시 36:1b

[19] 우리가 알거니와 무릇 율법이 말하는 바는 율법 **아래에** 있는 자들에게 말하는 것이
니 이는 **모든** 입을 막고 **온 세상**으로 하나님의 심판 아래에 있게 하려 함이라. [20] 그러
므로 율법의 **행위로**그리스어 복수형: '엑스 에르곤'(ex ergōn) 그의 앞에 의롭다 하심을 얻을 **육체가**
없나니시 143:2 율법으로는 죄를 깨달음이니라.

바울이 전하는 복음에 따르면 우리는 온 세상이 노아의 홍수 이전과 같은 형편에 놓여 있다는 사실을 깨달을 필요가 있다. “하나님이 보신즉 땅이 부패하였으니 이는 땅에서 모든 혈육 있는 자의 행위가 부패함이었더라.”창 6:12 미헬은 다음과 같이 지적한다.Michel, 94-95 바울이 구약의 여러 본문을 인용해 결론을 내리는 여기서는 “구약성경 자체가 인간과 유대교에 대한 [하나님의] 고발의 증거가 된다.” 그리고 결론에서 미헬은 (위에서) 바울이 말한 마지막 구절을 “인간에 대한 하나님의 고발”이라고 부른다.Michel, 97 무의 주장에 따르면, “1:17에서 하나님의 의를 얻는 [유일한] 길로 소개된 ‘믿음’이라는 말은, 2:1-3:8에서 그 말이 전혀 등장하지 않는다는 사실로 인해 더 두드러진다.Moo, 126” (정말이지 “믿음”이라는 말은 2:1-3:20의 심판 본문 **전체**에 나오지 않는다.) 심지어 쥬윗은 앞의 본문 전체에 걸쳐서 바울이 로마에 있는 **그리스도인들**에게 “자신들이 문화적으로나 종교적으로 우월하다는 주장을 포기하고, 자신들도 전체 인류와 마찬가지로 거짓된 생각에 빠져 있다는 사실을 인정하라”고 요구한다고 보았다.Jewett, 257-258 정신이 번쩍 들게 하는 이 결론은 본문에서 바울이 로마의 그리스도인들을 향해 그들 속에 여전히 남아 있는 “변하지 않은” 자아(로마서 8장에서 바울이 ‘육신’이라고 부르는 것)를 직시하라고 요구했던 것처럼, **오늘날** 전 세계에 퍼져 있는 **우리 그리스도인들**에게도 자신을 비판적으로 살펴보아야 한다고 경고한다. 바울이 위의 마지막 고발롬 3:20에서 인용한 구약의 본문이 결론 역할을 한다. “주의 종에게 심판을 행하지 마소서. **주의 눈 앞에는 의로운 인생이 하나도 없나이다.**”시 143:2

니그렌은 바울이 시편을 인용해 전 인류에게 적용하는 이 결론적 고발은 다음과 같이 매우 중요한 논점을 밝혀 준다고 말한다.Nygren, 142 “하나님 앞에 선 인간의 상태를 규정하는 것이 율법뿐이라면, 심판 이외에

할 수 있는 일은 아무것도 없다. '주의 종에게 심판을 행하지 마소서. 주의 눈 앞에는 의로운 인생이 하나도 없나이다.'"시 143:2 바울은 이 3장에 실린 결론적이고 보편적인 고발의 시작과 끝 절9절과 20절 모두에서 **"죄"**라는 단어를 **단수형**으로 표기한다. **"우리는……다 죄 아래에 있다"**9절와 **"율법으로는 [죄를 정복할 수 없고 다만] 죄를 깨달음이니라."**20절 이것은 우리가 바울의 복음 전체에서 확인하는 사실, 곧 바울은 죄를 인간을 지배하는 능력이라고 보았다는 사실을 말해 준다. 피츠마이어는 다음과 같이 덧붙여 말한다.Fitzmyer, 331 "로마서에서는 여기서 처음으로 명사 형태의 '죄'가 언급된다. 바울은 [죄를] 의인화하여 노예를 지배하는 주인으로 묘사한다. 죄는 강력한 원수다."

위에서 바울이 논의를 마무리하며 "하나님의 심판"에 관한 성경 구절들을 모아놓은 부분을 보면, 바울이 돌연 악독한 **말**을 지적하는 두 구절13-14절을 끼워 넣어서 보편적인 **악행**의 고리를 끊어버리는 것을 볼 수 있다. **"그들의 목구멍은 열린 무덤이요 그 혀로는 속임을 일삼으며 그 입술에는 독사의 독이 있고 그 입에는 저주와 악독이 가득하고."** 벵엘이 "죄의 많은 부분이 말로 이루어진다"Magna peccati pars in verbis est 고 주장한 것이 옳았다.Bengel, 44 마지막으로 바울이 결론으로 제기하는 **성경적 고발**—**"그들의 눈 앞에 하나님을 두려워함이 없느니라"**18절—은 인간을 휘어잡은 총체적 문제의 **뿌리**는 우리와 하나님 사이의 깨어진 관계라는 사실을 지적하는 것으로 볼 수 있다. 그렇다면 하나님의 율법에는 어떤 유익이 있는가? "율법은 인간이 죄인이라는 사실을 분명하게 밝혀 준다."Nygren, 143 참으로 중요한 역할이다! 케제만의 주장에 따르면, 바울의 마지막 단락에서 "우리는 처음으로 **에르가 노무,**erga nomou 즉 '율법의 행위'[나는 이를 '**율법이 요구하는 일을 행하다**'로 옮겼다]라는 표현을 만나는데, 이것은 사도 바울이 로마서-갈라디아서에서 사용하는 중요한 어휘 가운데 하나다."Käsemann, 143 그는 이렇게 결론짓는다. "율법은 그 자체로 완전하다. 하지만 율법은 타락한 인간에게 율법이 요구하는 것을 충족시킬 수 있는 수단은 제공하지 않는다.……율법은 하나님의 영을 부어주지 않으며, 또 그 영을 통해 율법의 완성인 사랑의 삶을 전해 주지도 않는다."롬 13:10

우리는 로마서 2:1-3:20을 두루 살펴서 아주 중요한 토대를 확인했으며, 뒤이어 웅장하게 등장하는 3:21-8:39의 본문을 살필 준비를 마쳤다. 우리가 만나게 될 이 본문은 네 권의 복음서 밖에서 하나님의 기쁜 소식을 가장 힘차게 서술하고 묘사하는 구절과 장이라고 말할 수 있다. 다음으로 살펴볼 바울의 장엄한 본문에 대해 J. B. 라이트푸트J. B. Lightfoot는 『바울 서신 주해』*Notes on the Epistles of Paul*, 264에서 다음과 같이 소개한다. "1:16-3:20을 살핀 결과, 유대인과 이방인을 포함해 모든 인간의 보편적 실패라는 일반적인 결론에 도달하게 된다. 따라서 보편적인 치유책이 필요한데 그 치유책은 [궁극적으로] 그리스도 안에서 찾을 수 있다."롬 3:21-31 바레트가 '슬프고 나쁜 소식'롬 2:1-3:20의 결론부인 20절을 주해하면서 아래와 같이 주장한 논평도 역시, 바울이 로마서 3:21 이하에서 제시하는 하나님의 긴요한 **기쁜 소식**을 이해하는 데 도움이 된다. "따라서 하나님의 의를 율법의 관점에서 논의하고 이해하는 한 진노를 말할 수밖에 없다. 하나님께서 율법과 종교를 뛰어넘어 당신의 의를 드러내시는 다른 수단을 찾아내실 때에야 비로소 인간은 희망을 얻을 수 있다."Barrett, 68 하나님께서는 이 다른 수단을 찾아내셨다.

3:21-31

하나님의 기쁜 소식

: 그리스도의 완전한 희생으로 말미암아
단순한 믿음으로 받는 하나님과의
완전히 바른 관계

이번 장은 다음과 같은 구조로 이루어지며, 중요한 역사적 사실들 함께 숙고한다.

Ⅰ. 바울이 전한 하나님의 기쁜 소식의 핵심 진리들[3:21-25a]

Ⅱ. 바울이 선포한 하나님의 기쁜 소식의 부차적인 진리들[3:25b-26]

Ⅲ. 3:21-26의 의미에 대한 신약성경 자체의 해석

① 예수가 산상수훈에서 가르친 참된 복들[마 5:3-6]

② 예수의 탕자 비유에서 중간과 끝부분[눅 15:20-32]

③ 예수가 가르친 바리새인과 세리의 비유[눅 18:9-14]

Ⅳ. 3:21-26: 역사적으로 큰 영향을 끼친 두 가지 번역

① 마르틴 루터의 로마서 3:21-26 번역

② 윌리엄 틴데일의 로마서 3:21-26 번역

Ⅴ. 3:21-26에 대한 하이델베르크 교리문답의 해석

① 하이델베르크 교리문답, 1563: 제1문

② 하이델베르크 교리문답, 1563: 제60문

Ⅵ. 3:21-26에 대한 현대 교회와 성경의 주해, 칭의와 속죄의 교리들

① 현대 교회: 루터교 세계연맹과 로마 가톨릭교회의 칭의 교리에 관한 공동선언[1999]

② 3:21-26에 대한 현대의 성경 주해들

Ⅶ. 후기: 한 번 더, 오직 단순한 믿음으로[3:27-31]

부록: 히브리서에서 예수의 대속을 칭송하는 본문들

I. 바울이 전하는 하나님의 기쁜 소식의 핵심 진리들 3:21-25a

21 이제는 율법 외에

하나님의 한 의가 나타났으니

율법과 선지자들에게 증거를 받은 것이라.

22 곧 예수 그리스도를 믿음으로 말미암아

모든 믿는 자에게 미치는 하나님의 의니

차별이 없느니라. 23 **모든** 사람이 죄를 **범하였으매** 하나님의 영광에 이르지 못하더니

24 그리스도 예수 안에 있는 **속량**으로 말미암아 하나님의 **은혜**로

값 없이 의롭다 하심을 얻은 자 되었느니라.

25a 이 예수를 하나님이

그의 **피**로써

믿음으로 말미암는

화목제물로 세우셨으니.

간단하고 중요한 이 로마서 본문이 독자들에게 감동을 주는 까닭은 하나님께서 **당신의 아들을 통해**, 아들이 지신 십자가를 "값진 속량"Costly Liberation의 수단으로 삼아, **당신 자신의 신적 의로움**Divine Righteousness을 당신과 맺는 완전히 바른 관계라는 모양으로 우리에게 주심으로써 인류 전체를 위해 얼마나 크신 일을 행하셨는지, 그와 동시에 **우리 인간에게는** 그 의로움을 **받기 위한** 조건으로 얼마나 **작은 것**—**단순한 믿음!**—을 요구하셨는지를 선명하게 보여주기 때문이다. 참으로 이 값진 속량은—여기서 바울은 두 겹으로 강조한다—"하나님의 **순전한 은혜**로 말미암아,

완전히 **값없는 선물**로"24b 주어지고, 그래서 받게 되는 것이다. 하나님의 구원 계획을 이루기 위해 하나님과 그리스도께서 **그토록 큰 일**을 행하시는가? 또 우리 인간은 이렇게 준비된 구원을 **받기 위해** 겉보기에도 **참으로 하찮은** 일—"단순히 그것을 믿는 것"—만 하면 되는가? 그렇다! 복음의 약속은 오직 은혜로, 오직 그리스도 때문에, 오로지 믿음으로*sola gratia, solus Christus, sola fide* 이루어진다. 바울이 전하는 복음에는 그리스도인의 윤리가 들어 있으며, 이 윤리는 로마서 6장과 8장, 12-14장에서 상세히 다루게 된다. 그리고 바로 앞 장들에서 살펴보았듯이, 마지막 때가 되면 하나님 앞에서 행위에 따라 이루어지는 심판도 있을 것인데, 이 서신의 끝부분에서 바울은 이에 대해 다음과 같이 요약해 말한다. "우리가 다 하나님의 심판대 앞에 서리라……이러므로 우리 각 사람이 자기 일을 하나님께 직고하리라."롬 14:10-12 다른 한편 바울에 따르면 하나님과 그리스도께서는, 인간이 하나님의 값진 구원이라는 선물을 받을 수 있는 길은 하나님이 우리에게 요구하시는 지극히 간단한 일, 그리고 하나님께서 우리에게 베푸시는 지극히 놀라운 은혜, 곧 단순한 믿음으로만 가능하다는 사실을 사도적 교회를 통해 온 세상에 알리기 원하신다. 잘 알다시피 요한복음도 이와 유사하게 간단한 메시지를 전한다. "하나님이 세상을 이처럼 사랑하사 독생자를 주셨으니 이는 그를 믿는 [단순히 신뢰하는] 자마다 멸망하지 않고 영생을 얻게 하려 하심이라." 요 3:16

4세기의 위僞암브로시우스는 바울의 메시지를 정확하게 파악해 그의 주석에 "그들은 값없이 의롭다 칭함을 받았는데, 그 까닭은 어떤 일도 행하지 않고 또 어떤 것도 응답으로 돌리지 않고서도 오직 믿음으로 하나님의 은사를 힘입어 성화되었기 때문이다"라고 썼다.*The Church's Bible*, 73, Augustine, 75와 비교하라 우리는 앞에서 바울 서신의 서론을 다룰 때 바울이 복음을 다음과 같이 원론적으로 요약한 것을 기억한다. "내가 복음을 부끄러워하지 아니하노니 이 복음은 모든 믿는 자에게 구원을 주시는 하나님의 능력그리스어 '뒤나미스'(dynamis), 영어 'dynamite'이 됨이라. 먼저는 유대인에게요 그리고 헬라인에게로다. 복음에는 **하나님의 의**(하나님과 완벽하게 올바른 관계)가 나타나서 믿음으로 믿음에 이르게 하나니(그렇다, 처음부터 끝까지 믿음으로!) 기록된 바 '오직 의인은 믿음으로 말미암아 살리라'합 2:4 함과 같으니라."롬 1:16-17 이제 바울의 본문을 한 절씩 차례대로 살펴본다.

3:21a **"이제는."**뉘니 데(Nyni de) 나는 이 말을 의도적으로 강조하는데, 바울은 이 말을 활용하여 두 장 넘게1:18-3:20 설명해 온 슬프고 나쁜 소식과는 크게 상반되는 면을 밝힌다. 바울이 서론에서 사용한 단어 **"이제는"**은 아이들 말로 **"짜잔!"**을 뜻한다. 바울은 **64절**이나 되는 긴 분량(1장 후반과 2장, 3장 전반)으로 **인간의 위기에 관한 슬픈 소식**을 세세하게 밝힌 후에 이제 3:21-31에서 간략하게 열한 개 절로 **하나님의 해결책인 기쁜 소식**을 제시한다(내가 보는 그리스어 신약성경에서는 슬픈 소식을 **10과 3분의 1쪽 분량**으로 다루며, 이어서 한 쪽의 **3분의 2분량**으로 압축하여 바울의 기쁜 소식에 관한 서론을 다룬다). 바울은 구원을 주제로 삼은 이 주요한 단락에서 하나님의 복음의 **가장 핵심적인 사실들**을 서론으로 제시하며, 그것들을 가능한 한 압축해서 소개하려고 한다. (이 기쁜 소식의 핵심적 의미는 4-8장에서 매우 상세하게 설명한다.) **"율법 외에."** (저자는 "성경의 율법에 합당한 행위 외에 그 무엇이라도"라고 번역한다—옮긴이) 성경의 율법들—그리고 이러한 점에 대해서는 다른 모든 법들도 마찬가지지만—은 복종을 요구한다. 무엇보다도 바울은 하나님과의 완전히 바른 관계가 하나님께서 주시는 **선물**이지 결코 인간이 성취할 수 있는 일이 아니라는 점과 인간이 율법의 행위로 복종한다고 해서 이룰 수 있는 것도 아니라는

사실을 분명하게 밝히고자 한다. 이러한 확신은 앞에서 살펴본 성경에서 수집한 '슬픈 소식들' 가운데 마지막 절인 로마서 3:20에서 간략하게 언급되었다. "그러므로 율법의 행위로 그의 앞에 의롭다 하심을 얻을 육체가 없나니 율법으로는 죄를 깨달음이니라."

3:21b "하나님의 한 의가 나타났으니." (저자는 "하나님의, 하나님으로부터 완전한 의로움이 이 세상에 왔으니"라고 번역한다—옮긴이) 이 중요한 구절은 그리스어 세 단어, 디카이오쉬네 테우 페파네로타이dikaiosynē theou pephanerōtai로 이루어지고, 문자적인 의미는 "의 / 하나님의 / 계시되었다"이다. "의"righteousness라는 단어는 바울의 신학 어휘 전체에서 가장 중요한 단어라고 할 수 있다(나는 추상적인 단어인 "의"의 의미를 가능한 한 명료하게 드러내기 위해 형편에 따라 이 단어를 "완전한 의로움"All-Rightness이라고 옮겼다). 이 말은 하나님의 성품이 완벽하게 선하다는 사실을 가리킨다. 하나님의 기쁜 소식에 따르면, 놀랍게도 하나님께서는 우리가 자격이 없고 의롭지 않은데도, 하나님을 믿고 또 하나님께서 베푸시는 선을 신뢰하면서 하나님께 소박한 영광—하나님께서 보실 때는 지극히 큰 영광—을 돌리는 것을 보시고는 당신의 완벽하고 완전한 의로움을 베풀어주신다. 바울의 설명으로도 알 수 있듯이, 문자적으로 "하나님**의**"(하나님의 성품의)라는 뜻을 지닌 그리스어 소유격 명사 테우theou는 또한 "하나님**으로부터**" (이 세상으로) 부어진 의라는 뜻으로도 사용될 수 있으며, 따라서 우리가 그 의를 단순한 믿음으로 받아들이기만 하면 하나님과 완전히 바른 관계로 회복된 것으로 "하나님**에 의해**" 인정받게 된다. 이것이야말로 지금까지 역사에 기록된 신과 인간/인간과 신 사이의 **상호** 작용 가운데서 가장 놀라운 것일 듯싶다. 이와 비슷하게 놀라운 일로는 하나님의 영원하신 아들이 나사렛 예수 안에서 진짜 살과 피를 지닌 인간이 되신 일—신학에서는 성육신이라고 부른다—을 들 수 있는

데, 이에 대해서는 요한복음 1:1-18에서 명료하게 설명한다. 그리고 예수의 삶과 가르침, 치유, 십자가 처형, 부활, 승천도 모두 인간의 칭의 만큼이나 놀라운 일들이다. 그런데 바울이 여기서 제시하는 설명을 인간의 관점에서 이해할 수도 있다. 다시 말해 우리 인간은 단순하게 믿음으로써 하나님과의 완전히 바른 관계를 선물로 받는다. 이것이 정말 가능한 일인가? 나는 바울이 뜻하는 바를 가능한 구체적으로 설명하기 위해 **"나타났으니"** 페파네로타이(pephanerōtai), 문자적으로는 "계시되었다"를 뜻한다라는 말을 "이 세상으로 들어왔다"라고 옮긴다. 요컨대 하나님 자신의 의가 역사적 인물인 나사렛 예수를 통하여 이 세상 속으로 들어왔으며, 그 다음으로 예수 자신의 의, 곧 예수가 하나님과 맺는 완전히 바른 관계가 그를 단순히 믿는 사람들에게 주어지는데, 이렇게 해서 믿는 자들과 은혜로우신 하나님 사이에 "**완전히** 바른 관계"가 이루어진다. 사도 바울이 그의 서신 중의 서신인 로마서에서 가르치는 가장 놀라운 가르침이 바로 이것이다.

3:21c "율법과 선지자들에게 증거를 받은 것이라"(**현재** 수동태 **분사**, 그 의미는 '**계속해서** 증거되고 있다'이다). 1장 끝부분에 실은 부록 "메시아에 관한 예언들"을 다시 보면 좋겠다. 그 글은 히브리 성서의 율법과 예언서들에 나오는 주요 메시아 약속들을 모은 것이다. 바울은 독자들에게 하나님의 구원 계획에 관한 기쁜 소식은 성스러운 부록이나 하나님에 관한 새로운 개념, 구원의 "둘째" 계획이 아니라는 사실을 알리고자 한다. 이 기쁜 소식은 역사적으로 준비되지 않거나 예시되지 않은 채 갑자기 나타난 새 일이 아니다. 기쁜 소식이란 하나님께서 영감을 통해 당신의 옛 백성에게 풍성하게 알리시고 준비하게 하셨던 오래된 메시아 예언이 성취된 것이다.

예수는 율법과 예언자들을 통해 약속하셨던 여자의 후손이며, 메시아, 아브라함의 후손, 다윗의 후손, 고난받는 종, 사람의 아들이다. 복음은 성경에 가장 먼저 기록된 '오직 믿음으로'sola fide라는 원형적 약속—"아브람이 여호와를 **믿으니** 여호와께서 이를 **그의 의**로 여기시고"창 15:6라고 말씀하신 것—만큼이나 간단하고 기본적인 것이다. 복음이 증언하는 믿음으로 의롭게 되는 구원 계획은 창세기에서 이사야를 거쳐 말라기까지 등장하는 메시아 약속들만큼이나 오래되고 확고한 것이다. 하나님께서 약속하신 그 선물을 가장 간결하고 생동감 있게 묘사하는 성경 본문을 이사야 53장52:13-53:12에서 볼 수 있다. 하나님께서는 늘 당신의 백성과 **단순한 믿음의 관계**를 이루기 원하셨으며, 이제 당신의 아들을 통해 그토록 오랜 세월 바라셨던 그 일을 성취하셨다. 이렇게 이루어진 관계는 네 복음서에 담긴 예수의 다채로운 역사만큼이나 **선명**하고, 바울이 기록한 이 다섯 번째 복음서만큼이나 **깊다**.

3:22a 우선 우리에게 값없는 선물로 주어진 '완전한 의로움'은 다름 아니라 **"하나님의 의"**, 곧 하나님 자신의 완전한 의로움으로, 결코 하찮은 것이 아니다! 우리는 완전히 의로워졌다! **예수의 믿음**을 통해 하나님 **자신의** 완전한 의가 이 세상 속으로 옮겨졌다. 나는 예수의 믿음이 지닌 특성을 강조하기 위해 그의 믿음을 **"진정한 믿음"**이라고 번역한다. 그리고 그리스도가 매개하는 이 '진정한 믿음'과 '완전한 의로움'은 "믿는 모든 사람에게—그들의 인격적이고 내면적으로 깊이 있는 삶을 헤아려—주어진다"(여기서 "모든"이라는 말은 하나님의 사랑이 참으로 넓다는 점을 강조하며, "에게"로 번역한 그리스어 전치사 에이스eis는 문자적으로 "안으로"라는 의미이다). 또 바울이 사용한 "믿는"이라는 말은 **현재 분사**(영어에서 -ing로 끝나는 동사)로서, 처음 이루어진 신뢰의 결단에서 끝나는 것이 아니라 **지속되는 삶** 또는 더 낫게 말해 **신뢰하며 살아가는 것**을 가리킨다. 복음을 믿는 일은 인격적 관계를 이룬다는 것을 뜻한다. 그래서 우

리는 이 구절을 세 부분으로 구분해서, 하나님께서는 주시고 우리 인간이 받는 의의 **삼중적** 특성을 살펴볼 수 있다.

1. 그렇다. 그것은 "**하나님의 의**"이다. 여기서 바울이 설명하는 의는 다름 아니라 **하나님 자신의 의로움**이다. 다시 말해, 하나님 자신의 인격적인 의는 더 이상 예언 속에 약속으로 머물러 있지 않고, 이제 참으로 놀라운 방식으로 인간이 사는 세상 속으로 들어온다.

2. 둘째, 그것은 "**예수 그리스도를 믿음으로 말미암아 모든 믿는 자에게 미치는**(메시아 예수의 진정한 믿음으로 이 세상에 들어오는)" 의다. 하나님 자신의 인격적인 의는 "예수 그리스도의 믿음을 통해"디아 피스테오스 예수 크리스투(dia pisteōs Iēsou Christou) 이 세상 속으로 [모든 믿는 자에게] 전해진다. 바울은 곧바로 이어지는 구절에서 "믿음"을 **신자들**에게 적용하고 있으며, 그런 까닭에 우리는 여기서 바울이 말하는 믿음을 "믿음으로 말미암아"라는 의미로 받아들일 수 있다. 다시 말해, 이 특별한 믿음, 곧 **중개되고 선물로 주어진** 믿음은 "메시아 예수의 '진정한 믿음'으로 말미암아" 우리에게 전달된다. 이 세상에서 믿음의 삶이라고 콕 집어 말할 만한 것이 있다면, 그것은 바로 나사렛 예수 자신의 삶이었다.

3. 또 그것은 "[이 선물을 **단순하게 믿는**] 모든 믿는 자에게 미치는" 의다. 여기서 "**믿는**" 일은 그 자체가 하나님께서 우리에게 그분께로 나아갈 **수단**으로 주신 것이다. 다시 말해, 창조주 아버지께서는 단순하게 믿는 우리에게 당신의 **완전한** 의로움을 **계속해서** 선물로 주시고, 그에 따라 우리도 끊임없이 그분께 뜨거운 마음으로 나가는 것이다. 만일 바울이 "모든 **믿은**(과거시제로) 자에게"라고 썼더라면, 독자들은 바울의 의도가 회심 때 일어나는 믿음의 행위만 말하는 것이라고 잘못 생각했을 것이다. 하지만 바울은 "[이 선물을 단순하게 믿는] 모든 믿는 자에게 미치는"이라고 씀으로써, 하나님께서 날마다 매 순간 우리에게 하나님과

맺는 바른 관계를 허락하시며, 또 우리도 날마다 매 순간 하나님께서 주시는 그분 자신을 받아들인다는 뜻으로 말한 것이다. 이렇게 계속해서 하나님께서 주시고 우리가 받는 일은 매우 따뜻하고 은혜로우며 상호인격적인 특성을 지니는데, 이것이 바로 복음이다.

정리하자면, (1) "하나님", 곧 하나님 아버지는 완전한 의로움을 **지니신 분**이자 **베푸시는 분**이다. (2) "예수 그리스도", 곧 하나님의 아들은 자신의 "진정한 믿음"을 통해, 당신을 믿는 세상에 완전히 의롭게 하시는 하나님의 선물을 **전달하고 매개하며 베푸시는 분**이다. (3) 또 예수는 그를 **영접한 이들**, 곧 은혜 주시는 분으로 존경하고, 단순하고도 한결같이 신뢰하는 "모든 믿는 자에게" 하나님과 완전히 의로운 관계라는 참 놀라운 은혜를 베푸신다. 여기서 믿는다는 말은 예수께서 주시는 기쁜 소식이 신뢰할만하고 견고하며 진리 가운데 진리라고 인정하는 것이다. 이 중요한 22절은 하나님의 기쁜 소식을 이처럼 세 개의 간략한 문장으로 탁월하게 요약한다.

3:22b-23 앞서 두 장이 넘는 분량[1:18-3:20]을 할애하여 인간의 보편적인 죄성[sinfulness]과 우리의 심각한 무가치성[unworthiness]을 자세히 살펴보았다. 놀랍게도 이 심각한 결함은 이제 하나님께서 지속적이고 거의 불가해하게 베푸시는 은혜—그에 더해 그 은혜를 받을 수 있는 **믿음**도 주신다—라는 엄청난 선물로 대신 채워진다. "'우리' 같은(원래 가사는 '나'이나 '우리'로 바꿨다) 죄인 살리신, 주 은혜 놀라워!" 전혀 의롭지 못한 우리에게 참으로 크고 완전한 의로움이—매 순간 숨 쉬는 때마다 영원토록—선물로 허락된다. 이 사실이 나사렛 예수로 말미암아 이 세상 속에 들어오고, 그 뒤를 이어 그의 사도인 바울이 책임을 다해 힘 있게 선포하는 하나님의 기쁜 소식의 중심을 이룬다. 그리고 그의 선포를 담은 장엄한 로마서를 읽는 것은 우리에게 허락된 큰 특권이다.

3:24 "하나님의 은혜로 값 없이 의롭다 하심을 얻은 자 되었느니라." 이 구절은 또 하나의 **현재 분사**를 포함하고 있으며, 이는 곧 하나님께서 **끊임없이** 당신의 의를 우리에게 주시며—그렇다, 쏟아 부으신다(분사의 힘이다)—그에 더해 (앞 절에서 살펴보았듯이) 이 은혜를 받는 믿음도 주신다는 의미다. 우리는 이 완전한 의로움을 **"계속해서 완전히 값없는 선물로 받는다."** 그리스어 도레안dōrean, "값없는 (선물)"은 아름다운 말이자 실재이다. 하나님께서 정하신 인간 구원의 오묘한 계획으로 말미암아 하나님과의 바른 관계는 보상으로 얻는 것이나 자랑할 만한 업적이 아니라 순전한 선물이다. 이렇게 **선물로 베푸는** 기쁜 소식과 **의무로 행하는** 율법—은혜 대 공로—의 커다란 차이를 다시 주목해 보라. 우리가 이처럼 하나님과의 완전히 바른 관계를 **믿음으로** 받는 것은 순전한 선물이다. 그 꾸러미—**선물을 베풂과 받음**—전체가 하나님의 선물이며, 이로 인해 기독교 신앙이 믿을 수 없을 정도로 은혜로운 일이 된다. 교회의 찬송가들에 귀를 기울여 보라! 다음으로 살펴볼 구절에서는 바울의 모든 문헌—심지어 성경 전체—에 나오는 그 어떤 구절보다 더 선명하게 예수의 "값진 속량"이 지닌 **특별한 면모**들을 밝혀 준다.

"그리스도 예수 안에 있는 속량으로 말미암아." 디아 테스 아폴리트로세오스(dia tēs apolytrōseōs) 여기서 속량이란 믿는 사람이 예수의 십자가로 말미암아 죄에 사로잡혔던 노예의 삶에서 벗어난 **구속**과 **구원**, **해방**, **회복**을 가리킨다. 예수의 고귀한 십자가는 인류를 하나님에게서 분리된 상태로부터 해방했다. 해방을 이룬 예수의 죽음은 피로 얼룩지고 고통스러우며 깊고 궁극적인 것이었다. 예수가 행하신 값진 사역을 우리는 완전히 값없는 선물로 받는다. 예수의 십자가 처형(온 세상의 죄에 마땅한 죗값을 치른 일)과 부활(그렇게 죗값을 치른 일과 예수의 전체 사역을 역사적으로 **확증**하고 **보증**한다)은 복음서의 수난 역사에서 핵심적인 사건이다. 그 수난이 낳은 유익들 전체가 모든 신자에게 날마다 숨 쉬는 순간마다 생일 **선물**로 주어진다. 주시는 분 하나님과 받는 인간 사이에는 현저한 차이가 존재하는 것이다. 고데는 3:24-26을 가리켜 "로마서 전체에서 가장 중요한 구절"이라고 말한다.[Godet, 1:149] 바레트는 바울의 "칭의" 이론에 따르면 "하나님께서는 죄인들을 마치 온전하고 더럽혀지지 않은 덕을 지닌 사람들인 양 대우하신다"고 말한다.[Barrett, 71]

칭의 곧 하나님께서 단순하게 믿는 인간을 완전히 의롭다고 인정해 주시는 것을 그림으로 그려낼 수 있다면, 그 그림은 바닥을 감싸 안은 천장, 인간을 포옹하시는 하나님, 단순하게 믿는 사람들의 손을 꼭 잡아 주시는 하나님과 같은 모양이 될 것 같다. 전혀 가치 없는 우리에게 완전한 가치가 부여되는 것이다. 그런데 바울은 24절에서 다음과 같이 두 차례 선포한다. 이 모든 것이 우리에게 (1) **"값없이"**(완전히 값없는 선물로서), (2) **"하나님의 은혜로"**(하나님의 순전한 은혜에 의해) 주어진다. 말하자면 눈에 보이지 않는 크신 하나님께서 타락하고 미천하고 아무런 자격 없는 인간을 깊이 **사랑하시고**, 또 가능한 한 많은 사람과 단순한 사랑의 관계를 이루기를 간절히 원하신다는 사실은 우주를 흔드는 기적 가운데 가장 큰 기적이다. "값진 속량"은 하나님의 불멸의 독생자가 나사렛 예수로서 필멸의 삶을 입고 이 땅에 내려오셨다는 여러 복음서의 기록을 통해 직접 볼 수 있고, 쉽게 접할 수 있게 되었다. 그분은 우리 역사 한가운데서 우리와 **함께** 사셨을 뿐만 아니라, 우리를 **위해** 수치스러운 죽음을 당하셨고, 그로써 **우리를 위해** 우리의 죄와 죽음의 벌을 대신 치르셨다. 그리고는 몸의 부활과 신적 승천을 통해 이제는 영원히 우리와 **함께** 거하시며, 그분을 단순하게 믿는 우리 **모두에게** 지금 이 순간에, 그리고 앞으로도 계속해서 하나님과 평화를 이루는 삶, 그래서 결국 우리 자신과도 평화를 이루는 삶을 주신다.

3:25a 앞서 25절의 선언을 인용하면서 세 구절로 구분하여 들여 쓰고 굵은 글씨체로 표기했는데, 세 구절 모두가 엄중하고 중요하기에 주의해서 보아야 한다는 점을 밝히기 위해서다. 기독교 신앙의 핵심 교리인 속죄론의 거의 모든 내용이 이 세 줄로 요약되었다. "**하나님이……세우셨으니.**" **하나님께서** 예수의 십자가 죽음을 선물로 세우셨으며, 그렇게 해서 온 세상의 죄에 대한 벌을 **당신의 아들**로 치르셔서 당신의 의를 충족시키셨고, 나아가 우리가 다른 방식으로는 이룰 수 없는 일, 곧 하나님의 거룩한 현존에—영원토록—참여하는 일을 가능하게 하셨다. 요한복음 1장에 나오는 세례 요한의 첫 번째 외침은 예수의 희생을 통해 이루어진 하나님과 "하나 됨"At-One-Ment, 화목의 감격을 잘 담아낸다. "보라, **세상 죄**를 지고 가는 **하나님**의 어린 **양**이로다"(요 1:29, 요한복음의 그리스어 원문에서 네 개의 정관사로 표현한 세례 요한의 말을 강조하고자 굵은 글씨로 표시했다). 하나님의 값지고 은혜로운 섭리와 예수의 자발적인 희생으로 말미암아, 세상 죄를 "**지고 가는**" 하나님의 독생자 예수는 거룩하신 하나님께서 마침내 무가치하고 자격 없고 반역하는 세상에 가까이 오실 수 있는 길을 열었다. 그래서 이제 복음을 신뢰하는 모든 사람이 영광스럽게 "**하나님과 하나 됨**"에 참여하고 당당하게 누릴 수 있게 되었다. 이 외에 어떤 방법으로 우리가 하나님의 거룩하신 현존 안에 서거나 또는 무릎을 꿇기라도 할 수 있겠는가?

"**하나님이……세우**"신 하나님의 아들은 누구이며 또 어떻게, 왜 그분이 세워졌는지를 주의 깊게 헤아려 보라. 그는 "**화목제물로**" 세워졌다. 결정적인 단어 "화목"Atonement, 속죄, 그리스어 힐라스테리온(hilastērion)은 "속죄소", "용서의 자리", "화해의 자리"를 뜻하며, 그 출처는 레위기 16:15-22로 거슬러 올라간다. 그 본문을 보면 이스라엘은 하나님의 은혜로운 규정에 따라 매년 속죄일에 희생제물로 바친 동물의 피를 지성소 안 **속죄**

소hilastērion 위에 뿌렸으며, 그렇게 해서 한 해 동안 하나님에게서 멀어져 죄를 지은 이스라엘 백성에게 거룩하신 하나님과 화해하여 하나 될 수 있는 길을 열어주었다. 그런데 예수께서는 아버지께 드린 순종과 우리를 향한 사랑으로 자신의 피를 쏟아—매년 한 번씩이 아니라, 단 한 번으로 완전하고 영원하게—화해의 속죄소에 바치셨다. (AD 30년에 일어난 이 수난 사건을 역사적으로 확증하기나 하듯이 40년 후인 AD 70년에 예루살렘 성전 전체가 그 속죄소와 함께 로마 군대에 의해 파괴되었으며, 다시는 복구되지 못했다.) 피로 물든 예수의 십자가는 온 세상과 모든 시대를 위해 하나님과 '하나 됨'을 이루는 **유일의 희생제사**, 곧 **영원한 속죄소**이다. 히브리서에서는 화해를 이루는 예수의 죽음이 "단번에 모두에게" 미치는 특성을 다양하고 멋진 방법으로 찬미한다. (여기 3장의 끝부분에 부록으로 실은 히브리서 본문들을 보라.)

"하나님이……세우셨으니." 하나님께서는 하나님의 임재 안에서 예수의 희생제사를 **능동적으로 주관하는 분**이면서 동시에 제물의 출처이자 제공자 역할을 하신다. 그렇게 볼 때 고전적 그리스도 화해론에 대해 흔히 제기되는 반론은 하나님을 **능동적이고 은혜롭게** 그리스도의 희생을 이끄시는 주체가 아니라, **수동적으로 배상을 받는** 대상에 불과한 존재로 만들어버려서 끔찍할 정도로 왜곡된다. 말 그대로 예수의 속죄 희생그리스어로는 한 단어로 힐라스테리온(hilastērion)이다은 하나님의 뜻과 목적에 따라, 그리고 하나님 아들의 은혜로운 동의에 의해, 자격은 없으나 믿는 사람들을 크신 하나님과 "하나 되게"하여 "속죄에 이르게" 한다. 이것이 이제까지 본 것 가운데서 가장 좋은 소식이 아닌가?! 하나님과 하나 됨은 신약성경이 전하는 복음 전체에서 중심이 되는 주제다.

"화목제물로 세우셨으니." 예수께서 하나님 아버지의 크신 뜻을 따라 십자가 위에서 자기를 희생하신 일은 인류에게 특권 가운데서도 가장 커다란 특권, 즉 "**하나님과 하나 됨**"을 선사한다. 죄인인 인간이 죄로 인해 멀어졌던 하나님과 화해하는 일, 이것은 "하나님께서 하나님을 화해시키다"라는 역설적 주장으로 표현된다."Barrett, 74 바레트는 다음의 말로 끝맺는다.Barrett, 76 "십자가형은 하나님께서 죄를 미워하시고 당신의 의로 죄를 심판하신다는 점을 확실하게 보여주며, 그와 동시에 과거에 하나님께서 죄를 방치했던 것은 게을러서가 아니라 사랑 때문이었고, 그런 사랑 때문에 죄인들이 끊임없이 회개할 기회를 얻게 되었다는 사실을 여실히 밝혀 준다."

여러 가지 속죄론이 있지만 내게 가장 큰 영향을 준 것은 안셀무스가 『하나님은 왜 인간이 되셨는가』*Cur Deus Homo*에서 펼친 이론이다. 이 이론에 따르면, 하나님께서는 친히 당신의 아들을 십자가에 달리도록 내어주셔서 하나님의 공의와 의를 충족시킴으로써 화해를 이루셨다. 내가 보기에 교회에서 다양한 모습으로 나타나는 속죄론은 예수가 달린 십자가의 네 기둥으로 그려서 설명해도 좋을 듯싶다. (1) 방금 살펴본 안셀무스의 **화해** 이론은 **수직으로 윗부분에 있는 기둥**으로 그려 낼 수 있는데, 하나님을 향하고 있는 이 기둥은 하나님께서 기꺼이 예수가 바친 화해의 속죄를 받으셨다는 것을 의미한다. (2) 세상을 향한 하나님 사랑의 **계시** 이론은 **아래에 있는 수직 기둥**으로 그려낼 수 있는데, 이 기둥은 아래쪽에서 예수의 자기희생적 사랑을 필요로 하고, 또 그 사랑을 믿음으로 받는 세상을 가리킨다. (3) 구스타프 아울렌Gustav Aulen의 '악마를 물리친 승리자 그리스도 이론'에서는 그리스도가 악마를 격퇴하신 일을 기리며, 십자가에서 **수평으로 왼쪽에 있는 기둥**을 이용해 악마를 멀리 쫓아낸 일을 그려낸다. (4) 하나님의 구속적 사랑이 이 세상의 실재와 역사적 진리로 실현되었다고 보는 현대 이론은 **수평으로 오른쪽에 있는 기둥**으로 그려낼 수 있는데, 그리스도의 죽음과 부활을 통해 심원한 진리가—이 세상의 역사와 현실 속에서 신뢰할 만한 것으로—확증되었다는 사실을 가리킨다. 진리와 실재Truth and Reality는 우리 시대가 크게 갈망하는 것들이다. 그러므로 화해와 계시, 격퇴, 실현은 모두 전체 역사 사건들 가운데서 가장 "결정적인" 십자가 사건 속에 포함되며, 이것들에 상응할 만한 것은 예수의 역사적 사역의 시작과 끝에 있는 하나님의 경이로운 선물인 하나님 아들의 크리스마스 성육신과 부활절 아침의 부활과 부활절 저녁에 이루어진 성령의 선물요 20장뿐이다.

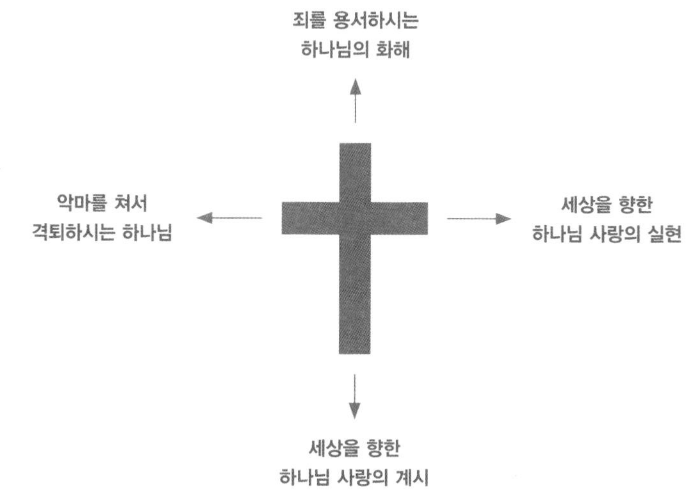

"우리 그리스도의 십자가는 그 수평축으로는 옛 시대와 뒤이어 오는 시대를 가리키며, 그리스도께서는 두 시대 모두에서 구원을 행하신다. 또 수직축으로는 하늘과 땅을 가리키며, 그리스도께서는 그 사이에서 화해를 이루신다"(새뮤얼 러더퍼드).

다음으로 인간이 궁극적인 속죄소로, 즉 거룩하시지만 은혜로우신 하나님께 **이르는 길**은 아주 간단하면서도sola fide 속죄일—고대의 "결정적인" 속죄가 일어나는 날—만큼이나 은혜로웠다.*sola gratia, solus Christus* 이를 가리켜 바울은 "믿음으로 말미암는"(**가장 단순한 믿음으로 이를 수 있는**) 것이라고 말한다. 이것이 **전부**인가? 그렇다! '**오직** 믿음'뿐이다![Sola Fide] 복음 전체의 능력과 힘이 "**믿음**"이라고 불리는 이 은혜 안에 들어 있다. "믿음은 인간의 가능성이 아니며, 인간 외부에서부터 선물로 인간에게 이른다."[Barrett, 77] 제임스 에드워즈에 따르면, "프란츠 렌아르트[Franz Leenhardt]는 믿음을 가리켜 텅 비어 있을 때야 쓸모 있는 거지의 손과 같다고 말한다."[James Edwards, 109]

바울은 이 심오한 진리를 인간 세상과 관련된 것으로 "다지기 위해" 이 구절의 결론에서 "그의 피로써"(예수의 역사적 **피흘리심**으로써)라고 덧붙인다. 복음은 **역사적인 사실**, 즉 주후 30년경 예루살렘 외곽에서 나사렛 예수가 피 흘리며 죽임당한 사실에 뿌리를 둔다. 영원한 복음은 새롭고 찬란한 철학 개념들의 체계가 아니라, **이 땅 위에** 펼쳐진 **피로 얼룩진 역사적 사실**에 근거한다. "**그의 피로써**"라는 말은 '**육체적으로**, 이 세상에서, 고통스럽게, 철저히, 희생하여'라는 뜻을 지니는데, 한마디로 말해 "실제로"라는 뜻이다. 하나님께서 세상을 위해 세상과 함께 이루신 역사적인 속죄는 인간이 흘리는 피가 가련하고 끔찍한 것만큼이나 이 땅에 속한 일이요 역사적인 것이다. 나는 바울이 이렇게 예수의 피에 관해 언급하면서 우리도 역시 주일마다 교회에서 이루어지는 성찬례에 선물로 현존하는 그 피로 나오라는 초청을 들을 수 있기를 바랐다고 생각한다. "너희가 다 이것을 마시라. 이것은 죄 사함을 얻게 하려고 많은 사람을 위하여 흘리는 바 나의 피 곧 언약의 피니라." 고린도전서 11:23-26에서 바울이 예수의 약속을 얼마나 소중히 여겼는지 확인할 수 있다. "이 잔은 내 피로 세운 새 언약이니 이것을 행하여 마실 때마다 나를 기념하라." 울리히 빌켄스는 "초기 기독교에서 그리스도의 속죄를 받기 위한 토대[Grund-Satz]로 여겼던 것이 경건한 주의 만찬이었다"

고 주장한다.[Ulrich Wilckens, 1:242] 오순절에 갓 태어난 교회의 **삶**에 관해 최초로 기록한 다음의 본문을 보라. 회심자들은 "사도의 가르침을 받아 서로 교제하고 **떡을 떼며** 오로지 기도하기를 힘쓰니라."[행 2:42]

고데는 25절의 전반부의 세 구절을 다음과 같이 하나로 묶는다.[Godet, 155] "화목(속죄)은 평행을 이루면서 서로 보완해주는 다음의 두 구절로 그 특징을 설명할 수 있다. 첫째 구절인 '**믿음으로**'는 **주관적 조건**을 가리킨다. 둘째 구절인 '**그의 피로써**'는 수단의 효력성이라는 역사적이고 **객관적인 조건**을 제시한다. 화목(속죄)은 구원받은 이의 믿음과 구원자의 피를 통하지 않고서는 일어나지 않는다." 스토트는 이렇게 평가한다.[Stott, 115-116] "요컨대 이교도와 그리스도인이 화해를 바라보는 관점에는 엄청난 차이가 있다. 이교도의 시각에서 볼 때 인간은 보잘것없는 제물로 자기네 심술궂은 신들을 달래고자 애쓴다. 기독교의 계시에 따르면, 사랑이 많으신 하나님께서는 당신의 소중한 아들을 선물로 주셔서 우리를 대신하여 우리의 죄를 지고, 우리의 죽음을 대신 죽게 하심으로 자신의 거룩한 진노를 달래셨다. 이처럼 하나님께서는 그분 자신으로부터 우리를 구원하시기 위해 당신 자신을 내어 주셨다." 스토트는 크랜필드가 다음과 같이 말한 글을 인용한다(나는 『C. E. B. 크랜필드의 로마서 주석』 최신판[*Romans*, 217]에서 인용했다). "하나님께서 그리스도를 화목제물로 삼으셨다는 바울의 말이 뜻하는 것은, 하나님께서는 자비로 죄인들을 용서하시기를 원하시고 또 진실로 자비로우시기에 그들을 의로운 방식으로, 즉 그들의 죄를 결코 눈감아 주지 않는 방식으로 용서하시기를 원하신 까닭에, 죄인들이 받아 마땅한 그 무겁고 의로운 진노를 당신의 아들 안에서 당신 자신에게로 돌리기로 작정하셨다는 것이다."

바르트는 유명한 로마서 주석 제6판에서[1976, 104-105] 이 단락의 핵심 구절인 "[이 예수를] 하나님이……화목제물로 세우셨으니"를 다음과 같이 번역하고 주석한다. "구약의 제의에서 '화목의 자리'(속죄소를 가리키며, 히브리어는 카포레트,Kapporeth 칠십인역성경에서는 힐라스테리온Hilasterion으로 되어 있다. 이는 바울이 여기서 사용한 단어와 동일하다)는……(지성소 안의) 하나님께서 거하시는 장소이며……속죄일에 피를 뿌려서 이스라엘 백성이 하나님과 화목을 이루는 장소다.레 16:14-15……예수의 삶은 하나님께서 화해[화목]를 이루기 위해 역사 속에 세우시고 영원성을 부으신 장소다. '하나님께서 그리스도 안에 계시사 세상을 자기와 화목하게 하시며.'"고후 5:19 바르트는 또 『간추린 로마서 주석』*Shorter Commentary on Romans*, 1956, 46에서 이 본문에 대해 다음과 같이 설명했다. "죄인이요 버림받은 자들로서 심판받고자 나와 선 모든 사람 앞에서, 심판자[인 예수]께서 친히 인간으로서 피를 흘리고 자기 생명을 포기함으로써 그를 믿는 모든 사람을 위한 화목제물이 되셨다."롬 3:25

II. 바울이 선포한 하나님의 기쁜 소식의 부차적인 진리들3:25b-26

25b 이는 하나님께서 길이 참으시는 중에 전에 지은 죄를 간과하심으로 자기의 의로우심을 나타내려 하심이니, 26 곧 이 때에 자기의 의로우심을 나타내사 자기도 의로우시며 또한 예수 믿는 자를 의롭다 하려 하심이라.

기쁜 소식, 곧 복음이란 하나님께서 예수를 통해 불의한 사람들을 의롭게(올바르게) 세우신다는 것이다. 그런데 바울이 우리에게 말하고자 하는 것이 하나 더 있다. 하나님께서는 아주 낮은 곳으로 내려오셔서 타락한 인간을 높이 이끌어 올리시는 가운데 드러나는 **하나님 자신의** 의로우심을 예수의 십자가와 부활의 복음이 선명하게 보여준다는 것이다. 그런데 만일 "하나님께서 그토록 오랜 세월 동안 왜 인간의 죄를 정해진 대로 벌하셔서 구원을 베풀지 않고 그냥 내버려 두셨느냐?"고 바울에게 묻는다면, 그가 아는 대답은 "**하나님께서 길이 참으시는 중**"이라는 것이 전부다. 로마서 1장을 보면, 하나님께서는 악한 인간을 계속해서 그들의 욕정에 맡겨두면 그들이 자초하는 결과로 인해 스스로 회개하여 구원에 이르게 되리라고 보시고, 그런 식으로 인간의 죄를 해결하려 하셨던 일을 고통스러울 정도로 상세하게 밝히고 있다. 하지만 그것은 항상 효과적이지는 않았다. 그래서 이제 마지막으로 하나님께서—AD뿐만 아니라 BC의 시간을 살았던—**모든 인간을 위해** 당신의 소중한 아들이 겪는 고통스러운 대속의 죽음을 통해 **친히** "처절하게 고통을 당하셨다."

오늘 이 시대에도 바울은 그의 글을 읽는 독자들에게 26절의 말씀으로 경고한다. "**또한 예수 믿는 자를 의롭다 하려 하심이라.**" 다시 말해 "지금 이 순간에도 하나님께서는 예수의 믿음을 의지해 그 믿음대로 사는 사람을 의롭게 하여 바로 세우신다"(브루너의 26절 번역—옮긴이). 여기 이 문장은 바울이 그리스어 단어 다섯 개로 말한 수수께끼 같은 구절—디카이운타 톤 에크 피스테오스 예수dikaiounta ton ek pisteōs Iēsou—을 고심하여 번역한 것이다. 원문 그대로는 "의롭게 한다 / 그 사람 / 으로부터 / 믿음 / 예수의"라고 옮길 수 있는 이 그리스어 문장을 어떻게 사리가 통하는 문장으로 설명할 수 있을까? 이 문장을 파악하는 열쇠는 두 글자로 이루어진 작은 그리스어 전치사 에크ek를 올바로 번역하는 데 달려 있다. 이 단어는 (위에 밝힌 대로) "으로부터/에서"를 뜻한다. (이 그리스어 전치사가 이런 의미로 사용된 예는 바울이 롬 6:4에서 한 말을 보라. "그리스도를 죽은 자 **가운데서**ek 살리심과 같이." 문자적으로는 "죽은 자들 **가운에서 밖으로**"이다) 그런데 이 로마서 구절에서 바울은 단순히 예수 "안의"(그리스어 엔en) 믿음이라는 의미로나, 아니면 잘 알려진 요한복음

3:16("그를[eis] 믿는 자마다")에서처럼 신약에서 흔히 강조해서 사용되는 예수 "안으로(에이스[eis])"라는 의미로 말하지 않는다. 바울은 예수로부터 (ek, "에게서 밖으로") 나오는 믿음이라고 말한다. 하지만 우리가 어떻게 이와 같이 예수"에게서 밖으로"의 믿음을 지닐 수 있는가? 내 생각으로는 바울이 사용한 에크[ek]를 다음과 같은 그림으로 그려볼 수 있다. 예수의 인격은 믿음을 방출하며, 예수의 부활한 인격은 하늘나라에 머물러 있는 수동적인 인격이 아니라 참된 **믿음의 샘**이 된다. 늘 **불완전하게** 믿을 수밖에 없는 그리스도인은, 완전하게 **믿으시고** 또 "**믿음의 샘**"이 되시는 예수를 단순히 믿음으로 언제나 **예수의 온전한 믿음** 안에서, 또 그 믿음"에서 밖으로" 샘물을 마실 수 있다. 예수는 그분을 향한(in) 우리 믿음의 **대상**이요 **수령자**일 뿐만 아니라, 놀랍게도 그분께로 돌려드리는 우리 믿음의 **원천**이요 **주체**이자 **제공자**이다. 예수를 단순하게 믿는 사람은 예수 안에서 **그의 진정한 믿음** 안에서 샘물을 마심으로 자기의 **부족한 믿음**을 채운다. 예수는 신뢰할만한 분이기에 우리는 그분의 신뢰성 안에서 샘물을 마신다. 예수는 믿을만한 분이기 때문에 우리는 그분을 믿을 수 있는 상태에서,[in his believability] 또한 그의 믿는 능력 안에서[in his believe-ability] 믿음의 샘물을 마신다. 우리는 늘 **불완전한** 믿음을 지니는 까닭에 예수의 언제나 **완전한 믿음** 안에서 샘물을 마신다. 사실 우리의 믿음은 예수의 믿음**으로부터**—그**에게서** 우리 **속으로**—온다. 그런데 우리는 예수께서 자기 자신을 우리**에게** 주시고 자신의 믿음을 우리 **안에** 부어주시는 바로 그 능력을 힘입어 우리 믿음을 그분**께로** 되돌려 드린다. 그와 동시에 지금 우리가 이 본문에서 전치사 ek("에게서 밖으로")를 통해 배우는 **우리의** 믿음은 또한 언제나 예수께서 우리**에게**, 그리고 우리 **안으로 선물로 주시는 그분의 믿음**이다. 이 사실은 바울의 로마서 전체에서 가장 깊이 있는 이 단락의 마지막 구절을 독자들이 어떻게 납득할

수 있는지를 설명해 준다. "지금 이 순간에도 [그리고 계속해서—이것이 바울이 **현재** 분사를 사용한 의미다] 하나님께서는 예수로부터 나오는 믿음피스테오스(pisteōs)을 의지해 그 믿음대로에크(ek) 사는 사람을톤(ton) 의롭게 하여 바로 세우신다." 우리가 살아가는 동안 마르지 않고 흘러넘치는 샘인 예수의 **진정한 믿음**에서 물을 길어 올려 늘 불완전한 우리 믿음을 채우도록 하자. "오소서, 복의 원천이신 주님!"(한국어 찬송가 28장—옮긴이). 하나님께서 그리스도 안에서 우리에게 주시는 선물은 우리의 **객관적인 구원**이며, 그에 더해 우리가 **주관적 신앙**으로 그 구원을 받아 누리는 것도 하나님께서 영원히 흘러넘치는 신앙의 샘인 그리스도를 통해 우리에게 주시는 선물이다. 우리는 "믿음"의 선물을 받은 사람들이다! 그분 안에서 마음껏 마시자.

교회의 주석가들 가운데는 하나님께서 그리스도의 자기희생을 통해 이루신 화해를 "신적 아동 학대" 또는 그와 유사한 것으로 설명하려고 애쓴 사람들이 있다. 하지만 안셀무스가 『하나님은 왜 인간이 되셨는가』에서 다음과 같이 주장한 고전적 반론이 여전히 힘을 발휘한다. "당신은 죄가 얼마나 무거운지 미처 생각하지 못한 것이다."nondum considerasti quanti ponderis peccatum sit 무는 안셀무스의 속죄 화해론을 적극적으로 받아들여 안셀무스가 "하나님은 죄를 가볍게 여겨 무시할 수 없는 성품을 지니셨다고 강조한 것은 성경적 신론을 구성하는 핵심 요소다"라고 주장했다.Moo, 242 하나님의 심판 보좌는 예수께서 우리를 위해 흘리신 피로 말미암아 은혜의 보좌가 되었다. 매우 신뢰할 만한 성경해석자인 아돌프 슐라터는 놀랍게도 화해를 받으시는 하나님이라는 개념을 좋아하지 않는다.Adolf Schlatter, 53 (그러나 우리는 이렇게 답할 수 있다. **하나님 자신**이 화해자이시며, 그의 아들은 기꺼이 드려진 화목제물이시다.) 하지만 현대 독일의 탁월한 주석가인 빌켄스는 많은 사람들이 그렇듯이 슐라터에게 동의한다.Wilkens, 1:201 예를 들어, 게르하르트 키텔Gerhard Kittel의 『신약성서 신학사전』*Theological Dictionary of the New Testament*에서 뷔셀Büchsel이 저술한 그리스어 "힐라스테리온"hilastērion 항목을 보라.3:320 거기서 뷔셀은 "이 단어는 마치 하나님이 대상이나 되는 양 **화해**시킬 수 있다는 것을 의미한다"라는 주장을 인정하지 않고 이렇게 말한다. "이러한 전체 맥락에서 볼 때 하나님은 대상이 아니라 주체이다. 오직 인간이나 인간이 지은 죄만 힐라스코마이hilaskomai, 화해시키다의 대상이 될 수 있다." 하지만 나뿐만 아니라 역사에 존재했던 대부분 교회는 하나님을 예수가 행한 화해 사역의 주체이면서 **동시에** 대상이라고 생각해 왔다. 쥬웻이 "[25절에 나오는 '화목제물로 세우셨으니'라는 구절의] 가장 중요한 평행본문이 레위기 16:15-22"이라고 밝힌 것이 도움이 된다.Jewett, 284 레위기 16장 전체에서 "화목제물로 세우다"[속죄하다]를 가리키는 말이 무려 16회나 나오며, 가장 축약된 형태가 30절인데, 이것이 바울이 여기 3장에서 말하는 것에 대응하는 구약성경의 주제라고 볼 수 있다. "이 날에 너희[하나님의 백성]를 위하여 속죄하여 너희를 정결하게 하리니 너희의 모든 죄에서 너희가 여호와 앞에 정결하리라."레 16:30

이제 (1) 정경 복음서에서 제시하는 해석과, (2) 다음으로 교회 역사에서 활동한 주석가들의 도움을 받아, 여기서 바울이 다루는 복음과 관련된 구절들의 **의미**를 좀 더 자세히 살펴보기로 하자.

Ⅲ. 3:21-26의 의미에 대한 신약성경 자체의 해석

예수의 산상설교 앞부분에 나오는 본문은 "복되게도" 우리 주 예수 그리스도의 은혜를 방금 위에서 바울이 설명한 예수의 속죄 사역에 비추어 **분명한 명제로** 해석할 수 있게 해준다. 다음으로 **누가복음에서 예수가 가**

르친 중요한 비유 두 가지는 방금 살펴본, 하나님의 기쁜 소식에 관해 바울이 내린 고전적이고 사도적인 정의를 **그림으로 그리듯** 설명해 준다.

① 예수가 산상수훈에서 가르친 참된 복들마 5:3-6

심령이 **가난한 자**는 복이 있나니
천국이 **그들의 것**임이요
애통하는 자는 복이 있나니
그들이 위로를 받을 것임이요
온유한 자는 복이 있나니
그들이 땅을 기업으로 받을 것임이요
의에 주리고 목마른 자는 복이 있나니
그들이 배부를 것임이요

② 예수의 탕자 비유에서 중간과 끝부분눅 15:20-32

이에 일어나서 아버지께로 돌아가니라. 아직도 거리가 먼데 아버지가 그[타락했다가 돌아오는 아들]를 보고 측은히 여겨[은혜] 달려가 목을 안고 입을 맞추니[용서] 아들이 이르되 아버지, 내가 하늘과 아버지께 죄를 지었사오니 지금부터는 아버지의 아들이라 일컬음을 감당하지 못하겠나이다[죄의 고백] 하나 아버지는 종들에게 이르되 제일 좋은 옷을 내어다가 입히고[칭의] 손에 가락지를 끼우고[성화] 발에 신을 신기라[아들 삼음]. 그리고 살진 송아지를 끌어다가 잡으라. 우리가 먹고 즐기자[성찬]. 이 내 아들은 죽었다가 다시 살아났으며 내가 잃었다가 다시 얻었노라[화해] 하니 그들이 즐거워하더라[교회의 친교].눅 15:20-24

망나니 아들에게—**아들이 자기 죄를 고백하기 전인데도**—달려가서 뜨겁게 끌어안는 아버지와 뒤이어 비유 **끝부분**에서 화를 내고 자기 의를 내세워 잔치에 참여하기를 거부하는 큰아들을 간곡하게 타이르는 아버지의 모습, 한 비유에 들어 있는 이 두 이야기는 바울이 로마서에서 밝힌 하나님의 은혜를 담고 있다. 복음서에 나오는 예수의 고전적 비유의 결론은 다음과 같다. "아버지가 이르되 '얘, 너[잔치에 참여하기를 거부하는 큰아들]는 항상 나와 함께 있으니 내 것이 다 네 것이로되 이 네 동생은 죽었다가 살아났으며 내가 잃었다가 얻었기로 우리가 즐거워하고 기뻐하는 것이 마땅하다' 하니라." 이렇게 은혜 충만한 한 문장으로 비유 전체가 **끝난다**. 형은 과연 잔치에 참여하게 될까? 복음서에 나오는 예수의 이야기들 전체에서 '스스로 의로운 체'하는 것은 불의함 못지않게 저급한 것으로 여겨진다. 은혜롭게도 바울의 로마서에서 하나님은 누가복음의 비유에 나오는 아버지처럼 단순하게 믿는 사람들에게 **하나님 자신의 의**—하나님께서 안아주심과 그에 맞먹는 많은 것들—를 **값없는 선물**로 주기로 약속하신다.

③ 예수가 가르친 바리새인과 세리의 비유눅 18:9-14

또 자기를 의롭다고 믿고 다른 사람을 멸시하는 자들에게 이 비유로 말씀하시되 두 사람이 기도하러 성전에 올라가니 하나는 바리새인[하나님의 백성으로서 철저히 순종하는 자]이요 하나는 세리[지배 세력 로마 제국에 부역해 멸시당하는 자]라. 바리새인은 서서 따로 기도하여 이르되 하나님이여, 나는 다른 사람들 곧 토색, 불의, 간음을 하는 자들과 같지 아니하고 이 세리와도 같지 아니함을 감사하나이다. 나는 이레에 두 번씩 금식하고 또 소득의 십일조를 드리나이다. 하고 세리는 멀리 서서 감히 눈을 들어 하늘을 쳐다보지도 못하고 다만 가슴을 치며 이르되 하나님이여, 불쌍히 여기소서. 나는 죄인이로소이다. 하였느니라. 내가 너희에게 이르노니 이에 저 바리새인이 아니고 **이 사람**이 의롭다 하심을 받고(데디카이오메노스,dedikaiōmenos 완료수동분사로 '바르게 되다'라는 뜻이다, 바울이 좋아하는 동사로서 문자적으로는 '의로움이 주어지다'를 뜻한다.) 그의 집으로 내려갔느니라. 무릇 자기를 높이는 자는 낮아지고 자기를 낮추는 자는 높아지리라 하시니라.

Ⅳ. 3:21–26: 역사적으로 큰 영향을 끼친 두 가지 번역

① 마르틴 루터의 로마서 3:21-26 번역

독일어 성경 본문은 마르틴 루터의 원본 『독일어 성경』*Deutsche Bibel*, 1534에서 인용했으며, 여기서는 한 구절씩 제시하고(독일어 원문 철자대로 구분하여) 문자적인 번역을 함께 실었다.

Nu aber ist on zuthun des Gesetzes
die gerechtigkeit die fur Gott gilt
offenbaret und bezeuget durch das Gesetz und die Propheten
그러나 이제는 율법을 행함이 없이도
하나님께서 소중히 여기시는 의가 나타났으니,
율법과 선지자들이 이를 증언한다.

Ich sage aber von solcher gerechtigkeit fur Gott,
die da kompt durch den glauben an Jhesum Christ,

zu allen und auf alle die da glauben,
그런데 내가 말하는 것은 하나님 앞의 의로서
예수 그리스도를 믿는 믿음으로 말미암아
그를 믿는 모든 사람을 위해 그리고 그들에게 부어진다.

Denn es ist hie kein untershied,
sie sind alzumal sunder,
und mangeln des rhumes, den sie an Gott haben solten,
사람 가운데 아무런 차이가 없으니
모든 사람이 다 죄인이요
모두가 하나님께 드릴 찬양을 잃어버렸기 때문이다.

und werden on verdienst gerecht,
aus seiner gnade,
durch die erloesung so durch Christo Jhesu geschehen,
그런데 모든 사람이 자격이 없는데도
하나님의 은혜로,
그리스도 예수를 통해 이루어진 속량으로 말미암아 의롭게 세워진다.

welchen Gott hat furgestellet zu einem Gnadenstuel,
durch den glauben inn seinem blut,
하나님께서는 예수를 은혜의 보좌로 세우셨으니,
그의 피를 믿는 믿음으로 거기에 이르게 된다.

damit er die gerechtigkeit,

die fur im gilt darbiete

inn dem das er SUNDE VERGIBT.

그래서 하나님은

죄를 사해주시는 사람 속에

당신께서 소중히 여기시는 의를

부어주실 수 있다.

* 마지막 줄의 고딕체로 된 절은 원래 루터의 표기이다

다음의 사실을 주목하라. 루터는 바울의 디카이오쉬네 테우dikaiosynē theou, 문자적 의미는 "하나님의 의"를 **"하나님께서 소중히 여기시는** 의""die gerechtigkeit die fur Gott gilt"라고 옮겼는데, 이는 또한 "하나님**의** 의"나 "'하나님**에게서 오는** 의"뿐만 아니라 특히 여기서는 "하나님께 **되돌리는** 의"라고, 다시 말해 "하나님 **앞의**" 의라고 옮길 수 있다. 이렇게 해서 루터는 힘이 넘치는 바울 복음의 풍성한 내용 전체에 걸쳐서 그리스도가 성취한 하나님의 의를 다룬다.

② 윌리엄 틴데일의 로마서 3:21-26 번역

1534년에 윌리엄 틴데일William Tyndale이 번역한 신약성경을 비교해 보라(이 번역은 1611년에 제임스 왕이 번역한 "흠정역"Authorized Version 성경의 토대가 된 것으로 간주된다).

Now verely is the rigtewesnes that commeth of God declared without the fulfillinge of the lawe, havinge witnes yet of the lawe and of the Prophetes.

The rightewesnes no dout which is good before God, commeth by the fayth of Iesus Christ, vnto all and vpon all that beleve.

Ther is no difference; for all have synned, and lacke the prayse that is of valoure before God: but are iustified frely by his grace, through the redempcion that is in Christ Iesu, whom God hath made a seate of mercy thorow faith in his bloud, to shewe the rightewesnes which before him is of valoure, in that he forgeveth the synnes that are passed.

이제 율법을 행하는 것과는 상관없이 하나님에게서 오는 의가 나타났으니, 곧 율법과 선지들이 증언하는 것이다. 하나님께서 기뻐하시는 의는 모든 믿는 사람을 위해 그리고 그들에게 예수 그리스도의 믿음으로 말미암아 온다.

사람들 사이에 차이가 없으니, 모든 사람이 죄를 지었으며 하나님께 온전히 영광을 돌리지 않기 때문이다. 그러나 그리스도 예수 안에 있는 구속을 통하여 하나님의 은혜로 값없이 의롭게 되었으니, 하나님께서는 예수를 그 피를 믿는 믿음을 통해 이르는 은혜의 보좌로 세우셨다. 이렇게 하여 옛 죄들을 사면하심으로써 하나님께 합당한 의를 밝히 드러내셨다.

루터와 마찬가지로 틴데일도 바울이 풍성한 내용으로 가득찬 그의 복음서에서 제시하는 하나님의 의를 "하나님에게서 오는 의"(1행, 이것은 참이다)와 "하나님께서 기뻐하시는 의"(2행, 이것은 훨씬 더 참이다)—"**하나님께서 소중히 여기시는 의**"—라고 이해하고 있다는 사실에 주목하라. (그리고 마지막 행에 나오는 "하나님께 합당한 의"도 보라.) 틴데일은 이처럼 선물로 받는 의에 관해 "**예수 그리스도의 믿음**으로 말미암아 온다"라고 말함으로써 우리 신앙의 원천을 강조한다. 다시 한번, "오소서, 복의 원천이신 주님!"

V. 3:21-26에 대한 하이델베르크 교리문답의 해석

① 하이델베르크 교리문답, 1563: 제1문

제1문은 예수의 사복음서와 특히 바울의 다섯째 복음서에 대한 개혁주의의 깊이 있는 이해를 우리가 여기 로마서 3장에서 주제로 다루는 본문에 비추어서 신앙고백의 형태로 요약하여 밝혀 준다.

> **제1문**: 살아서나 죽어서나 당신에게 유일한 위로는 무엇입니까?
>
> **답**: 살아서나 죽어서나 나는 내 것이 아니며, 내 몸과 영혼이 모두 신실하신 주 예수 그리스도께 **속합니다**. 주님은 그 고귀한 피로써 내 모든 죗값을 **남김 없이** 치러 주시고, 마귀의 권세에서 나를 **완전히** 풀어주셨습니다. 또 주님께서는 하늘에 계신 아버지께서 허락하지 않으면 내 **머리털 하나**라도 떨어지지 않도록 보호하시며, **모든 것**이 협력하게 하여 나를 구원하시려는 당신의 뜻이 이루어지도록 이끄십니다. 그래서 주님께서는 성령을 통해 내게 영생을 **확증해 주시며**, 이제부터 **온 마음으로** 기꺼이 **주님을 위해** 살도록 인도하십니다.

② 하이델베르크 교리문답, 1563: 제60문

> **제60문**: 당신은 하나님 앞에서 어떻게 의로울 수 있습니까?
>
> **답**: 오직 예수 그리스도를 **단순히 믿음으로써** 의롭게 됩니다. 물론 나는 양심이 고발하는 대로, 하나님의 모든 계명을 어기는 끔찍한 죄를 지었으며, 계명 하나라도 온전히 따르지 못했고, 매 순간 온갖 악에 굴복할 뿐입니다[즉, 나는 문제투성이입니다]. 하나님은 내게 아무런 공로가 없을지라도 **예수 그리스도 자신의 완전한 의로움**과 **성화**와 **거룩함**을 **순전한 은혜**로 베풀어주시고

보증하시며 인정해 주십니다. 하나님은 마치 내가 전혀 죄를 짓지 않았으며, 죄인이었던 적도 없고, 하나님의 모든 계명—**그리스도께서 내 대신 지키신** 계명들—을 스스로 지키기나 한 것처럼 여겨주십니다. 내가 할 일은 믿는 마음으로 그 선물을 받아들이는 것뿐입니다.

하이델베르크 교리문답을 담고 있는 『미국 장로교 신앙고백서』에서는 이 질문에 대한 독일어 답을 영어로 다음과 같이 옮겼다. **"답: 오직 예수 그리스도에 대한 참된**true **믿음으로 의롭게 됩니다."** 하지만 이 답의 첫 구절인 wahre Glaube에 사용된 형용사 "참된"독일어: wahre은 "참되다"뿐만 아니라, "단순한 암호"를 뜻하는 독일어 구절 eine wahre Null에서처럼, "단순하다"를 뜻하기도 한다(『카셀 독영 사전』). 따라서 이 답은 "참된 믿음으로"라기보다는 "단순한mere, 또는 순전한(simple) 믿음으로"라고 볼 수 있다. 영어 단어 "참되다"는 제시된 답을 은혜롭고 진심 어린것이 아니라 법적이고 정신적인 것으로 변질시킬 수 있다.

VI. 3:21-26에 대한 현대 교회와 성경의 주해, 칭의와 속죄의 교리들

① 현대 교회

: 루터교 세계연맹과 로마 가톨릭교회의 칭의 교리에 관한 공동선언1999

할리우드 제일장로교회 주일학교에 속한 헌신적인 평신도인 스티브 노리스가 어느 주일 아침에 1999년 11월 3일 자 월스트리트 저널에 실린 사설을 내게 건네주어서 이 역사적인 문헌에 대해 알게 되었다. 사설의 제목은 "오직 은혜로"였으며, 요한 바오로 2세 교황의 사진이 함께 실려 있었다. 그 핵심 내용은 다음과 같았다. "두 교회(루터교와 로마 가톨릭교회)가 발표한 공동선언은 교리적인 화해를 위해 30년간 애써온 노력의 결실이었다. 선언문은 우리가 '인간의 어떤 공로 때문이 아니라, 구원하시는 그리스도의 사역을 믿음으로써 오직 은혜로 하나님께 용납되고 성령을 받는다'라고 선언함으로써 사실상 신학적 논의에서 루터의 손을 들어 준다." 그 사설은 사업가다운 유려한 언어로 다음과 같이 극적인 결론을 끌어낸다. "공동선언문은……우리 시대의 에큐메니칼 운동에서 가장 중요한 전환점이 되었다고 볼 수 있다. 5백 년 가까이 유럽 역사를 좌우해 온 논쟁에서 두 교회가 마침내 서로 눈을 마주 볼 수 있게 되었다는 사실은 참으로 엄청난 업적이다. 많은 교회가 유행에 휩쓸려 부적절한 것들로 자신을 치장하는 시대에, 여전히 기독교의 핵심 가르침 즉 죄인들이 구원받을 수 있다는 가르침을 놓고 씨름하는 교회들이 있다는 사실을 확인하는 것은 참으로 신나는 일이다." 이제 그 문서의 핵심 내용을 살펴보자.

3. 칭의에 대한 공통 이해

14. 루터교 교회와 로마 가톨릭교회는 성경에서 선포되는 기쁜 소식에 함께 귀를 기울여 왔다. 최근의 신학적 대화와 더불어 이처럼 함께 듣는 일은 공통된 칭의 이해에 이르게 해주었다. 이렇게 해서 기본적 진리들에 관해 합의를 이루어냈으며, 구체적인 사항에서 서로 다른 견해들도 용인할 수 있게 되었다.

15. 신앙 안에서 우리는 칭의가 삼위일체 하나님의 사역이라는 확신을 공유한다. 성부께서는 죄인들을 구원하시고자 당신의 아들을 이 세상에 보내셨다. 칭의의 토대와 전제는 그리스도의 성육신과 죽음과 부활이다. 따라서 칭의는 그리스도께서 친히 우리의 의가 되시며, 우리는 성령을 통

하여 아버지의 뜻을 따라 그 의를 나누어 받는다는 것을 뜻한다. 우리는 함께 이렇게 고백한다. 우리는 인간의 어떤 공로 때문이 아니라, 구원하시는 그리스도의 사역을 믿음으로써 오직 은혜로 하나님께 용납되고 성령을 받는다. 성령은 우리 마음을 새롭게 하시며 동시에 우리를 부르시고 무장시키셔서 선한 일을 하게 하신다.

16. 하나님께서는 모든 사람이 그리스도 안에서 구원받도록 부르셨다. 우리는 오직 그리스도를 통해 의롭다고 인정받으며, 믿음으로 구원을 얻게 된다. 믿음 그 자체가 하나님께서 성령을 통해 주시는 선물이며, 성령은 신자들의 공동체 안에서 말씀과 성례전을 통해 일하시며 그와 동시에 신자들을 거듭난 삶으로 이끄신다. 거듭난 삶은 장차 하나님께서 영생으로 완성하시게 된다.

17. 또 우리는 칭의의 메시지가 특별한 방식으로 우리를 이끌어서, 신약성경의 중심에 있는, 그리스도를 통한 하나님의 구원 행위에 대한 증언에 마주 서게 한다는 확신도 공유한다. 칭의의 메시지는 우리가 죄인이며, 그렇기에 우리의 새로운 삶은 용서하시고 새롭게 하시는 하나님의 자비로만 가능하고, 이 자비는 하나님께서 선물로 주시고 우리가 공로로 이룰 수 없어 믿음으로 받는다는 사실을 가르친다.

② 3:21-26에 대한 현대의 성경 주해들

3:21-26 전체 크랜필드는 로마서 3:21-26이 "로마서 1:16b-15:13 전체의 핵심이며 알맹이"라고 믿는데, 그 이유는 "그 구절에서 이제 하나님의 결정적이고 완결된 구속 행위가 발생했다고 선포하며" 또 **십자가에 달리신 분**의 죽음과 부활과 승천이 "역사의 사건"*the Event of history*, 크랜필드가 이탤릭 및 굵은 글씨체로 강조 표기를 했다이라고 선포하기 때문이다.Cranfield, 199-200 그래

서 크랜필드는 "로마서 1:18-3:20에서 다루는 **부정적 내용**(하나님의 **진노**의 계시)과는 대조적으로 로마서 3:21-31의 **견해**(하나님의 **의**의 계시)가 매우 간략하게 다루어진 것이 참으로 놀랍다"라고 말한다.

3:21과 이 구절의 세부 사항들 니그렌은 "디카이오쉬네 테우dikaiosunē theou를 '하나님**에게서** 오는 의'라고 옮기는 것이 가장 옳다"고 주장하는데,Nygren, 147 그 이유는 이 단락을 통해 우리는 "그리스도의 속죄적 죽음으로 말미암아, 하나님께서 실제로 죄를 심판하시면서도 당신의 의를 희생하지 않고서 그 죄를 용서하실 수 있다"는 사실을 알기 때문이라고 말한다.[160] 다시 말해, **하나님께서는** 당신의 아들과 협력하여 인간의 죄에 마땅히 치러야 할 형벌을 그리스도의 희생적 죽음으로 치르셨기 때문이다. 케제만은 이 전체 구절을 시작하는 동사인 "계시되었다"(나타났으니)를 뜻하는 그리스어 **완료**시제 동사 '페파네로타이'pephanerōtai가 "지속되는 **기간**을 가리킨다"고 보았다.Käsemann, 93 그래서 나는 그 동사를 **"이제 세상 속으로 들어왔다"**라고 번역했으며, 그렇게 해서 **이 세상에 계시된** 예수의 의를 실제로 30년에 걸쳐 이루어진 결정적인 역사 사건으로 보아 강조하고자 했다. 미헬은 여기서 다루는 본문 전체는 세 개의 사고 단위로 이루어진다고 말한다.Michel, 103 (1) 21-24절. 여기서 핵심 구절은 문자적으로 "하나님의 의"를 의미하는 '디카이오쉬네 테우'인데, 나는 이 구절을 "하나님의, 하나님에게서 오는, 하나님께 되돌리는 완전한 의로움"이라고 옮겼다. 이렇게 옮김으로써 은혜가 차고 넘치는 하나님의 의가 그 **폭**이 얼마나 넓은지 강조하고자 했다(하나님**의** 의일 뿐만 아니라 하나님**에게서 오는** 의이며, 나아가 하나님**에 의해** 신자들 속으로 부어지고, 그렇게 해서 **신자들이 자신의 믿음을 하나님께 되돌리게 해주는** 의이다). (2) 25-26절. 여기서 핵심 단어는 문자적으로 "구속"(화목제물)을 뜻하는 '힐라스테리온'hilastērion으로, 이 장 전체에 걸쳐서 이 말의 역사적

위치에 더해 물리적 위치까지 언급된다(레위기 16:2, 13, 15에 언급된 '속죄소'와 거기서 강조된 "하나 됨"at-one-ment의 언어를 보라). (3) 27-31절. '피스티스'pistis는 문자적으로 "믿음"을 뜻하며, 나는 믿음의 확고한 특징인 단순성과 충분성을 강조하고자 바울의 복음서 전체에 걸쳐서 이 말을 "단순한 믿음"simple faith으로 옮겼다. 하나님의 복잡한 구원 역사를 인간의 보잘것없는 의지 행위인 믿음만으로 누릴 수 있다는 특권을 생각하면 그 놀라운 단순성으로 인해 늘 놀라게 된다. 쥬윗은 "그리스도의 속죄적 죽음으로 말미암아, 하나님께서 실제로 죄를 **심판**하시면서도 당신의 의를 희생하지 않고서 그 죄를 **용서**하실 수 있다는 사실이 아주 분명해졌다"고 말한다.Jewett, 160 무는 바울이 하나님의 의를 가리켜 "율법과 선지자들에게 증거를 받은 것이라"고 말할 때 "바울이 언급하는 구약성경의 구절은 무엇인가"라고 묻고는, "가장 합당한 구절은 이사야서에서 '하나님의 의'를 [마지막 때에 결정적으로 나타날] 하나님 백성의 구원과 밀접하게 연결하는 본문들"사 46:13, 51:5, 6, 8이라고 주장하고, 이에 덧붙여 바울이 보기에 구약성경 전체는 예수에게서(마 5:17[내가 율법이나 선지자를 폐하러 온 줄로 생각하지 말라. 폐하러 온 것이 아니요 완전하게 하려 함이라]과 11:3[모든 선지자와 율법이 예언한 것은 요한까지니]를 보라) 성취될 새 시대를 향한 길을 예시하고 준비하였다고 덧붙였다.Moo, 223 n.21 1장 끝에 실은 부록 "메시아에 관한 예언들"을 참조하라.

3:22-24 미헬의 지적에 따르면, 리츠만은 '디아 피스테오스'dia pisteōs, 문자적 의미는 "믿음으로 말미암아"이다를 훨씬 더 명료하게 "사람이 믿음을 통해 제 것으로 삼는 것"이라고 번역했으며, '디아 피스테오스'가 바울의 복음 전체에서 "사실상 인간이 구원을 전유하는 일에 대한 유일한 설명"으로 그 단순성으로 인해 우리를 놀라게 한다.Michel, 109 하지만 리앤더 켁은 '디아 피스테오스 예수 크리스투'dia pisteōs Iēsou Christou를 "예수 그리스도

의 믿음으로 말미암아"라고 번역했다.Leander Keck, 104-105 왜냐하면 다른 번역("예수 그리스도를 믿음으로 말미암아")은 "사실상 율법의 요구를 대체하여 '믿음을 가지라'는 요구를 내세우는 것이기 때문이다." 오해를 차단하는 좋은 지적이다. 앞서 언급했듯이 『유대교 주석 신약성경』2011, 261에서는 실제로 신 개정표준역 성경NRSV에 나오는 "예수 그리스도를 믿음으로 말미암는 하나님의 의"라는 구절을 "예수 그리스도의 믿음으로 말미암아, (그 믿음에) **신실한 모든 사람에게** 허락되는 하나님의 의"라고 옮긴 것을 더 선호한다. 그런데 이 번역은, 가운데 나오는 구절("신실한 모든 사람에게 허락되는")을 놓고 볼 때 우리가 빈손으로 단순하게 믿어 단순하게 **그리스도의 신실함**을 받기보다는 **우리의 신실함**을 그리스도의 신실함에 다가가기 위한 수단으로 치켜세울 위험성을 지닌다는 것이 내 판단이다. 바레트는 바울의 간단한 단어 "믿음"이 지닌 "기쁜 소식의 특성"을 쉽게 설명했다.Barrett, 70 "믿음이란 인간이 율법적인(즉 도적적이거나 종교적인) 수단으로 자신과 하나님 사이에 바른 관계를 세우려 애쓰는 자기 확신적이거나 절망적인 노력과는 정반대되는 것으로 이해하는 게 가장 적절하다." 슐라터는 성경의 단어 "믿음"에 관해 연구하고 출간해서 유명해진 사람으로, "믿음은 그리스도의 선물이다……믿음은 그리스도의 것이며, 그에 의해 작동한다"는 중요한 말을 남겼다.Schlatter, 131 믿음은 결코 우리의 선행으로 변질되어서는 안 되며, 우리의 선행은 그리스도의 선행을 받는 것을 당연하게 여긴다. 믿음은 우리가 행하는 행위와는 정반대의 것으로, 믿음이란 다른 이의 선행을 받는 것이다. 이렇게 해서 내가 "단순한 믿음"이라고 옮기는 또 다른 이유가 확인되었다. 바울이 "모든 믿는 자에게 미치는"이라는 구절에서 사용한 "모든"이라는 단어와 관련해 케제만은 "[로마서] 1:19-3:20에서는 보편적 타락에 관해 말하는 데 반해, 22b와 23절에 나오는 '판

테스'pantes, 모든는 이 선물의 보편성을 강조한다"라고 주장하며, 또 이 말을 1:16에 나오는 바울의 주제문인 "내가 복음을 부끄러워하지 아니하노니 이 복음은 **모든** 믿는 자에게 구원을 주시는 하나님의 능력이 됨이라"에 나오는 "모든"과 비교한다.Käsemann, 94

3:25b-26 "이는 하나님께서 길이 참으시는 중에 전에 지은 죄를 간과하심으로 자기의 의로우심을 **나타내려** 하심이니 곧 이 때에 자기의 의로우심을 **나타내사** 자기도 의로우**시며** 또한 예수 믿는 자를 의롭다 하려 하심이라." 하나님의 아들이 속죄의 희생제물로 십자가에서 죽으신 일은, 하나님께서 인간의 죄를 아주 엄중하게 여기시며 또 죄를 매우 **미워하셔서** 그 점을 **입증**하고자 **조치**를 취하시게 된다는 사실을 가장 극적이고 역사적인 방식으로 확인시켜 주었다. 만일 하나님의 아들이 이 땅으로 내려오셔서 자신이 피를 흘리는 역사적이고 공개적인 방식으로 하나님께서 죄를 혐오하신다는 사실을 입증해 보이지 않았더라면, 우리는 죄가 하나님을 그토록 심각하게 괴롭히는 문제는 아니라고 생각했을지 모른다. 십자가는 그러한 거짓 생각을 절대로 용납하지 않는다. 하나님의 십자가는 영원토록 이렇게 외친다. "죄는 내게 커다란 상처를 입혔다. 나는 네게 그 상처가 얼마나 깊은지 보여주겠다." 교회에서 책임을 다하는 주석가들은 누구나 결정적이고도 엄연한 이 사실, 곧 하나님은 완전히—정말이지 **빈틈없이**—의로우시다는 사실을 강조해 왔다. 게다가 하나님은 AD 30년에 당신께서 죄를 얼마나 철저히 혐오하시는지 여실히 나타내 보이셨을 뿐만 아니라, 나아가 당신께서 인간을 **지극히 사랑하시며** 또 그들이 가장 깊은 평화를 누리고 당신과 친밀한 관계를 이루기를 바라신다는 사실을 입증해 보이셨다. 예수께서 십자가에 달리신 것은 진정 "자기의 의로우심을 **나타내려 하심**이니, 곧 이 때에 자기의 의로우심을 나타내사 자기도 의로우**시며** 또한 예수 믿는 자

를 **의롭다 하려 하심**이라."

내가 주일학교에서 이 본문에 담긴 바울의 복음을 가르칠 때면, 비틀스의 곡 "Here Comes the Sun"(이제 해가 뜬다)을 킹스싱어즈King's Singers가 부른 노래로 틀어주고는, 수업에 참여한 사람들에게 상상력을 발휘해 그 곡의 제목이자 후렴구를 "Here Comes the **Son**"(이제 아들이 오신다)으로 바꾸고, 끝부분에 네 번 나오는 후렴구도 "Here **He** Comes"(이제 그분이 오신다)로 바꾸어 들어 보라고 요청한다.

Ⅶ. 후기: 한 번 더, 오직 단순한 믿음으로3:27-31

27 그런즉 자랑할 데가 어디냐. 있을 수가 없느니라. 무슨 법으로냐, 행위로냐. 아니라.
오직 믿음의 법으로니라. 28 그러므로 사람이 의롭다 하심을 얻는 것은 율법의 행위에
있지 않고 믿음으로 되는 줄 우리가 인정하노라. 29 하나님은 다만 유대인의 하나님이
시냐. 또한 이방인의 하나님은 아니시냐. 진실로 이방인의 하나님도 되시느니라. 30 할
례자도 믿음으로 말미암아 또한 무할례자도 믿음으로 말미암아 의롭다 하실 하나님은
한 분이시니라. 31 그런즉 우리가 믿음으로 말미암아 율법을 파기하느냐. 그럴 수 없느
니라. 도리어 율법을 굳게 세우느니라.

바울이 기쁜 소식을 소개하는 장을 끝맺는 이 단락에서는 단 한 가지—그리고 결정적인—논점을 제시한다. 예수의 삶과 죽음, 부활, 승천의 풍성한 은혜는 **모두** 우리 인간의 공로 행위들과는 **전혀 상관없이** 오직 단순한 믿음에 의해 주어진다. 앞서 살펴보았듯이, 루터교회와 로마 가톨릭교회는 여러 해에 걸쳐 열린 중요한 회합의 결실로 1999년에 이러한 교리적 합의에 이르렀다. 우리는 하나님께서 세우신, 하나이며 거룩하고 보편적이며 사도적인 교회의 남은 자들이 이 핵심에 이르게 되고, 거

기서 서로 용납하여 새로이 하나가 되며, 그러한 토대 위에 자신들을 세우게 될 것임을 믿는다. 그 문헌은 기쁜 소식인 복음의 핵심을 담고 있으며, 또 합의하여 도출한 중심 선언에서 뽑은 다음과 같은 짧은 글로 요약할 수 있다. "우리는 함께 이렇게 고백한다. 우리는 인간의 어떤 공로 때문이 아니라, 구원하시는 그리스도의 사역을 믿음으로써 오직 은혜로 하나님께 용납되고 성령을 받는다. 성령은 우리 마음을 새롭게 하시며 동시에 우리를 부르시고 무장시키셔서 선한 일을 하게 하신다"(루터교 세계연맹과 로마 가톨릭교회의 칭의 교리에 관한 공동선언, 3.15, 15쪽).

3:27 우리는 방금(바로 앞의 26절 끝에서) 예수를 믿는 **우리의 믿음**조차도, **예수의 믿음**이라는 샘에서 밖으로[에크(ek)] 흘러나오고 계속해서 우리에게 **부어진다**는 사실을 확인했다. 그렇기에 우리 믿음을 자랑하는 것은 완전히 그릇된 일이다. 우리가 "공로를 쌓는 행위들"은 바울이 여기서—로마서 복음의 핵심을 제시하는 3장에서—매우 설득력 있게 펼쳐 보이는 하나님의 구원 계획에서 완전히 배제된다, 단순한 믿음[sola fide]—그리스도 안에 나타난 하나님의 은혜에 대한 우리 인간의 응답—은 **그 자체가 그리스도의** 믿음을 통해, 우리를 **위해**, 우리 **안에** 부어진다. 그 믿음은 우리**에게** 베푸시는 하나님의 은혜의 일부다! 참으로 기쁜 소식이다! 여기서 기쁜 소식이란 하나님의 선물에 우리가 믿음으로 응답하는 일조차도 하나님께서 주시는 선물이라는 의미다.

이 진리를 개인적으로 적용해 보면 다음과 같이 말할 수 있다. 우리가 하나님이나 예수, 성령과 이루는 관계는 **끊임없이 치솟는 예수의 믿음이라는 샘물을 우리에게 단순히 "쏟아부어서" 이루어지는 것**이며, 결코 그보다 더 힘들거나 조건적이고 "총체적"이며 "전적"이고 "온전"하고 힘겨운 일로 이루어지는 것이라고 생각해서는 안 된다. 이것이 복음에서 깨닫게 되는, 기쁨 넘치는 인간적 측면이다. 우리는 **예수의** 진정한 믿음을 단순하게 믿음으로써(지속적으로 우리 속에 채움으로써) 신실하신 하나님의 사랑 넘치는 현존 안에 끊임없이 머물게 되고 또 우리가 온전한 그리스도인으로 사는 데 필요한 모든 자원을 공급받는다. 이것이 바로 세상이 이제껏 들었던 소식 가운데 가장 좋은 소식이요 신약성경이 전하는 참 기쁜 소식의 핵심으로서, 사도 바울은 이것을 신약성경 여느 책보다 로마서에서 훨씬 더 심혈을 기울여 설명하였다. (그런데 네 권의 복음서를 철저하게 읽는다면, 거기서도 "공로를 쌓는 행위"가 완전히 배제된다는 사실을 알 수 있다.) 공로의 행위는 버리고, 단순한 믿음은 받아들이라! 교회에서 승리의 삶이나 존귀한 삶, 깊이 있는 삶 등을 주제 삼아 여는 집회에서는 흔히 그리스도인들이 하나님과 함께 승리하는 삶이나 존귀하고 깊이 있는 삶을 살기 원한다면 내적 순종과 헌신적 행위를 실천해야 한다고 가르친다. 그런 곳에 가지 말라! 바울과 함께 그리고 네 권의 복음서와 신실한 종교개혁(그리고 개혁된 가톨릭교회)을 따라 하나님의 복음인 솔라 피데sola fide로 들어가라. 바로 거기에 **진정한** 삶이 있다.

3:28 바울은 이 논점을 밝히고자 거듭 주장하기를 주저하지 않는다. 바울이 이렇게 반복하는 것이 꼭 필요하다고 여긴 까닭은, 신자들이 "율법을 따라 공로를 쌓는 행위들에서 완전히 벗어나" 온종일 단순한 믿음으로 살고—나아가 평안하게 잠들고—그렇게 평생을 살 수 있기 위해서는 이러한 "오직 믿음으로"sola fide의 진리가 우리 의식 깊숙이 심겨야 한다고 보았기 때문이다. 칼 바르트는 『간추린 로마서 주석』에서 이렇게 말했다.[47-48] "루터가 [자기가 번역한 성경에서] 롬 3:28의 '믿음으로'라는 말에 '오직'이라는 말을 덧붙였을 때, 그는 사실 바울이 그렇게 말하면서 말로 표현하지 않았던 것을 분명히 드러내 강조한 것이다."

3:29-31 소중한 약속과 생생한 윤리를 담고 있는 성경 율법을 "굳게 세우느니라"31절고 말할 때 그 "**토대**"는 다름 아니라 주 예수 그리스도의

인격과 사역이다. 예수께서는 비길 데 없는 자신의 인격과 사역으로 **우리를 위해** 옛 성경의 약속과 율법 모두를 완전히 성취하셨다. 게다가 뒤이은 장들에서 밝혀지겠지만, 예수께서는 우리에게 **자신을** 내어 주신 단순한 믿음으로 말미암아 그 자신과 함께 우리가 기도와 친교 안에서 **은혜로우신 아버지께** 자유로이 나갈 길도 열어주실 것이며,[5-6장] 또 이어지는 8장에서 바울이 자세히 밝히듯이, 그리스도인의 삶을 사는 데 필요한 형제애와 능력과 격려를 통해 성령께로 나아갈 길도 **다시 열어주실 것**이다. 그런데 바로 다음에 이어지는 4장을 보면, 바울은 그의 서신 가운데 최고봉이라 할 수 있는 3장에서 신자들이 든든히 서도록 받쳐주었던 '오직 믿음으로'의 토대를 조상 아브라함과 다윗왕을 통해 성경적으로 튼튼히 다지고 상세히 기록한다.

부록: 히브리서에서 예수의 대속을 칭송하는 본문들

히브리서 1:3

이는 하나님의 영광의 광채시요
그 본체의 형상이시라.
그의 능력의 말씀으로 만물을 붙드시며
죄를 정결하게 하는 일을 하시고
높은 곳에 계신 지극히 크신 이의 우편에 앉으셨느니라.

히브리서 2:9-10

오직 우리가 천사들보다 잠시 동안 못하게 하심을 입은 자, 곧 죽음의 고난 받으심으로 말미암아 영광과 존귀로 관을 쓰신 예수를 보니 이를 행하심은 **하나님의 은혜로 말미암아 모든 사람을 위하여 죽음을 맛보려 하심이라**. 그러므로 만물이 그를 위하고 또한 그로 말미암은 이가 많은 아들들을 이끌어 영광에 들어가게 하시는 일에 그들의 구원의 창시자를 고난을 통하여 온전하게 하심이 합당하도다.

히브리서 2:14-15

죽음을 통하여 죽음의 세력을 잡은 자 곧 마귀를 멸하시며 또 죽기를 무서워하므로 한평생 매여 종 노릇 하는 모든 자들을 놓아 주려 하심이니.

히브리서 2:17

그러므로 그가 범사에 형제들과 같이 되심이 마땅하도다. 이는 하나님의 일에 자비하고 신실한 대제사장이 되어 **백성의 죄를 속량하려 하심이라**.

히브리서 9:12

오직 **자기의** 피로 **영원한 속죄를 이루사 단번에** 성소에 들어가셨느니라.

히브리서 9:26

이제 자기를 **단번에** 제물로 드려 **죄를 없이 하시려고** 세상 끝에 나타나셨느니라.

히브리서 10:10

이 뜻을 따라 예수 그리스도의 몸을 **단번에** 드리심으로 말미암아 **우리가 거룩함을 얻었노라**.

히브리서 10:12

오직 그리스도는 **죄를 위하여 한 영원한 제사를 드리시고** 하나님 우편에 앉으사,

히브리서 10:14

그가 거룩하게 된 자들을 **한 번의 제사로 영원히** 온전하게 하셨느니라.

4:1-25

하나님과 바른 관계에 이르는 옛 방식

: 은혜로운 말씀을 단순하게 믿음

로마서 4장은 다음과 같은 구조로 이루어진다.

Ⅰ. 아브라함: 단순한 믿음으로 말미암는 의4:1-5

Ⅱ. 다윗: 값없는 선물인 용서4:6-8

Ⅲ. 아브라함의 믿음은 어떻게 그의 나머지 삶을 결정지었나4:9-25

바울은 3:21-31에서 개략적으로 살펴본 복음을 이제 확실하게 검증된 두 문헌을 이용해 든든히 다지고자 한다. 곧, 옛 성서에서 매우 중요한 인물로 인정받는 족장 아브라함과 시편 기자 다윗의 기록을 담은 문헌들이다. 바울은 메시아인 예수께서 이 세상에 들여오시고 인간이 단순한 믿음으로 받아들인, 하나님의 은혜로 말미암는 구원의 기쁜 소식을 자신이 특이하고 신선하게, 혹은 "탁월하게" 개작하지 않았다는 사실을 입증하고자 한다. 하나님께서 존경받는 아브라함 및 다윗왕과 교류하신 일을 기록한 이스라엘의 소중한 문헌들 못지않게 이 기쁜 소식도 역사적이고 실제적인 것이며, 문서로 기록되었다.

여기서 바울은 이 복음의 섭리가 구약성경에서도 깊이 가르치는 것이며, 특히 족장 아브라함의 삶 및 다윗 왕의 삶과 그의 시편에서 분명하게 드러난다는 사실을 입증하는 것을 목표로 삼는다. 고데는 이 사실에 대해 다음과 같이 말한다.Godet, 167 "사도 바울이 그 논의에서 마지막으로 바라는 것은 오직 하나였다. 그것은……구약성경 자체에서 [나오는]……탁월한 사례들을 제시하는 것으로, 그 사례들은 유대인들도 인정하는 까닭에 [믿음으로 말미암는 의에 관한] 그의 주장에 신성한 권위를 부여할 수 있는 것이었다.……따라서……창세기 15:6[아브라함이 하나님을 **믿으매** 그것이 그에게 의로 여겨진 바 되었느니라]은 [로마서] 4장에서 주장하는 탁월한 내용을 지지하는 [주요] 본문이 된다." 이와 유사한 논의로는 제임스 던의 글James D. G. Dunn, 26을 참조하라.

Ⅰ. 아브라함: 단순한 믿음으로 말미암는 의4:1-5

[1]그런즉 육신으로 우리 조상인 아브라함이 무엇을 얻었다 하리요. [2]만일 아브라함이 행위로써 의롭다 하심을 받았으면 자랑할 것이 있으려니와 하나님 앞에서는 없느니라. [3]성경이 무엇을 말하느냐. **아브라함이 하나님을 믿으매 그것이 그에게 의로 여겨진 바 되었느니라.**창 15:6 [4]일하는 자에게는 그 삯이 은혜로 여겨지지 아니하고 보수로 여겨지거니와 [5]일을 아니할지라도 경건하지 아니한 자를 의롭다 하시는 이를 믿는 자에게는 그의 믿음을 의로 여기시나니.

하나님께서는 이스라엘 옛 역사의 주요 인물인 아브라함의 인격과 삶을 통해 당신의 백성을 세우기 시작하셨을 때 그와 동시에 믿음으로 말미암는 구원의 섭리도 시작하셨다. 어떤 일이 일어났는지 주의 깊게 살펴보라. 하나님께서 "그[아브람]를 이끌고 밖으로 나가 이르시되 하늘을 우러러 뭇별을 셀 수 있나 보라. 또 그에게 이르시되 네 자손이 이와 같으리라. **아브람이 여호와를 믿으니 여호와께서 이를[그의 믿음을] 그의 의로 여기시고.**"창 15:5-6

그러나 바울의 메시지를 비판했던 랍비들은 창세기 15:5-6을 전혀 다르게 해석하여 다음과 같이 주장했다. "그때[창 15장에서 언급하는 때] 아브라함은 하나님의 말씀과 약속을 **믿으라는 요청에 직면했다.**

아브라함은 이 믿음을 **실행했으며**,geleistet 그렇게 해서 그 순간의 **명령**das Gebot에 응답했다. **그래서** 하나님께서는 아브라함의 믿음의 행위를 의로운 것으로, 즉 **공로**의 행위로 **신뢰**하실 수 있었다.……그때 아브라함의 믿음은 그 자체가 바로 **행함**이었다"(Str.-B. 3:200-201, 이어서 편집자들은 이렇게 결론을 내린다. "그런 까닭에 믿음은 더 이상 행함과 상충하거나 행위를 억압하지 않으며, 오히려 이제는 믿음 자체가 행함이 된다. 이것을 하나님께서는 다른 율법을 성취한 일과 마찬가지로 귀하게 여기신다"). 그리고 랍비의 저술인 키두신에서 교사들은 성경을 근거로 주 하나님께서 아브라함의 아들 이삭에게 다음과 같이 말씀하셨다고 밝힌다.Qiddushin, 4:14 "네 자손을 하늘의 별과 같이 번성하게 하며 이 모든 땅을 네 자손에게 주리니 네 자손으로 말미암아 천하 만민이 복을 받으리라. 이는 **아브라함이 내 말을 순종하고 내 명령과 내 계명과 내 율례와 내 법도를 지켰음이라.**"창 26:2-5 랍비들은 결론으로 "우리는 우리 조상 아브라함이 율법이 주어지기 이전부터 율법 전체를 **실행**하였다는 것을 안다"라고 주장했다.Cranfield, 227 바울은 창세기 15장을 근거로 삼았으며, 랍비들은 창세기 26장을 근거로 삼았다.

초기의 기독교 학자인 오리게네스도 창세기 15:6을 해석하면서 랍비들이 공로에 관해 지녔던 견해를 따랐다. "그때 이전에 아브라함은 완전히 믿은 것이 아니라 부분적으로 믿었다. 하지만 이제 그가 전에 지녔던 믿음의 모든 부분이 하나로 모아져 완전한 전체를 이루었으며, 이런 믿음으로 인해 그는 의롭다고 인정받았다."*Commentary on the Epistles to the Romans*, ACCS 6:107 우리는 야고보서가 이와 동일한 견해를 따른다는 것을 확인할 수 있다. 하지만 다수의 교회에서는 창세기 15:6을 **믿음에 의한** 칭의에 대한 고전적 가르침이라고 본 바울의 견해가 교회에게 훨씬 더 견고한 토대—**결정적인** 토대—를 제공하며 그 토대 위에서 세상을 향한 선교의 가능성과 추진력을 얻게 해준다고 확신했다.

II. 다윗: 값없는 선물인 용서4:6-8

6 **일한 것이 없이** 하나님께 의로 여기심을 받는 사람의 복에 대하여 다윗이 말한 바

7 불법이 **사함을 받고**

죄가 **가리어짐을 받는** 사람들은 복이 있고

8 주께서 그 죄를 **인정하지 아니하실** 사람은 복이 있도다 함과 같으니라.시 32:1-2

아브라함이 단순한 믿음으로 의롭게 되었다고 보는 바울의 주장을 가리켜 우리는 온 세상 구원을 위한 하나님의 계획에 대한 증거물 1호라고 부를 수 있다. 그리고 이제 다윗이 값없는 선물로 용서받은 일을 그 구원 계획에 대한 증거물 2호라고 부를 수 있다. 법률가와 학자들에게는 자신의 주장을 이중으로 입증하는 것이 표준적인 절차였다. 여기서 바울은 하나님께서 값없이 베푸시는 죄 용서에 대한 다윗의 믿음을 근거로 삼아 아브라함이 믿음으로 받은 의를 입증한다. 바레트의 바른 지적에 따르면, 바울은 다윗을 증거로 제시하면서 "[아브라함이] '**의롭다고 여기심을**' 받은 것은 [다윗의] '**죄를 인정하지 아니**'하신 것에 상응하며……[따라서] 칭의는……인간의 공로를 옳다고 평가하거나(유대인들은 아브라함에게 이런 공로가 있었다고 생각한다) 덕을 부어주는 것이 아니라 죄의 용서 곧 무죄를 선언하는 것이라고 주장한다."Barrett, 85 그런데 오리게네스는 이 본문을 다르게 이해하여 이렇게 말한다. "한 영혼의 회심은 악에서 돌아서는 일로 시작되며, 이로 인해 그는 죄 용서를 받기에 **합당**하게 된다."J. Patout Burns, *The Church's Bible*, 89. 그런데 크랜필드는 다

윗이 현재 경험한 죄 용서가 어떻게 아브라함이 예전에 경험한 믿음과 상응하는가에 대해 다음과 같이 설명한다.Cranfield, 233 "하나님께서 어떤 사람을 '행함과는 상관없이'(코리스 에르곤,chōris ergōn [아브라함의 경우와 같이]) 의롭다고 인정해 주시는 것은 사실 다윗에게서 볼 수 있듯이 하나님께서 **죄를 용서해 주시는 것**에 상응한다." 그래서 바울은 아브라함의 생애 후반부에 나타나는 믿음에 대해 살핀다.

Ⅲ. 아브라함의 믿음은 어떻게 그의 나머지 삶을 결정지었나4:9-25

9 그런즉 이 복이 할례자에게냐, 혹은 무할례자에게도냐. 무릇 우리가 말하기를 아브
라함에게는 그 **믿음**이 의로 여겨졌다 하노라. 10 그런즉 그것이 어떻게 여겨졌느냐. 할
례시냐, 무할례시냐. 할례시가 아니요 무할례시니라. 11 그가 할례의 표를 받은 것은
무할례시에 믿음으로 된 의를 인친 것이니 이는 무할례자로서 믿는 모든 자의 조상이
되어 그들도 의로 여기심을 얻게 하려 하심이라. 12 또한 할례자의 조상이 되었나니 곧
할례 받을 자에게뿐 아니라 우리 조상 아브라함이 무할례시에 가졌던 믿음의 자취를
따르는 자들에게도 그러하니라.

13 아브라함이나 그 후손에게 세상의 상속자가 되리라고 하신 언약은 율법으로 말
미암은 것이 아니요 오직 믿음의 의로 말미암은 것이니라. 14 만일 율법에 속한 자들이
상속자이면 믿음은 헛것이 되고 약속은 파기되었느니라. 15 율법은 진노를 이루게 하
나니 율법이 없는 곳에는 범법도 없느니라. 16 그러므로 상속자가 되는 그것이 은혜에
속하기 위하여 믿음으로 되나니 이는 그 약속을 그 모든 후손에게 굳게 하려 하심이
라. 율법에 속한 자에게뿐만 아니라 아브라함의 믿음에 속한 자에게도 그러하니 아브
라함은 우리 모든 사람의 조상이라. 17 기록된 바 내가 너를 많은 민족의 조상으로 세
웠다창 17:5 하심과 같으니 그가 믿은 바 하나님은 죽은 자를 살리시며 없는 것을 있는
것으로 부르시는 이시니라.

18 아브라함이 바랄 수 없는 중에 바라고 **믿었으니** 이는 네 후손이 이같으리라 하신
말씀대로 많은 민족의 조상이 되게 하려 하심이라. 19 그가 백 세나 되어 자기 몸이 죽
은 것 같고 사라의 태가 죽은 것 같음을 알고도 **믿음**이 약하여지지 아니하고 20 **믿음이
없어** 하나님의 약속을 의심하지 않고 믿음으로 견고하여져서 하나님께 영광을 돌리며
21 약속하신 그것을 또한 능히 **이루실 줄**을 확신하였으니 22 그러므로 그것이(아브라함
의 **믿음**이) 그에게 **의**로 여겨졌느니라. 23 그에게 의로 여겨졌다 기록된 것은 아브라함
만 위한 것이 아니요 24 의로 여기심을 받을 우리도 위함이니 곧 예수 우리 주를 죽은
자 가운데서 살리신 이를 **믿는** 자니라. 25 예수는 우리가 범죄한 것 때문에 내줌이 되
고 또한 우리를 의롭다 하시기 위하여 살아나셨느니라.

4:9-12 이스라엘 사람들은 (아브라함이 믿음으로 의롭게 되고 나서 두 장 후에 오는) 창세기 17장을 근거로 삼아 거기 나오는 하나님의 규례대로 할례를 받은 사람만이 진정 하나님의 백성에 속한다고 가르쳤다. 초기 교회 당시에도 자칭 "할례파"인 과격한 그리스도인들이 이와 비슷한 주장을 했다(특히 바울의 갈라디아서에 언급된 논쟁과 사도행전에 나오는 최초의 공의회를 보라). 그러나 바울과 초기 교회가 모두, 하나님의 백성에 속하기 위해 필요한 것은 남자의 할례라든가 성경에 나오는 다른 의무를 지키는 일이나 "제2의 축복"이 아니라, **오직** 그리스도에 대한 믿음뿐이라는 데 의견의 일치를 보고 그렇게 공표하였다.

사도행전 15장에 기록된, 예루살렘 공의회로 알려진 교회의 첫 회의가 열린 이유와 그때 이루어진 결정을 생각해 보라. "어떤 사람들이 유대로부터 내려와서 형제들을 가르치되 '너희가 모세의 법대로 할례를 받지 아니하면 능히 구원을 받지 못하리라' 하니."[행 15:1] 이어서 이렇게 주장한다. "이방인에게 '할례를 행하고 **모세의 율법을 지키라**' 명하는 것이 마땅하다."[행 15:5] 하지만 예루살렘 공의회에서 내린 결정은 복음적이

고 보편적인 것이었다. "많은 변론이 있은 후에 베드로가 일어나 말하되 '형제들아, 너희도 알거니와 하나님이 이방인들로 내 입에서 복음의 말씀을 들어 믿게 하시려고 오래 전부터 너희 가운데서 나를 택하시고 또 마음을 아시는 하나님이 우리에게와 같이 그들에게도 성령을 주어 증언하시고 **믿음으로 그들의 마음을 깨끗이 하사** 그들이나 우리나 차별하지 아니하셨느니라.……우리는 그들이 우리와 동일하게 주 예수의 은혜로 구원 받는 줄을 믿노라' 하니라."행 15:6-11 곧, 오직 믿음, 오직 은혜, 오직 그리스도*Sola fide, sola gratia, solus Christus*이다.

고데는 아브라함이 구원받은 일은 아직 할례를 받지 않고 거의 30년간 이방인으로 살았던 때, 그러니까 "단순히 한 인간"이었을 때 이루어졌다는 사실에 주목해야 한다고 강조했다.Godet, 175 이방인에게 파송된 예수의 특별한 사도였던 바울은 당연히 이러한 역사적이고 보편적인 사실을 소중히 여겼다.

4:13-17 그리스도 안에서 값없는 선물로 허락되는 **의**, 그리고 그리스도에 대한 **단순한 믿음** 이 두 가지는 정확하게 원인과 결과로 연결되어 있으며, 그 순서는 서로 바뀔 수 있다. 이와 마찬가지로 그리스도의 기쁜 소식을 믿음으로써 받게 되는 성령의 **첫** 은사와 그 후 **계속 부어지는** 은사는 서로 원인과 결과로 연결되어 있다. 이것이 바로 바울이 혼란스러워하는(행함에 매달리는) 갈라디아 교인들에게 그토록 힘써 가르친 내용이다. 뒤에서 살펴볼 로마서 6:1-14에 대한 주해와 거기에 첨부한 "서론적 보설: 세례와 성령의 문제들"을 보라.

하나님의 성령과 의와 **모든** 은사는—그리스도인의 삶의 시작부터 삶이 진행되는 동안, 그리고 *끝까지*—**순종함으로써 하나님께 자격을 인정받는 사람들**에게 "제2의 축복"으로 주어지는 것이 아니라, **하나님의 은혜로운 사역과 그리스도의 말씀을 단순히 믿는 사람들에게** 주어졌으며,

또 앞으로도 계속 주어질 것이다. 스토트는 다음과 같이 말했다. "율법의 언어('너는 해야 한다'you shall)는 우리의 순종을 요구하지만, 약속의 언어('내가 할 것이다'I will)는 우리의 믿음을 요구한다.Stott, 131 [창세기 15장에서] 하나님은 아브라함에게 '이 율법에 순종하라. 그러면 내가 너에게 복을 주겠다'고 말씀하신 것이 아니라, '내가 너에게 복을 주겠다. 나의 약속을 믿으라'고 말씀하셨다." 아브라함은 믿었고, 그래서 복을 받았다.

4:18-25 아브라함에게는 하나님의 놀라운 약속을 믿지 **못할만한** 충분한 이유가 있었다. 그의 나이, 임신할 수 없는 아내, 그 외에 삶의 여러 가지 "현실들"이 그랬다. 하지만 아브라함은 하나님의 말씀을 그의 삶의 모든 "현실들" 위에 있는 진정한 현실—모든 것 중에서 가장 신뢰할 만한 현실—로 받아들였다. "**그러므로 그것[아브라함의 믿음]이 그[하나님]에게 의로 여겨졌느니라.**"22절 이처럼 단순한 구원 계획은 옛 하나님 백성의 첫 족장만큼이나 오래된 것이다. 바울은 이렇게 놀랄 정도로 단순하고 오래된 구원 계획, 곧 인간을 위대하신 하나님께로 이끌어 바른 관계를 이루게 하려는 계획 위에 자신의 삶과 사명 전체를 세웠다.

앞서 3장에서 확인했듯이 예수의 역사적인 죽음, 곧 예수가 "**우리가 범죄한 것 때문에 내줌이**" 되신 일은 그를 단순하게 믿는 모든 사람에게 영원토록 하나님과 하나 됨(속죄)을 **열어주었으며 또 지금도 열어 준다**. 예수가 죽은 후 3일 만에 이루어진 부활은 예수의 삶과 죽음과 은사도 역시 영원한 진리임을 역사적으로 확증해 준다. 칼뱅은 『로마서와 데살로니가서 주석』*Commentary on Romans and Thessalonians*, 99에서 "바울이 '하나님께 영광을 돌리며'라고 덧붙인 말에서 우리는 우리의 믿음으로 하나님의 진리를 확증하는 것보다 더 하나님을 영화롭게 하는 것이 없다는 사실을 깨달아야 한다"고 말했다.

로마서 4장에서 히브리 성서에 등장하는 중요한 두 사람—아브라함과 다윗—을 통해 입증한 '오직 믿음으로'sola fide 이론은 바로 앞장인 3장 후반부에서 다룬 핵심적인 '오직 믿음으로' 이론을 견고하게 뒷받침해 준다. 바울의 복음은 신약성경에서 처음으로 등장한 새로운 것이 아니다. 바울의 복음은 구약성경의 보화를 기꺼이 물려받는다. 단순한 믿음은 처음부터 하나님께서 인간이 하나님의 값없는 의의 선물을 받을 수 있도록 마련하신 놀랍고도 은혜로운 방법이었다. 신약성경은 하나님의 놀랍고도 은혜로운 아들 예수 그리스도의 삶을 통해, 그리고 하나님의 사도인 바울의 복음을 통해 이 진리를 확증한다. 이 둘은 지금까지 하나님께서 주신 소식 가운데서 가장 중요한 소식을 우리에게 전한다.

5:1-21

복음 안에서 누리는 특권 및 우리가 하나님과 맺는 관계의 옛 뿌리들

로마서 5장은 다음과 같은 구조로 이루어진다.

Ⅰ. 우리가 복음 안에서 누리는 새 특권들 5:1-11

Ⅱ. 아담과 그리스도: 우리가 하나님과 맺는 그릇된 관계와 바른 관계의 뿌리 5:12-21

Ⅰ. 우리가 복음 안에서 누리는 새 특권들 5:1-11

[1] 그러므로 우리가 믿음으로 의롭다 하심을 받았으니 우리 주 예수 그리스도로 말미암아 하나님과 화평을 누리자. [2] 또한 그로 말미암아 우리가 믿음으로 서 있는 이 은혜에 들어감을 얻었으며 하나님의 영광을 바라고 즐거워하느니라. [3] 다만 이뿐 아니라 우리가 환난 중에도 즐거워하나니 이는 환난은 인내를, [4] 인내는 연단을, 연단은 소망을 이루는 줄 앎이로다. [5] 소망이 우리를 부끄럽게 하지 아니함은 우리에게 주신 성령으로 말미암아 하나님의 사랑이 우리 마음에 부은 바 됨이니

[6] 우리가 아직 연약할 때에 기약대로 그리스도께서 경건하지 않은 자를 위하여 죽으셨도다. [7] 의인을 위하여 죽는 자가 쉽지 않고 선인을 위하여 용감히 죽는 자가 혹 있거니와 [8] 우리가 아직 죄인 되었을 때에 그리스도께서 우리를 위하여 죽으심으로 하나님께서 우리에 대한 자기의 사랑을 확증하셨느니라. [9] 그러면 **이제** 우리가 그의 **피**로 말미암아 의롭다 하심을 받았으니 더욱 **그로 말미암아** 진노하심에서 구원을 받을 것이니 [10] 곧 우리가 원수 되었을 때에 그의 아들의 **죽으심**으로 말미암아 하나님과 화목하게 되었은즉 화목하게 된 자로서는 더욱 그의 **살아나심**으로 말미암아 [그분의 자녀

로서] 구원을 받을 것이니라. [11]그뿐 아니라 **이제** 우리로 화목하게 하신 우리 주 예수 그리스도로 말미암아 하나님 안에서 또한 **즐거워하느니라**.

5:1-2 바울은 믿음으로 의롭게 된 사람에게서 일어나는 첫 번째이자 근본적인 **결과**는 하나님과 깊은 "**화평**"을 누리는 일이라고 가르친다. "하나님께 감사하라, 이제 우리는—과거와 현재, 그리고 **미래에도**—하나님 앞에서 **온전하게 되었다**." 빈손과 믿는 마음 외에는 내세울 것이 없는 우리에게 하나님의 의를 순수한 선물로 주신(그리고 언제나 주시는) 살아 계신 주 예수 그리스도로 말미암아 이제 우리는 앞으로 살아가는 동안 살아 계신 하나님의 참 현존 속으로 거침없이 나아가 완전한 "**화평**"을 누릴 수 있게 되었다. 참으로 놀라운 일이다! 게다가 우리는 (바울의 말로 표현하자면) 지금 그곳에, 곧 하나님의 화평 안에 "**서 있**"다(그래서 우리는 결코 무가치한 존재로 무너지지 않는다). 더 좋은 일로, 우리는 장엄한 새 **미래**를 기대하면서 진심으로 "**즐거워**"할 수 있다. "**하나님의 영광을 바라고 즐거워하느니라**." 우리는 다가오는 죽음을 두려워하지 않는다. 오히려 우리는 (우리가 죽을 때나 그리스도께서 다시 오실 때) 우리에게 열리는 지극히 놀라운 미래를 맞게 되고, 그리스도 안에서 당신을 내어주실 만큼 우리를 사랑하시는 하나님의 "영광"에 참여하게 되리라고 굳게 확신한다. 참으로 놀라운 미래다!

본문에서 처음에 나오는 일인칭 구절은 지금까지 주로 주격의 '권고'(그리스어 에코멘,echōmen "하나님과 화평을 **누리자**")로 번역해 왔다. 하지만 현대에 개선된 영어 번역에서는 그리스어 '에코멘'의 의미를 좀 더 바르게 검증해서 "**우리는** 하나님과 화평을 **누린다**"로 수정했는데, 이 표현이 훨씬 더 은혜롭다(예를 들어, NRSV와 REB 번역본들을 보라). 루터의 『로마서 강해』*Luther's Works: American Edition*, 25:43 n.1 편집자 가운데 한 사람은 루터의 친필 원고에 관해 평가하면서 "루터가 사용한 라틴어 성경 본문에는 [접속법] 하베아무스habeamus, 우리가 ~을 하자라고 쓰여 있으나, [루터는] 하베아무스에서 두 번째 a에 줄을 그어 지워서 [직설법 habemus의 의미로] '우리는 ~을 한다'라고 해석했다"라고 밝혔다. 루터는 이 평범한 동사와 그 말 안에 있는 작은 라틴어 글자에서도 율법과 복음의 차이점을 간파했다! 슐라터는 이 본문에 관해 이렇게 말한다.Schlater, 176 "인간이 믿음으로 받는 큰 은혜는 '**그로 말미암아 우리가 믿음으로 서 있는 이 은혜에 들어감을 얻었으며**'라는 식으로 설명되는데, 그 의미는 은혜가 인간을 서게 해준다는 것, 다시 말해 인간의 타락을 치유해 준다는 것이다." 던은 시편 72:1-7과 85:8-13에서 정의와 평화가 결속되어 있다는 사실을 밝히고, 또 나중에 로마서에서 언급되는 이 사실을 두고 예언자 이사야가 "공의의 열매는 화평이요"사 32:17라고 예언했다고 지적했다.Dunn, 262

크랜필드는 본문에 나오는 그리스도의 은혜에 관해 다음과 같이 멋진 찬사를 보낸다.Cranfield, 258 하나님께서 "우리를 의의 상태로 회복시키시는 일에는 그분께서 우정으로 당신 자신을 우리에게 내어 주셔서 당신과 우리 사이에 화평을 이루시는 일이 반드시 수반된다. 이 일은 죄에 대한 하나님의 진노라든가 충성을 요구하시는 하나님께 우리가 자기본위로 맞서는 적개심과 같은 끔찍한 현실을 고려할 때 그분께서 이루 말할 수 없는 희생을 치르셔야만 이룰 수 있는 것이다." 존 스토트는 그리스도께서 우리에게 주시는 칭의의 **포괄적 성격**comprehensiveness에 대해 이렇게 말한다.Stott, 141 "칭의의 열매는 과거, 현재, 미래와 관련된다. '우리는 하나님과 화평을 **누린다**'(우리가 과거에 받은 죄 용서의 결과). '우리는 [지금] 은혜 안에 **서 있다**'(우리가 현재 누리는 특권). '우리는 영광을 바라보며 **즐거워한다**'(우리가 장차 받을 유업)." 신학적으로 보수적인 스토트가 놀랍게도 이 본문에서 미래에 대한 힘찬 낙관주의를 발견하며 이렇게 말한다. "그리스도의 사역은 결국 아담의 사역보다 훨씬 더 효과적인 것으로 드러나게 되는데, 그리스도는 아담이 죽음으로 이끈 사람들보다 훨씬 더 많은 사람을 생명으로 일으켜 세울 것이며, 하나님의 은혜는 아담의 죄의 결과들과는 비교도 할 수 없을 정도로 풍성한 복을 넘치게 할 것이다." 스토트는 자기의 주장을 지지하기 위해 (예정론자인) 칼뱅까지 끌어들인다.Stott, 161 "칼뱅이 말한 대로 그리스도의 은혜는 '첫 사람으로 인해 정죄 받은 사람보다 훨씬 더 많은 사람에게 부어진다. 아담의 타락이 많은 사람을 멸망에 이르게 했다면, 하나님의 은혜는 훨씬 더 효과적으로 많은 사람에게 유익을 끼치는데 그리스도의 구원하시는 능력이 아담의 멸망시키는 능력보다 훨씬 더 강력하기 때문이다.'" 칼뱅의 *Romans* (1540; 1960), 114-115

5:3-4 복음으로 말미암아 미래에 대한 우리 견해뿐만 아니라 현재에 대한 견해도—나아가 "우리가 현재 겪는 고난"에 대한 견해까지—바뀌었다. 어떻게 그러한가? 우리는 예수 자신의 삶을 통해(그리고 바울의 삶을 통해서도) 고난은 언제나 믿음의 삶을 이루는 한 요소라는 점과 또—놀랍게도—믿음의 삶에서 이러한 "환난은 인내를, 인내는 연단을, 연단은 소망을 이루는" 것이라는 사실을 배웠다. 만일 우리 믿는 사람들이 예수와 바울에게서 믿음은 불가피하게 "고난"을 동반하며, 또 믿는 사람에게 고난의 영광스러운 열매는 "인내"이고, 인내의 주된 열매는 "연단"이며, 연단의 마지막 열매는 미래에 대한 "소망"이라는 사실을 배울 수 있다면, 우리의 고난을 전혀 다른 방식으로 볼 수 있게 된다. 다시 말해 고난은 지독히 고통스러운 저주가 아니라 놀라운 섭리에 따르는 선물들—특히 바울의 말로 하면 "연단"과 "소망"이라는 값을 매길 수 없는 선물들—로 나타나며 그래서 우리 믿는 자들은 그 선물들을 현재 누리

는 것보다 더 많이 받기를 갈망하게 된다.

5:5 바울은 8장에서 성령론을 깊이 있게 전개해 나간다. (8장 앞쪽의 스물일곱 절에서 자그마치 성령에 대해 20회나 언급된다.) 하지만 바울은 그보다 앞서 하나님의 사랑은 경험일 뿐만 아니라 인격—하나님의 성령 그 자체—이기도 하다는 놀라운 사실을 우리에게 깨우쳐 준다. 이에 더해 바울은 하나님의 사랑을 가리켜 "우리 마음에 부은 바"[5c] 되었다고 말한다. 또 그는 훨씬 힘 있는 동사를 적용해, 성령을 가리켜 "**우리에게 주신**"[5b] 바 된 분이라고도 말한다. 다시 말해 하나님께서는 지극히 인격적이고 내적인 선물로 자신을 내어 주셨다. 예수 그리스도를 믿는 사람들은 우리 **위에 계신** 크신 하나님과 완전히 바른 관계를 맺는 선물을 받을 뿐만 아니라, 우리 **안에** 하나님께서 성령을 통해 현존하시는 선물도 받는다. 우리 믿는 사람들은 하나님의 인격이 우리 안에 들어와—"부어져"(!)—마음속에 계신다는 사실을 아는가? 우리는 우리 위로 하늘에 계신 하나님 아버지를 모실 뿐만 아니라(주님의 기도에서 "하늘에 계신 우리 아버지여"[마 6:9]라고 가르치는 것을 보라), 땅에서는 하나님의 아들, 주 예수 그리스도를 우리 곁에 나란히 모신다. 이와 관련해 예수는 마태복음 마지막 절인 28:20에서 제자들에게 대위임 명령[Great Commission]을 주시면서 마지막 약속으로 "볼지어다. **내가** 세상 **끝날까지** 너희와 항상 **함께 있으리라**"[에고 메트 휘몬 에이미(egō meth' hymōn eimi)]고 말씀하신다. 이것이 바로 복음의 결론이다! 이제 우리는 사도 바울에게서도 똑같이, 우리 살아갈 동안 하나님의 성령을—우리 안에, 그리고 우리 "마음"속에(즉 우리의 내면 깊숙한 곳에)—모신다는 것을 배운다. 8장에서 우리는 이 복된 삼위일체적 진리를 즐거운 마음으로 자세히 살펴볼 것이다. 그에 앞서 바울은 우리에게 성령의 인격 안에 계시고, 우리 **안에도** 계시는 하나님의 인격적 현존을 깨달아 친숙하게 되라고 권한다.

니그렌은 이 본문을 근거로 "하나님의 사랑은 이제 우리 마음속에서 [인격적인] **대리자**, 곧 '**우리에게 주신 성령**'5절을 통해 일한다"라고 주장한다.Nygren, 199 케제만은 다음과 같이 주장한다.Käsemann, 136 "바울의 메시지에 따르면 성령은 그리스도인의 삶의 탁월한 면모들을 드러낼 뿐만 아니라 그의 삶 전체를 결정 지으며, 나아가 역으로 그리스도인의 삶 전체를 기적의 차원으로 배치한다." 놀랍게도 크랜필드는 "**하나님의 사랑이 우리 마음에 부은 바 됨이니**"라는 구절에서 "로마서 최초로 '아가페'[사랑]라는 말이 등장한다"고 지적한다.Cranfield, 262 페터 슈툴마허는 "성령으로 충만케 됨으로써 에스겔 36:26 이하에 나오는 약속이 믿는 사람들에게 실현되었다"고 보았다.Peter Stuhlmacher, 80 에스겔 36:26-27의 말씀은 실로 놀라운 하나님의 약속을 담고 있으며, 그래서 나는 그 구절에서 핵심이 되는 히브리어 명사, 루아흐ruach, "영"를 강조하기 위해 굵은 글씨로 표기했다. "또 새 **영**을 너희 속에 두고 새 마음을 너희에게 주되 너희 육신에서 굳은 마음을 제거하고 부드러운 마음을 줄 것이며 또 내 **영**을 너희 속에 두어 너희로 내 율례를 행하게 하리니 너희가 내 규례를 지켜 행할지라."겔 36:26-27

5:6-11 그리스도께서는 우리 **죄인들**을 위해 죽으셨다. 그렇다면 그리스도께서 **새로 태어난 사람들**을 위해서는 어떤 일을 하시겠는지 상상해보라! 그리스도는 십자가에서 흘리신 **피**로써 우리를 당신의 아버지와 화해시키셨다. 그러면 심판이 이루어질 때 그리스도께서 부활한 '**인격**'으로서 우리를 위해 어떤 일을 하실지 상상해보라! 우리야 당연히 최후의 심판 자리에 서는 것을 염려하겠지만, 바울이라면 과거에 완악한 죄인들을 위해 **죽으신** 그리스도께서 미래에도 자신이 화해로 이끈 자녀들을 **지켜주실 것**이라고 힘써 우리를 격려할 것이다. 그런데 우리가 "즐거워"할 것은 미래의 일만이 아니다. 바로 지금 여기서도 즐거워할 수

있으며, 바울은 이에 대해 다음과 같이 힘주어 말한다. "**그뿐 아니라 이제 우리로 화목하게 하신 우리 주 예수 그리스도로 말미암아 하나님 안에서 또한 즐거워하느니라.**"11절 바울은 모든 믿는 사람들이 "**즐거워**"할 수 있다고, 우리의 은혜로운 화해자이신 주 예수 그리스도께서 **지금 여기** 현존하셔서 **우리와 함께** 계시기에 **크게 기뻐할 수 있다**고 우리를 격려한다. 우리가 현재 다루는 단락6-11절에서 또 한 가지 놀라운 것은 바울이 "**더욱**"이라고 거듭 강조하는 말이다. "그러면 이제 우리가 그의 피로 말미암아 의롭다 하심을 받았으니 **더욱** 그로 말미암아 진노하심에서 구원을 받을 것이니, 곧 우리가 원수 되었을 때에 그의 아들의 **죽으심**으로 말미암아 하나님과 화목하게 되었은즉 화목하게 된 자로서는 **더욱** 그의 **살아나심**으로 말미암아 구원을 받을 것이니라. **그뿐 아니라** 이제 우리로 화목하게 하신 우리 주 예수 그리스도로 말미암아 하나님 안에서 또한 즐거워하느니라."

바르트는 『간추린 로마서 주석』 46쪽에서 바울이 예수의 "피" 흘리신 희생에 대해 말한 것을 다음과 같이 설명한다. "죄인이요 버림받은 자로서 심판을 받기 위해 호출된 모든 사람 앞에서 심판자 자신이 한 인간으로서 피를 흘리고 자기 생명을 내어 줌으로써 그를 믿는 모든 사람을 위해 화해의 제물이 되었다."롬 3:25 케제만은 바울의 가르침을 다음과 같이 설명한다.Käsemann, 139 "우리를 위하여 **죽으신** 그리스도는 또한 우리를 위하여 **살며**, 예전에 악한 권세를 멸하였듯이 미래의 악한 존재들도 물리치실 것이다. 그리스도는 우리를 지극히 '위하시는' 하나님께서 인간으로 나타나신 분이다." 오토 미헬은 다음과 같이 설명한다.Michel, 135 "이 본문도 바울의 근본적인 확신을 보여주는데, 그것은 칭의 자체 안에 하나님의 모든 선물이 포함된다는 것"이며 또 "예수의 죽음이 칭의를 이루셨다면 부활하신 그분의 생명은 장차 임할 심판에서도 구원을 이루신다롬 8:34, 히 7:25"는 것이다.

II. 아담과 그리스도: 우리가 하나님과 맺는 그릇된 관계와 바른 관계의 뿌리5:12-21

12 그러므로 [아래에 비교되는 내용과 그 결과를 살펴보라]

한 사람으로 말미암아 죄가 세상에 들어오고

죄로 말미암아 사망이 들어왔나니

이와 같이 **모든** 사람이 죄를 지었으므로 **사망**이 **모든 사람에게** 이르렀느니라.

13 (죄가 율법 있기 전에도 세상에 있었으나 율법이 없었을 때에는 죄를 죄로 여기

지 아니하였느니라.)

14 그러나 아담으로부터 모세까지

아담의 범죄와 같은 죄를 짓지 아니한 자들까지도 사망이 왕 노릇 하였나니

(아담은 오실 자의 모형이라.)

15 그러나 이 **은사**는 그 범죄와 같지 아니하니

곧 한 사람의 범죄를 인하여 많은 사람이 죽었은즉

더욱 **하나님의 은혜**와

또한 **한 사람 예수 그리스도**의 은혜로 말미암은 **선물**은 많은 사람에게 넘쳤느니라.

16 또 이 선물은 범죄한 한 사람으로 말미암은 것과 같지 아니하니

심판은 **한** 사람으로 말미암아 **정죄**에 이르렀으나,

은사는 **많은** 범죄로 말미암아 **의롭다 하심**에 이름이니라.

17 한 사람의 범죄로 말미암아 사망이 그 한 사람을 통하여 왕 노릇 하였은즉 더욱 은

혜와 의의 선물을 넘치게 받는 자들은 한 분 예수 그리스도를 통하여 생명 안에서 왕

노릇 하리로다.

18 그런즉 한 범죄로 많은 사람이 정죄에 이른 것 같이 한 의로운 행위로 말미암아
많은 사람이 의롭다 하심을 받아 생명에 이르렀느니라. 19 한 사람이 순종하지 아니함
으로 많은 사람이 죄인 된 것 같이 한 사람이 순종하심으로 많은 사람이 의인이 되리
라. 20 율법이 들어온 것은 범죄를 더하게 하려 함이라. 그러나 죄가 더한 곳에 은혜가
더욱 넘쳤나니 21 이는 죄가 사망 안에서 왕 노릇 한 것 같이[BC 시대] 은혜도 또한 **의**
로 말미암아[3b-5장] 왕 노릇 하여[AD 시대] 우리 주 예수 그리스도로 말미암아 **영생**[6-8장]
에 이르게 하려 함이라.

5:12-14 첫 인간을 통해 죄가 이 세상에 들어왔고, 죄의 필연적인 결과로 죽음이 뒤따라 나타났으며, 그래서 죄와 죽음 두 가지는 인간 실존의 가장 비극적인 현실이 되었다. **최초의** 인간이 처했던 이 현실을 고대인들은 이야기 형태로만 설명할 수 있었다. 아담과 하와의 이야기는 우리의 옛 저자들에게 전달된 주요 이야기였다. (그 저자들은 오랜 세월 가족에서 가족으로, 세대에서 세대로 이어가며 그들에게 전달된 그 이야기들 외에 다른 수단으로는 그 최초의 인간들에게 "다가가거나" 그들을 그려낼 수 없었다.) 히브리 사람들의 이야기에서는 그 최초의 인간을 아담이라고 불렀다. 잘 알다시피, 그 사람의 개인적인 삶을 구성하는 주요 사건들은 창세기 2장과 3장에 매우 다채롭게 기록되었다. 2장에서 아담은 은혜로 여러 가지 선물을 받으며, 그다음 3장에서 아담과 그가 선물로 받은 짝은 엄청난 죄를 짓는다. 그 끔찍한 결과로 아담과 하와뿐만 아니라 그들의 미래 자손들까지도 죽음에 이르게 된다. 그 후로도 인간의 이야기는 갈수록 비극적인 것으로 변했으며, 그 사실을 노아와 바벨탑의 이야기가 선명하게 보여준다. 그런데 아브라함의 삶을 통해 고전적인 **믿음의 전환**이 이루어진다(창세기 12장 이후의 기록, 창 15장에서 절정에 이른

다). 아브라함에게서 일어난 이 믿음의 사건은, 로마서 4장에서 살펴보았듯이 그리스도의 종이 되고 믿음에 사로잡힌 사도 바울을 뜨겁게 타오르게 했다.

이 5장을 주석한 학자들은 바울이 첫 단락[5:1-11]에서 1인칭 복수 대명사 "우리"를 자주 사용하다가 지금 다루는 단락[5:12-21]에서 갑자기 3인칭 단수 표현 **"한 사람"**으로 넘어가는 것에서 강한 인상을 받았다. 이에 더해 던[Dunn, 273]이 지적하듯이, 눈에 띄는 단수형 명사인 **"죄"**와 **"죽음"**이 이 새 항으로 넘어와 "처음으로 서로 밀접하게 얽혀 있는 범주들로" 등장하고 또 "뒤에 이어지는 세 장의 논의를 주도하게 된다"(5:12에서 8:10 사이에 '죄'는 42회, 5:12에서 8:6 사이에서 '죽음'은 19회 나온다).

창세기 3장에 나오는 아담 기사의 이야기 형식에 관해서는 윌리엄 샌데이와 아서 헤드램에게서 다음과 같이 도움이 되는 설명을 볼 수 있다.[William Sanday & Arthur Headlam, 1:146-147] 창세기 3장은 "역사적 사실을 담은 문자적 기록으로 볼 것이 아니라, 동양의 많은 민족들이 공유하는 공통된 뿌리에서 유래한 이야기의 히브리적 형태라고 보아야 한다." 이어서 두 저자는 다음과 같이 결론을 내린다. 자기네 민족의 전승들을 최초로 "히브리인의 성서에 담아낸 예언자에게서 현대 과학의 언어를 기대하는 것은 불합리하다. 그는 자신과 자기 동시대 사람들의 지성이 다룰 수 있는 언어를 사용할 뿐이다."

5:15-17 그런데 오랜 세월이 지난 후 훨씬 더 힘 있는 인간 이야기, 곧 옛 시대의 인간 이야기에 비해 훨씬 쉽게 역사적 탐구로 다룰 수 있는 이야기가 등장한다. "두 번째 아담"인 나사렛 예수의 이야기다. 나사렛 예수를 통해 죄와 죽음과 무의미를 해결할 수 있는 주요 해독제—의와 영생과 복음—가 역사 속에 제시되었으며, 이것들은 모두 예수 그리스도의 삶을 통해 제시되고 명료하게 밝혀진 선물이다. 여기서 바울은 예

수 및 예수가 죄와 죽음의 해독제로 제시한 의와 생명에 대해 자세히 살핀다. 바울은 이 **두 번째 아담**을 **"값없는 선물"**이라는 독특한 별칭으로 부르는데, 자신이 깊이 깨달은 사실을 그 별칭을 사용해 표현한 것이라고 볼 수 있다. 실제로 사람들이 예수의 복음을 듣고서 느끼는 주요한 인상 가운데 하나가 값없는 선물이 아닐까 싶다. 또 죄와 죽음에 매인 우리 인간이, 눈으로 뵐 수 없는 크신 하나님께 **나아가** 그분께 **용납되는** 길을 하나님의 아들이 **"값없는 선물"**로 열어 준다는 사실은 복음이 지닌 가장 매력적인 특성 가운데 하나가 아닌가? 이런 일이 세상 안에서 어떻게 가능하겠는가? 여기서 바울은 이 일이 "어떻게" 가능할 수 있겠는가라는 문제에 대해 할 수 있는 대로 간략하게 설명하려고 애쓴다.

첫 사람이 지은 죄는 이 세상 속으로 죄와 죽음을 끌어들였으며, 그 후로 죄와 죽음이 인류 전체를—지금까지!—지배해 왔으나, 그 **한 가운데 선 그 사람**은 자기를 믿는 교회의 **"더욱……많은 사람에게 하나님의 은혜와 값없는 의의 선물"**을 넘치도록 부어주실 뿐만 아니라 계속해서 그들의 **삶 속에** 이런 상급을 허락하신다. 이렇게 넘치는 은혜와 값없이 베푸는 의의 선물로 말미암아 단순하게 믿는 사람들은 실제로 **"생명 안에서 왕 노릇"** 할 수 있는 힘을 얻는다. 이 말의 의미는, 바울이 그의 서신에서 계속해서 깊고 자세하게 설명하는 것처럼, 우리 곁에 계시는 주님 예수, 위에 계시는 아버지 하나님, 안에 계시는 성령의 도우심으로 계속해서 죄와 죽음을 다스릴 수 있게 된다는 것이다. 크랜필드가 이 본문에 대해 다음과 같이 설명한 것이 도움이 된다.Cranfield, 286 "어떤 악행을 **심판**으로 해결해야 한다는 주장은 얼마든지 납득할 수 있다. 그런데 오랜 세월 동안 쌓여온 죄와 죄책을 하나님의 **값없는 선물**로 해결한다는 것은 기적 가운데 기적이요, 인간이 이해할 수준을 완전히 벗어나는 것이다."

5:18 인간의 역사가 **시작될 때** 한 사람이 지은 잘못이 인류 전체의 죽음을 초래하는 재앙으로 이어졌다. 인간의 역사 한 가운데서 한 사람이 행한 "의로운 행위"—그의 삶과 죽음, 부활, 승천—로 말미암아 인류 전체가, 바울의 유려한 표현대로 "의롭다 하심을 받아 생명에" 이르게 되었다. 지금까지 살펴본 여러 장[3b장-5장]에서 바울은 예수의 **의**에 관해 자세히 설명했다. 다음으로 살펴볼 6장과 8장에서 바울은 예수의 의로 말미암아 인간이 누려왔고 지금도 그리고 앞으로도 계속 누리게 될 "**생명**"에 대해 똑같이 상세하게 설명한다.

5:19 첫째 아담과 둘째 아담이 낳은 **결과**.

5:20 놀랍게도 율법은 그 자체만으로도 역사 속에서 문제들을 더욱 악화시키는 것으로 보인다. 하지만 놀라운 은혜가 허락되며, 예수께서 오신다!

5:21 로마서 1:17c에서 이 서신의 주제 삼아 인용하는 하박국 2:4의 본문, "**의인은 그의 믿음으로 말미암아 살리라**"는 구절을 생각해 보라. 렌아르트는 바울이 5:20에서 율법이 하나님의 백성에게 끼친 영향을 비판적으로 서술하는 것에 대해 이렇게 평한다.[Leenhardt, 150] "율법의 부정적인 역할은 죄인들에게 하나님 앞에서 공로를 주장하는 기회를 주는 데 있다. 율법은 죄인들의 교만을 조장한다. 율법 아래 있는 사람은 선을 행할 때 꼭 자기 행위를 떠벌이곤 한다."

로마서 5장은 **역사적으로** 많은 관심을 받아왔으며, 인간의 삶을 이야기하는 자리에서는 처음부터 끝까지 특히 그 중심에다 복음을 제시하는 역할을 해왔다.

6:1-23

성화에 이른 삶

로마서 6장의 강해는 다음과 같은 구조로 이루어진다.

Ⅰ. 본문: 그리스도와 함께 죽고 부활하여 완전히 새로운 삶에 참여함6:1-14

서론적 보설: 세례와 성령의 문제들

Ⅱ. 6:1-14의 본문 주해

중간 보설: 예수의 산성설교가 지닌 유사성

Ⅲ. 성화를 구체적으로 실천하는 삶: 우리의 역량을 하나님께 드림으로6:15-23

Ⅰ. 본문: 그리스도와 함께 죽고 부활하여 완전히 새로운 삶에 참여함6:1-14

1 그런즉 우리가 무슨 말을 하리요. 은혜를 더하게 하려고 죄에 거하겠느냐. 2 그럴 수
없느니라. 죄에 대하여 죽은 우리가 어찌 그 가운데 더 살리요. 3 무릇 그리스도 예수
와 합하여 세례를 받은 우리는 그의 죽으심과 합하여 세례를 받은 줄[그리스도를 주로
모시게 되었음]을 알지 못하느냐. 4 그러므로 우리가 그의 죽으심과 합하여 세례를 받음
으로 그와 함께 장사되었나니 이는 아버지의 영광으로 말미암아 그리스도를 죽은 자
가운데서 살리심과 같이 우리로 또한 새 생명 가운데서 행하게 하려 함이라. 5 만일 우
리가 그의 죽으심과 같은 모양으로 연합한 자가 되었으면 또한 그의 부활과 같은 모
양으로 연합한 자도 되리라. 6 우리가 알거니와 우리의 옛 사람이 예수와 함께 십자가
에 못 박힌 것은 죄의 몸이 죽어 다시는 우리가 죄에게 종 노릇 하지 아니하려 함이니
7 이는 죽은 자가 죄에서 벗어나 의롭다 하심을 얻었음이라. 8 만일 우리가 그리스도와

함께 죽었으면 또한 그와 함께 살 줄을 믿노니 9 이는 그리스도께서 죽은 자 가운데서
살아나셨으매 다시 죽지 아니하시고 사망이 다시 그를 주장하지 못할 줄을 앎이로라.
10 그가 죽으심은 죄에 대하여 단번에 죽으심이요 그가 살아 계심은 하나님께 대하여
살아 계심이니 11 이와 같이 너희도 너희 자신을 죄에 대하여는 죽은 자요 그리스도 예
수 안에서 하나님께 대하여는 살아 있는 자로 여길지어다.

12 그러므로 너희는 죄가 너희 죽을 몸을 지배하지 못하게 하여 몸의 사욕에 순종하
지 말고 13 또한 너희 지체를 불의의 무기로 죄에게 내주지 말고 오직 너희 자신을 죽
은 자 가운데서 다시 살아난 자 같이 하나님께 드리며 너희 지체를 의의 무기로 하나
님께 드리라. 14 죄가 너희를 주장하지 못하리니 이는 너희가 법 아래에 있지 아니하고
은혜 아래에 있음이라.

그들이 이 말을 듣고 마음에 찔려 베드로와 다른 사도들에게 물어 이르되 형제들아, 우리가 어찌할꼬 하거늘. 베드로가 이르되 **너희가 회개하여 각각 예수 그리스도의 이름으로 세례를 받고 죄 사함을 받으라. 그리하면 성령의 선물을 받으리니** 이 약속은 너희와 너희 자녀와 모든 먼 데 사람 곧 주 우리 하나님이 얼마든지 부르시는 자들에게 하신 것이라 하고……그 말을 받은 사람들은 세례를 받으매 이 날에 신도의 수가 삼천이나 더하더라. 그들이 사도의 가르침을 받아 서로 교제하고 떡을 떼며 오로지 기도하기를 힘쓰니라.행 2:37-42

"이 장(로마서 6장) 전체에 걸쳐서 사도 바울은 다음과 같이 주장한다. 그리스도께서 우리에게 값없는 칭의를 허락하시지만 새로운 생명은 주시지 않는다고 생각하는 사람들은 부끄럽게도 그리스도를 갈가리 찢는 것이다.……그리스도께서는 그의 피로 우리를 깨끗하게 씻기시며, 그의 속죄로 말미암아 우리와 하나님을 화목하게 하시고, 우리를 그의 성령에 참여시켜 새롭게 하셔서 거룩한 생활을 하게 하신다.……그리스도는 그의 영으로 우리를

소생시키고 그의 능력을 우리에게 부어주시니……당연히 우리는 그리스도의 죽음뿐만 아니라 그의 생명에도 참여하는 자가 된다."John Calvin, *Romans and Thessalonians*, 121-124

"세례에서는 그리스도의 [이중의] 은사인 죄 용서와 성령이 모두 베풀어지며, 그렇게 해서 온전한 구원이 허락된다.……그러므로 그리스도인의 도덕적 삶이란 자신이 경험한 구원을 삶으로 구체화하는 고백이요, 자신의 새로운 실존을 현실 속에서 인정하는 것이다."Paul Althaus, 51

"**도덕적 노력은 결코 신앙과 대립하지 않는다**. 그것은 오히려 신앙의 외면적 행위이자 표현이다"James D. G. Dunn, 350 (굵은 글씨체는 제임스 던이 강조한 것).

"율법을 배제하고 믿음만을 구원의 원리로 인정한다고 해도, 윤리적 행위는 아디아포론adiaphoron, 중립적 실재이 아니라 그리스도인의 새 신분을 보여주는 필수적이고 불가피한 증거이다."Joseph A. Fitzmyer, 444

"그리스도께서 '우리를 위해' 죽으신 것은……우리를 죄의 **형벌**뿐만 아니라 죄의 **권세**로부터도 해방시킨다. 칭의—**죄에 대한 책임**을 면제함—와 성화—'죄 짓는' **행실**에서 해방됨—를 혼동해서는 안 되지만, 그 둘을 분리할 수도 없다. 웨스트민스터 대교리문답은 이 사실을 다음과 같이 정리한다. 질문: '칭의와 성화는 어떤 점에서 다른가?' 대답: '성화와 칭의가 나뉠 수 없을 정도로 결합되어 있다고 할지라도, 그 둘은 차이가 있는데, 칭의에서 하나님은 그리스도의 의를 [우리에게] **전가**imputeth시켜 주시며 성화에서는 성령이 [우리에게] 은혜를 **주입**infuseth하셔서 그 의를 실천하는 일을 **가능**enableth하게 하신다. 전자[칭의]에서는 죄를 **용서**pardon하며 후자[성화]에서는 죄를 **물리친**

다.subdue……하나의 기본 주제—그리스도인이 죄의 횡포와 압제로부터 해방됨—가 로마서 6장 전체를 주도한다."Douglas Moo, 350

"바울은 그리스도인이 '행위로 의롭게 된다'는 생각을 옹호하는 것이 될지도 모른다는 사실은 전혀 개의치 않은 채, 세례받은 그리스도인들에게 의롭게 살라고 요구하며, 또 자기가 목표로 삼는 것은 성화라고 주장한다."Peter Stuhlmacher, 96

"성령께서 주시는 부활의 능력이 우리 안에서 역사할 때만 우리는 사도 바울이 [6장에서] 우리에게 요청한 일들을 할 수 있다."Ulrich Wilckens, 2:42

서론적 보설: 세례와 성령의 문제들

신자들의 삶에서 흔히 발견되는 두 가지 사실 때문에, 여기 6장에서 바울이 처음으로 우리 그리스도인이 삶을 **살아내는** 방식에 관해 가르치는 내용(전통적으로 **성화**라고 불리며, 예수로 말미암아 **의롭게 된 후에** 그의 제자로 사는 삶)을 이해하기가 쉽지 않다. 그 두 가지는 다음과 같다. (1) 오랜 세월이 흐른 후 오늘날 그리스도인들이 경험하는 **세례**, (2) 아직은 바울이 설명하지 않은 것으로, **성령**의 은사를 (최초로, 그리고 그 후 지속적으로) 받는 일에 관한 가르침.

1. **세례.** 오늘날 이 장을 읽게 되는 많은 독자들은 개인적으로 회심을 경험하기 전 **유아기나 청소년 시절**에 세례를 받았으며, 여기서 바울이 말하는 초기 교회의 세례 신자들처럼(그리고 갓 회심한 바울이 믿은 후에 세례를 받은 것처럼, 행 9:18과 22:16을 보라) 헌신한 **신자**로서 세례를 받지 않았다. 이러한 차이—**우리는 흔히 의례적으로** 세례를 받았으며 **그들은**

대체로 믿음으로 세례를 받았다—로 인해 여기 6장에서 바울이 열정적으로 강조하는 바와 같이, 또한 성숙한 태도로 세례를 받는 신자들의 의식에서 일어나는 것처럼, 곧 **세례 가운데** 그리스도와 함께 죽고 부활하는 일은 유아기 때나 인생 초기에 세례받은 신자인 우리로서는 쉽사리 경험할 수 없는 일이 되었다.

예를 들어 나는 아직 어린 중학생 시절에 내가 자라난 성공회 교회에서 한 번의 예식을 치러 세례와 견진성사를 모두 받았다. 하지만 그 예식은 매우 전통적이었으며, 나는 내게 뭔가 특별한 일이 일어나는 것을 전혀 경험하지 못했다. 현대의 많은 그리스도인들은 내가 무슨 뜻으로 말하는지 이해할 것이다. 그러면 의례적으로 세례를 받고 나중에야 회심한 우리는 바울이 6장에서 세례에 대해 말하는 구절을 어떻게 이해할 수 있을까? 본문에서 우리는 우리가 물속으로 잠길 때(**우리는** 이마에 물을 뿌리는 정도에 그치지만) 그리스도의 죽음 및 매장과 하나가 되며, 물에서 올라올 때면(**우리** 이마를 간단하게 수건으로 닦을 때) 그리스도와 함께 일어나 새 삶에 참여하게 된다는 사실을 배운다. 솔직히 말해 우리는 세례받았을 때 믿음으로 그리스도와 함께 **죽고 매장되거나 함께 부활한다**고는 **전혀 생각하지 못했다**. 단지 우리와 우리 부모들이 배워 온 방식을 따랐을 뿐이다. 이 간극을 어떻게 이해해야 할까? 바울의 "세례"라는 말을 "회심"이라는 말로 바꾸어 보면, 본문에서 바울이 말한 "아버지의 영광"롬 6:4이라는 구절을 훨씬 더 잘 이해할 수 있을 것이다. 나는 이 구절이 우리가 다루는 본문에서 바울이 성령에 대해 처음 언급하는 말이라고 생각한다. (요 17:22을 보라, 거기서 예수가 "영광"이라고 말한 것도 역시 성령을 뜻하는 것으로 보인다.) 오랜 세월 교회의 주요 신학자들(현대의 칼 바르트는 예외로 볼 수 있다)은 유아 세례(또는 어린 그리스도인의 세례)를 존중해왔다. 그렇기에 내가 이 뜻 깊은 전통에 문제를 제기하는 것은 분명 내 오해에서 비롯된 것일 수도 있다.

2. **성령**. 이번 장에서 마주치는 두 번째 난점은 바울이 **아직은** 세례—예수의 제자로 사는 삶의 출발점—를 **성령의 은사**와 분명하고 확고하게 결합시키지 않는다는 점이다. 나머지 신약성경 전체를 보면, 성령은 신자들이 세례받을 때 즉시 부어져서 그들이 (칭의를) "믿고" (성화된) 삶을 살아가도록 **돕는 이**가 되신다. 예를 들어 오순절 이후에 첫 신자들에게 베드로가 **성령의 은사**에 대해 약속한 것을 보라(위에서 이번 장을 시작하면서 인용한 행 2:37-42). 그 본문을 여기서 다시 살펴본다.

> 베드로가 이르되 너희가 회개하여 각각 예수 그리스도의 이름으로 세례를 받고 **죄 사함을 받으라. 그리하면 성령의 선물을 받으리니** 이 약속은 너희와 너희 자녀와 모든 먼 데 사람 곧 주 우리 하나님이 얼마든지 부르시는 자들에게 하신 것이라.

이에 비해 바울은 나중에 (중간에 낀 비밀스러운 로마서 7장을 끝내고) 로마서 8장에서 성화의 놀라운 면모에 대해 논하는 중에 성령의 은사를 강조한다. 바울은 그 장엄한 8장의 첫 열일곱 절에서 그리스도인의 삶에 허락된 성령의 은사를 자그마치 열다섯 번이나 언급한다.

처음 성령을 받는 것과 그 후 **지속적으로** 성령을 **받는 것**에 관해 가르치는 본문으로는 특히 바울의 갈라디아서 3:1-3을 보라. 이 본문은—믿는 자들에게 **칭의가 시작**되고[갈 3:2] **성화가 지속**되는[갈 3:5] 일에서—**복음의 말씀**과 **성령의 은사**가 결합되는 경우를 가장 분명하게 보여주는 신약성경 본문이다. 갈라디아 사람들은 거짓 교사들의 가르침을 따랐는데, 이 거짓 교사들에 맞서 바울은 갈라디아 교인들에게 편지를 보내 신자들은 자신들에게 선포된 기쁜 소식을 **믿음으로써** 성령의 선물을 **받았다**

고 가르쳤다. 그런데도 그들은 능력 있는 믿음의 삶을 살기 위해서는 **추가로 영적인 복**을 받아야 한다고 가르치는 거짓 교사들을 따랐다. 하지만 바울은 (공로를 쌓는 우리의 선한 행위가 아니라) 하나님께서 선포하신 기쁜 소식이 최초로 성령의 값없는 선물을 **주었을 뿐만 아니라**, 지금도 계속해서 은사를 **베풀어 준다고** 주장한다. 다시 말해, 우리가 회개와 칭의로 그리스도인의 삶을 **시작했을 때**뿐만 아니라, **그 후에** 제자도와 성화로 이어지는 그리스도인의 삶에서도 계속해서 '**단순한 믿음으로 복음을 받음으로써**' 성령의 값없는 선물을 받는다. **처음** 성령을 받는 일과 더 중요하게는 **지속적으로 성령을 받는 일**에서 바울이 믿음과 행함을 대조하는 고전적 방식에 관해서는 갈 3:1-5와 아래 8장의 끝부분에 실은 부록을 보라.

그리스도인들은 단순한 믿음으로 시작해, 그리스도께서 우리를 위해 하신 일을 계속해서 믿음으로 배우고, 성령에 의해 **지속적으로** 동기를 부여받아 무장하여, **자신의 삶을 성화의 선한 행위로 채우며 살아가게 된다.** 바울은 여기와 뒤에 이어지는 장들에서 이러한 삶을 강조한다. 믿음으로 말미암는 칭의와 성화는 믿음의 선한 행위를 부정하지 **않으며**, 오히려 그러한 선한 행위들에다 성령의 지속적인 동기부여를 제공함으로써 튼튼하게 **세워 준다.** 여기 6장과 이어지는 장에서 볼 수 있듯이, 믿음에 의한 칭의는 신자들을 선한 행위로 채워지는 성화로 이끌어 준다. 우리는 이렇게—신자의 세례와 관련해, 또 말씀을 단순히 믿고 들음으로써 성령을 처음에, 그리고 **지속적으로** 받는 일과 관련해—수정된 두 가지 이해를 따라 이 6장을 현재 우리의 삶에 좀 더 명료하게 적용할 수 있다.

II. 6:1-14의 본문 주해

6:1-2 바울이 앞선 세 장에서 밝힌 것처럼 우리가 하나님과의 완전하게 바른 관계를 선물로—하나님 편에서는 순전한 은혜로, 우리 편에서는 단순한 믿음으로—받는다면, 우리는 어떤 일을 행하려고 **애쓸 필요가 전혀 없으며**, 단지 "행함에 대해 신경 쓸 일" 없이 "믿음으로 사는 것"으로 충분하다고 생각하기 쉽다. 하지만 복음은 그런 식으로 "작동하지" 않는다. 그렇다. 우리는 행함이 아니라 단순한 믿음으로, 하나님과 우리 사이의 완전히 바른 관계를 허락받았으며, 또 그 후로도 영원히 우리의 공로가 아니라 단순한 믿음으로 우리와 하나님의 완전히 바른 관계를 계속 누리게 된다! **그렇더라도** 우리는 은혜로우신 주님에게서, 그리고 여기서는 사도 바울에게서, 우리 안에 역사하는 믿음을 따라 "**이 세상에서 새롭게 용기를 내 예수께 순종하는 삶을 살라**"는 부름을 받는다. 이것이 바로 뒤에 이어지는 장(6장과 8장)에서 우리에게 가르치는 것, 즉 바울의 성화론이다. 우리는 단순한 믿음으로 말미암아 성부 하나님, 성자 그리스도, 보혜사 성령과 살아 있는 관계를 이룰 만큼 변화되었으며, 또 계속해서 그렇게 변화되어 간다. 믿는 그리스도인으로서 우리는 새로운 주인의 소유가 되었으며, 그 안에서 **성화를 이루며** 새로운 삶을 **살아내는** 신나는 특권을 누린다. 이렇게 성화를 이루는 힘은, 그리스도께서 우리에게 **칭의**를 허락하시고 성령께서 우리를 **계속 성화시켜 가는** 사역(8장에서 살펴보게 된다)을 통해 주님께서 우리에게 은혜로 **베푸신 것**이다.

6:3-4 우리가 예수 그리스도를 주Lord와 구원자Savior로 믿고 그분의 교회에 속했을 때, 우리는 세상의 삶의 방식에 대해 "죽었으며", 예수 그리스도께서 세상의 방식에 대해 죽으심을 따라 그분과 함께 묻혔고, 그분의 성령으로 말미암아 부활하여 주님과 성령의 도우심을 따라 이 세

상 속에서 세상을 위해 완전히 새로운 삶을 살게 되었다. 우리는 이미 바울이 이 서신의 서언에서 서술한 것처럼 예수 그리스도께서 "성결의 영으로는 죽은 자들 가운데서 부활하사 능력으로 하나님의 아들로 선포되셨"[1:4]다는 사실을 배웠다. 세례를 받고 회개한 우리도 그 성결의 영에 의해 새로운 삶에로 일으킴을 받았는데, 여기서 바울은 그 영을 가리켜 "아버지의 영광"[6:4]이라고 부른다. 나는 요한복음 17장에서 예수께서 "내게 주신 영광을 내가 그들에게 주었사오니 이는 우리가 하나가 된 것 같이 그들도 하나가 되게 하려 함이니이다"[요 17:22]라고 기도하셨을 때 사도 요한도 역시 예수께서 성령을 가리켜 "영광"이라고 부른다는 것을 알았다고 생각한다. 요한복음에 따르면 예수는 부활하신 직후에 다락방에서 제자들을 만난 것이 확실하며, 거기서 우리는 부활하신 주님께서 제자들에게 말씀하신 것이 무엇이며 그들에게 모습을 드러내신 분이 '어떤 분'(!)인지 알게 된다.

> 이 날 곧 안식 후 첫날 저녁 때에……[부활하신] 예수께서 오사 가운데 서서 이르시되 너희에게 평강이 있을지어다. 이 말씀을 하시고 손과 옆구리를 보이시니 제자들이 주를 보고 기뻐하더라. 예수께서 또 이르시되 너희에게 평강이 있을지어다. **아버지께서 나를 보내신 것 같이 나도 너희를 보내노라**. 이 말씀을 하시고 그들을 향하사 숨을 내쉬며 이르시되 **성령을 받으라**……하시니라.[요 20:19-23]

예수 그리스도께서는 제자들에게 자기 자신을 내어 주실 때 **그에 더해** 자기의 사명도 위임하시며 또 그 사명을 감당하도록 자신에게 있는 **장비—값없는 선물로 주시는 성령**—도 나눠주셔서 그들과 우리가 평생 선교하는 삶을 살아갈 때 보혜사와 돕는 이로 삼도록 하신다. 게다가 예수는 그 성령의 선물을 받기에 **합당한 자격**으로 제자들에게 어떤 **조건**이나 **순종**도 요구하지 않으신다. 예수는 그저 제자들에게 성령을 불어넣으신다. 성령과 관련해 매우 중요한 이 진리는 요한복음 전체와 사도행전에서 분명하게 언급되고 있으며, 뒤에서 살펴볼 로마서 8장에서도 강조된다.

6:5 현대를 살아가는 신자들은 바울의 세례 본문을 다음과 같이 이해할 수 있을 것이다. "만일 우리가 [회개하여] 그의 죽으심과 같은 모양으로 연합한 자가 되었으면 또한 **틀림없이 그의 부활과 같은 모양으로 연합한 자도 되리라**." 믿음의 회개는 완전히 새로운 삶으로 들어가는 문이다. 이때 새로운 삶이란 부활하신 그리스도와 **함께**, 내주하시는 성령의 내적 능력에 **힘입어**, 하늘에 계신 우리 아버지의 돌보심 **아래** 사는 삶이다.

6:6-11 바울은 우리가 **그리스도**께서 우리 주가 되신다는 사실을 받아들였을 때 그와 동시에 **우리를 지배하는 죄**에 대해서도 죽었다는 사실을 강조한다. **"이와 같이 너희도(신자인 수신자들) 너희 자신을 죄에 대하여는 죽은 자요 그리스도 예수 안에서 하나님께 대하여는 살아 있는 자로 여길지어다."**[11절] 예수를 믿는 믿음은 우리를 위에 계신 하나님과 완전히 바른 관계 **안으로** 이끌 뿐만 아니라,[롬 3b-5장] 우리를 억압하는 죄와 사탄의 주권 아래서 우리를 해방하기도 한다. 우리는 실제로 우리를 다스리는 분이 누구인지, 그리고 더 이상 우리를 다스려서는 안 되는 것이 누구 혹은 어떤 것인지 끊임없이 기억할 필요가 있다!

6:12-14 성화에 따르는 첫째 책무는 **"너희 지체를 의의 무기로 하나님께 드리라"**[13절]는 것이다. 손을 활짝 펴서 하나님을 섬기라. 우리는 예수를 단순히 믿음으로써 하나님과 완전히 바른 관계에 이른다(칭의). 다음으로 우리는 단순한 믿음에 허락되는 성령의 은사를 힘입어, 우리 몸과 마음의 여러 "부분" 곧 우리의 "역량들"을 살아 계시는 주님—우리와

함께 하시고 영으로 우리 안에 계시는 주님—께 바쳐서, 세상을 위해 봉사하는 일과 또 우리와 다른 사람들을 공격하고 미혹하는 세상에 맞서 싸우는 일에서 그분께서 사용하시도록 할 수 있다. 예수 그리스도에 대한 믿음은 우리를 위에 계신 하나님과 은혜롭고 **복된 바른 관계**로 세워 줄 뿐만 아니라, 성령께서 주시는 **의의 무기들**로 우리를 무장시켜 하나님을 위해 그리고 우리를 에워싼 죄에 맞서는 전쟁(성화라고 불리는 전쟁)에 나서게 한다. 그리고 바울은 우리가 주님께 이렇게 우리의 역량을 다해 헌신할 때 **"죄가 너희를 주장하지 못하리니 이는 너희가 법 아래에 있지 아니하고 은혜 아래에 있음이라"**고 확증한다.

"은혜 아래에 있다"(이것은 오직 믿음으로 가능하다)는 말은 위에 계신 하나님과 완전히 바른 관계를 이룬다는 것뿐만 아니라, 우리를 에워싼 죄에 맞서 싸우는 도전적 삶을 산다는 것을 뜻한다. 칭의에서 우리는 단순한 믿음으로 **우리 손을 위로 향해 활짝 펴서** 하나님의 은혜인 의로움을 받는다. 성화에서 우리는 밖을 향해 **손을 멀리 뻗어**, 고난을 겪는 세상을 아버지 하나님의 뜻대로 섬긴다(때로는 손을 위로 향해 **곧추세워**, 우리를 에워싼 죄에 맞서 믿음으로 저항한다). 바울은 특히 로마서 8장에서 우리가 이렇게 성화의 섬김과 성화의 저항으로 새롭게 손 내미는 일을 실천할 수 있도록 성령께서 계속 격려하고 무장시키신다고 가르친다. 바울의 칭의론에서 우리의 손은 **위쪽으로** 활짝 펴져 위에 계신 하나님의 은혜를 향한다. 바울의 성화론에서 우리의 손과 역량은 **외부를 향하여** 펼쳐져 자발적 섬김이나 신실한 저항에 참여한다. 그래서 바울은 이렇게 새로이 성화된 손을 뻗어 섬기고 투쟁하는 우리에게 **"죄가 너희를 주장하지 못하리니 이는 너희가 법 아래에 있지 아니하고 은혜 아래에 있음이라"**[14절]고 격려한다. 바울은 순종으로 말미암는 성화가 성령께서 우리 안에서 휘젓는 감사의 우물에서 솟아 나온다고 분명하게 밝힌다.

중간 보설: 예수의 산성설교가 지닌 유사성

바울은 먼저 로마서 3b-5장에서 '은혜의 선물로 이루어지는 칭의'에 대해 가르치며, 그 후에야 로마서 6장과 8장에서 '은혜를 힘입어 순종함으로써 이루어지는 성화'에 대해 가르친다. 이와 유사하게 예수께서도 마태복음 5-7장에 실린 산상설교에서 먼저 자기를 따르는 제자들과 곤경에 처한 사람들에게 은혜롭게 여덟 가지 큰 복으로 **축복**하시며, 이어서 일곱 가지 계명으로 **권면**하신다. 여기서는 바울과 예수의 가르침을 비교하면서, 예수가 선언한 복 가운데 처음 네 가지와 **뒤이어 나오는** 일곱 가지 계명의 핵심 구절을 제시하고, 예수의 **복과 계명들**이—순서와 의미에서—바울의 **칭의와 성화** 가르침과 얼마나 유사한지 살펴본다.

① 예수께서 사역을 시작하면서 선언하신 은혜[칭의]의 복들마 5:3-6

심령이 **가난한 자**는 복이 있나니 **천국**이 그들의 것임이요
애통하는 자는 복이 있나니 그들이 **위로를 받을 것**임이요
온유한 자는 복이 있나니 그들이 **땅을 기업으로 받을 것**임이요
의에 주리고 목마른 자는 복이 있나니 그들이 **배부를 것**임이요

② 뒤이어 예수께서 가르치신 일곱 가지 순종[성화]의 계명들마 5:17-48

내가 율법이나 선지자를 폐하러 온 줄로 생각하지 말라. 나는 그것들을 **완전하게 하려고 왔다**.17절

형제에게 **노하는 자**마다 심판을 받게 된다. 형제와 화목하기 위해 노력하

라.[21-24절]

음욕을 품고 여자를 보는 자마다 마음에 이미 간음하였느니라. 만일 네 오른 눈이 너로 실족하게 하거든 빼어 내버리라.[28-29절]

음행한 이유 없이 **아내를 버리면** 이는 그로 간음하게 함이라. 신실하고자 노력하라.[32절]

아무런 맹세도 하지 말라. 옳은 것은 옳다 말하고 아닌 것은 아니라고만 말하라.[34-37절]

악한 자를 대적하지 말라. 누구든지 네 오른편 뺨을 치거든 왼편도 돌려대라. 다르게 행동하라.[39절]

너희 원수를 사랑하라. 그렇게 해서 하늘에 계신 너희 아버지께서 완전하신 것같이 너희도 **완전하라.**[44-48절]

예수께서는 가난한 우리에게 은혜를 베풀어 복주신다! 이어서 복을 받은 우리에게 삶의 변화를 이루라고 명령하신다. 바울은 로마서 6장에서 이와 유사하게 성화에 대해 가르친다.

Ⅲ. 성화를 구체적으로 실천하는 삶
: 우리의 역량을 하나님께 드림으로[6:15-23]

15 그런즉 어찌하리요. 우리가 법 아래에 있지 아니하고 은혜 아래에 있으니 죄를 지으

리요. 그럴 수 없느니라. 16 너희 자신을 종으로 내주어 누구에게 순종하든지 그 순종함을 받는 자의 종이 되는 줄을 너희가 알지 못하느냐. 혹은 죄의 종으로 사망에 이르고 혹은 순종의 종으로 의에 이르느니라. 17 하나님께 감사하리로다. 너희가 본래 죄의 종이더니 너희에게 전하여 준 바 교훈의 본을 마음으로 순종하여 18 죄로부터 해방되어 의에게 종이 되었느니라. 19 너희 육신이 연약하므로 내가 사람의 예대로 말하노니 전에 너희가 너희 지체를 부정과 불법에 내주어 불법에 이른 것 같이 이제는 너희 지체를 의에게 종으로 내주어 거룩함에 이르라. 20 너희가 죄의 종이 되었을 때에는 의에 대하여 자유로웠느니라. 21 너희가 그 때에 무슨 열매를 얻었느냐. 이제는 너희가 그 일을 부끄러워하나니 이는 그 마지막이 사망임이라. 22 그러나 이제는 너희가 죄로부터 해방되고 하나님께 종이 되어 거룩함에 이르는 열매를 맺었으니 그 마지막은 영생이라. 23 죄의 삯은 사망이요 하나님의 은사는 그리스도 예수 우리 주 안에 있는 영생이니라.

바울은 로마서 6장 후반부에서 성화론을 다루면서 먼저 다음과 같이 질문한다. “**그런즉 어찌하리요. 우리가 법 아래에 있지 아니하고 은혜 아래에 있으니 죄를 지으리요.**”15절 이 질문은 이 장 앞부분에서 바울이 묻는 첫 질문과 거의 같다. “**은혜를 더하게 하려고 죄에 거하겠느냐.**”1절 그리고 여기서 바울의 대답은 앞부분에 나오는 답과 유사하며 확고하다. “**그럴 수 없느니라.**”2절과 15절 그러면서 후반부에서는 이렇게 덧붙인다. “**너희 자신을 종으로 내주어 누구에게 순종하든지 그 순종함을 받는 자의 종이 되는 줄을 너희가 알지 못하느냐. 혹은 죄의 종으로 사망에 이르고 혹은 순종의 종으로 의에 이르느니라.**”16절 우리는 죄의 종으로 살든지 하나님의 종으로 살든지 둘 가운데 하나다. 당신의 주인을 선택하라! “**이제는 너희 지체를 의에게 종으로 내주어 거룩함에 이르라**”19절고 바울은 권한다. 우리의 단순한 믿음을 어여삐 보셔서 당신께 대한 진지한 순종으로 받으시는 은혜로운 하나님, 그 하나님의 충성된 종이 되도록 하자. 우리는 하나님의 **칭의**로 말미암아 신뢰하는 마음으로 **안식**할 수 있으며, 하나님의 **성화**로 말미암아 순종하여 **일어나 나간다**. 그러므로 믿음으로 은혜를 들이마시고 감사함으로 순종을 내뱉어라. 이것이 바울이 3-8장에서 다룬 칭의와 성화 이론의 가장 선명한 의미라고 할 수 있다. 이 새로운 호흡 방식은 은혜롭게도 새로운 삶의 방식, 즉 깊이 있는 삶으로 이어진다. "오직 의인은 믿음으로 말미암아 살리라."롬 1:17c, 합 2:4에서 인용

"죄의 삯은 사망이요 하나님의 은사는 그리스도 예수 우리 주 안에 있는 영생이니라."23절 이 구절에 따르면 바울은 단순한 믿음으로 의롭게 되어 생명에 이르는 일3:21-25a뿐만 아니라 감사함으로 성화의 생명에 이르는 일도 역시 값없는 은사23절라고 믿는 듯하다. 바울은 8장에서 이러한 성령의 값없는 은사를 자세히 다룬다. 공로를 쌓는 행위와는 상관없는 믿음의 삶(칭의론)은 행위를 부정하는 것이 아니라 오히려 **자유롭게 순종하여 행동하는 삶**, 즉 성화의 삶을 **내쉬듯** 살도록 이끈다. 성화의 삶을 내쉬는 것도 칭의의 삶을 들이마시는 것만큼이나 해방감을 안겨 준다. 우리는 단순한 믿음으로 그리스도의 칭의를 **들이마시며**, 단순하게 믿고 순종함으로써 그리스도의 성화를 내뱉는다. 이것이 **삶**의 방식이다! 손을 활짝 펴서 손바닥을 위로 향하게 해보라. 이것이 칭의다. 두 손을 벌려 밖으로 뻗어 보라. 이것이 성화다. 생명을 얻으라!

7:1-25

성화의 실현과 결여

이번 장의 강해는 다음과 같은 구조로 이루어진다.

논란 많은 이 장의 연구에 붙이는 개인적 서언

Ⅰ. 성화의 실현과 결여에 관한 서론적 요약7:1-6

Ⅱ. 율법에 매인 사람들의 삶에서 결여된 성화7:7-13

Ⅲ. 곤경: 자기 자신의 자원에 매달리는 인간7:14-25

보설: 롬 7:14-25을 해석해 온 중요한 역사 자료들

논란 많은 이 장의 연구에 붙이는 개인적 서언

이 서신 가운데서 7장은 초기부터 교회에서 해석하기에 커다란 어려움을 겪었던 장이다. 역사 속에서 신학적으로 큰 비중을 차지했던 몇몇 해석자들은 바울이 여기서 **자신의 삶으로 겪은 영적 투쟁에 관해 말하는 것**이라고 생각했다. 이들은 생애 후기에 펠라기우스파 사람들에 맞서 자기 자신을 돌이키는 글을 썼던 아우구스티누스, 중세 전성기에 활동한 토마스 아퀴나스, 16세기 종교개혁 시대의 루터와 칼뱅, 20세기에 활동한 주요 조직신학자 칼 바르트, 영어권의 주요 주석가로서 로마서를 강해한 찰스 크랜필드 등이다. 이들의 주장에 따르면 사도 바울은 그리스도인 독자들에게 (루터의 유명한 구절을 빌려 말하자면) 진정한 그리스도인은 "의인이며 동시에 죄인"simul iustus et peccator이며, 그렇기에 그리스도인으로 사는 평생 이러한 정체성 문제와 씨름할 수밖에 없다고 가

르친다. 그런데 20세기에 들어와 주요한 신학자 두 사람, 곧 베르너 게오르그 큄멜Werner Georg Kümmel, *Romer 7 und das Bild des Menschen im Neuen Testament*, 1929; 2nd ed. 1974과 귄터 보른캄Günther Bornkamm, *Early Christian Experience*, 5th ed. 1966; 영어 번역본 1969이 이와 상반된 견해를 설득력 있게 주장했다. 이 두 학자의 견해에 따르면, 7장에서 바울은 '믿지 **않는** 사람들의 삶에 그리스도인의 성화가 절실히 필요하다'고 주장한다.

이 장과 관련해 내 개인적 경험이 오늘날의 독자들에게 도움을 줄 수 있기를 바란다. 내가 성서 주석에 대해 가르치고 글을 쓰던 시절 중간쯤에 위에서 방금 언급한 종교개혁의 고전적 신념, 곧 그리스도인들은 바울이 7장에 묘사한 것과 같은 투쟁을 경험한다고 보는 신념을 매우 긍정적으로 받아들게 되었다. 나는 그리스도인이 되고 나서 초기에 '승리하는 삶'과 '제2의 축복' 같은 가르침—회심 단계를 넘어서서 특정한 영적 조건을 성취하고 순종**한다면** 로마서 7장에서 말하는 투쟁을 **극복하고 벗어날 수 있다**고 주장하는 가르침—으로 인해 큰 어려움을 겪었었다. 이렇게 개인적으로 씨름했던 **고통스런 경험**과 그에 수반된 **연구**의 결과로, 종교개혁의 "simul" 개념—신자는 의로운 그리스도인롬 3b-6장이며 그와 **동시에**simul 투쟁하는 죄인롬 7장이라는 가르침—이 훨씬 더 정직하고 겸손한 것이라고 보게 되었다. 여기서 그때 연구했던 경험을 돌아본다.

함부르크 대학교에서 취득한 내 박사학위 논문은 오순절 운동의 성령 세례론을 연구한 것으로, 나중에 『성령 신학: 오순절 경험과 신약성경의 증언』Eerdmans, 1970이라는 제목으로 출간되었다. 성령 세례론은 '승리하는 삶'이라는 가르침을 확고한 정점에 두는 이론으로서, 어떤 사람이 회심 이후에 성령으로 충만케 되었음을 보이는 증거는 그 사람이 자신의 온 삶을 성령 충만을 경험하는 절정의 지점에 굴복시킬 때 나타나며, 이와 더불어 성령 충만 가운데 방언을 말하는 결정적 오순절 **증거**

또한 나타난다고 본다. 나는 이러한 가르침에 문제가 있다고 보았다. 나는 나와 비슷한 경험을 한 그리스도인 독자들이 이러한 배경에 비추어서 로마서 7-8장과 신약성경 전체에서 바울의 가르치는 것을 좀 더 쉽게 이해할 수 있으리라는 바람으로 내가 왜, 그리고 어떻게 성령을 주제로 삼아 연구하게 되었는지를 설명하고자 한다.

내가 선교 사역을 준비하면서 함부르크 대학교에 입학했을 때 내 박사논문을 지도한 선교학 교수 발터 프라이타크Walter Freytag가 내게 가장 연구하고 싶은 주제가 무엇인지 물으셨다. 나는 "제2의 축복"을 가장 연구하고 싶다고 답하며, 그 이유를 다음과 같이 말씀드렸다. 내 인생에 영적으로 큰 영향을 끼친 힘은 캘리포니아 할리우드 제일장로교회의 대학부에서 만난 헨리에타 미어즈 박사의 인격과 가르침이었다. 그 대학부 안에서 예수 그리스도는 나와 다른 많은 대학생들에게 현실이 되었다.[1] 어느 날 미어즈 박사와 사적으로 매우 중요한 대화를 나누던 중에 그가 은밀하게 말해주었다. 그분의 말을 직접 옮기면 이러하다. "나는 하나님의 사람치고 주님과 두 번째 위기를 겪지 않은 사람을 본 적이 없어요." 나는 그 말에 감동받았다! 내가 겪은 바로는, 미어즈 박사는 자신이 이끄는 '그리스도 중심 주일학교'에서는 결코 이렇게 가르친 적이 없었으며, 오히려 여름에 개최하는 '포리스트 홈 대학부 수련회'에 거의 매년 '승리하는 삶' 강사들을 초청했다.

내 기억에 가장 뚜렷하게 남아 있는 강사는 이안 토마스 소령이다. (V. Raymond Edman의 책, *They Found the Secret*을 보라. 이 책은 토마스 소령을 비롯해 대부분의 그리스도인들이 그리스도인의 승리하는 삶과 관련해

1 알린 밀리아조(Arlin C. Migliazzo)가 지은 전기, *Mother of Modern Evangelicalism: The Life and Legacy of Henrietta Mears* (Grand Rapids: Eerdmans, 2020)를 보라.

"발견한 비밀"을 여러 장에 걸쳐 소개한다.) 토마스 소령은 우리 대학생 그리스도인들에게 우리 '밖에' 계신 예수 그리스도를 믿는 것만으로는 충분하지 않다고 가르쳤다. 그리스도인의 삶에 이르는 열쇠는 바울이 갈라디아서에서 "이제는 내가 사는 것이 아니요 오직 내 **안에** 그리스도께서 사시는 것이라"갈 2:20라고 말한 대로 우리 '안에' 계신 그리스도라고 그는 주장했다. 이어서 그리스도께서 우리 안에 사시기 위해서는 우리가 **모든 일에서** 그분께 순복하고, 그리스도의 인격적 내주하심이 일어날 수 있도록 **완전히 순수한** 그릇이 되어야 한다고 가르치면서 "그 이유는 성령은 더러운 그릇을 채우지 않기 때문"이라고 말했다. 그때 내가 포레스트 홈의 수련회장 주위에 있는 산에서 그렇게 순수한 그릇이 되고자 몸부림치며 기도했던 일을 생각하면 마음이 씁쓸하다. 그 일은 굉장히 힘들었다. 나는 내가 성령을 채우기에 합당한 그릇이라고 결코 느낄 수 없었다. 그리고 몇 년 후 마르틴 루터의 『로마서 강해』에 실린 빌헬름 파우크Wilhelm Pauck의 서론[lviii]에서 루터가 옛 수도사 친구인 게오르크 슈펜라인에게 보낸 다음과 같은 글을 읽었다. "친애하는 친구여, 그리스도께 나아가 십자가에 달리신 그분을 배우고, 자네 자신을 내려놓고 그분께 기도하기를 배워서 이렇게 아뢰게나. '주 예수님, 당신은 나의 의로움이시나, 나는 당신의 죄입니다. 주님께서는 당신이 아닌 것을 스스로 담당하시고, 내게는 내가 아닌 것을 주셨습니다.' **친구여, 자네 자신이나 죄인으로서는 엄두도 낼 수 없는 그런 순결함을 바라지 않도록 조심하게. 그리스도께서는 오직 죄인 안에 거하시기 때문이라네.**" 루터의 이 마지막 글귀가 나를 자유롭게 해주었다! 또한 '승리하는 삶' 이론보다 훨씬 더 큰 용기를 주었다. 하지만 이 말도 그릇 이해하면 얼마든지 해를 끼칠 수가 있다.

미어즈 박사(그리고 이안 토마스 소령)에게 받은 도전은 함부르크에서 이루어진 나의 연구로 이어졌다. 내 기억에 따르면, 프라이타크 박사는 "제2의 축복"이라고 불렸던 주제를 연구하려는 내 관심사를 헤아려, 그 당시 세상을 주도하던 선교 운동은 오순절주의였으며, 그 운동에서는 전형적으로 제2의 축복—성령 충만 또는 (다른 이름으로) 성령 세례—을 가르친다고 알려주셨다. 그에 더해 오순절 운동의 성령 이론 및 경험에 관해 연구하고 그 결과를 신약성경의 성령 이론 및 경험과 비교해 보는 것이 어떻겠느냐고 제안하셨다. 나는 그의 제안을 받아들였으며, 그 연구를 통해 천국을 맛보았다!

미어즈 박사는 내가 함부르크에서 할리우드로 돌아오기 1년 전에 세상을 떠나셨다. 하지만 그분은 내가 만난 사람 가운데서 가장 철저하게 그리스도를 중심에 모시고 산 인물이었고, 그런 까닭에 내 박사학위 논문의 결론에 기꺼이 동의하셨을 것이라고 믿는다. 미어즈 박사가 살아 계셨더라면 내 논문의 결론을 다음과 같이 요약해 말씀드렸을 것이다. "미어즈 박사님, 저는 우리가 믿음으로 예수 그리스도를 영접할 때 신성의 삼분의 일이나 삼분의 이만 받는 것이 아니라, 바울이 골로새서에서 말한 대로 그리스도 안에서 '하늘에 있는 **모든** 영적 복을 받으며, **그분** 안에서 우리가 **완성된다**'(골 2:9-10과 엡 1:3을 보라)는 것을 진심으로 믿습니다. 그러므로 성령 **충만**을 받기 위해, 그리스도에 대한 믿음을 뛰어넘어 훨씬 더 깊은 체험을 해야 한다고 가르치는 것은 신약성경에서 정죄한 거짓 가르침들—이 가운데 주요한 것이 할례파 이단입니다—을 되풀이하는 것입니다. 이스라엘의 남성 신자들은 아브라함이 창세기 15장에서 믿음을 체험한 후에 17장에서 또 세례도 받아야 했다는 사실을 알았습니다. 남성 **기독교** 신자들은 1세기의 거짓 교사들에게서 성령 충만한 신자가 되기 위해서는 그리스도에 대한 믿음뿐만 아니라, **그에 더해 순종하는 일**도 필요하다고 배웠습니다. 우리가 그리스도를 믿는 사람들에게 '**그리스도 안에 있는 모든 것을 누리기를 원한다면, 그리스도를 믿는 데서 한 걸음 더 나가 순종하는 것이 꼭 필요하다**'라고 가르친다면 다시 '할례파 이단'에게 속아 넘어가 그릇된 길로 곤두박질치는 것입니다."

나는 박사학위 논문을 준비하면서 오순절 운동에 관한 문헌에서 자주 인용되어 온 제2의 축복 옹호자들을 상당히 많이 알게 되었다. 그들의 가르침을 "오순절 교리와 성령 체험에 관한 현대 신학 자료들"이라는 제목으로 묶어 내 논문의 부록에 실었다. 이 자료에서 다룬 주요 인물은 (연대순으로) 존 웨슬리, 찰스 피니, R. A. 토레이, 앤드류 머레이, A. J. 고든, F. B. 마이어이다. 솔직히 말해 나는 이 영향력 있는 인물들이 대변하고 또 그들 외에 많은 사람과 운동이 주장해 온 '제2의 축복' 이론이 그릇된 가르침이라고 믿는다.

이러한 확신은 지금도 변함없다. 하지만 로마서 7장에 대한 내 견해는 20세기에 베르너 게오르그 큄멜과 귄터 보른캄이 수행한 연구의 영향을 받아 바뀌었다. 이제 나는 크게 존중받는 주류 신약성서학을 따라 바울이 로마서 7장에서 자신의 영적 투쟁에 관해 설명하는 것이 **아님을** 믿는다. 바울은 로마서 3장 후반부에서 6장까지, 그리고 8장에서 예수의 도우심과 성령의 현존에 힘입어 단순한 믿음으로 살아감으로써 영적 투쟁에서 승리한다고 설명한다. **예수를 믿는 우리**는 단순하게 예수를 믿을 때 아버지 하나님과 함께 오시는 성령의 도우심을 받아 죄와 육체와 악마와 끊임없이 씨름하는 싸움에서 승리하게 된다. 이 싸움은 7장 후반부에서 묘사하는 음울한 싸움이 **아니다**. 이 싸움은 3b-6장과 8장에서 묘사하는 것처럼 확신이 넘치는(예수를 의지하는!) 싸움이다. 이제 이 논쟁적인 장을 한 절씩 이어가며 살펴본다.

Ⅰ. 성화의 실현과 결여에 관한 서론적 요약 7:1-6

1 형제들아, 내가 법 아는 자들에게 말하노니 너희는 그 법이 사람이 살 동안만 그를
주관하는 줄 알지 못하느냐. 2 남편 있는 여인이 그 남편 생전에는 법으로 그에게 매인
바 되나 만일 그 남편이 죽으면 남편의 법에서 벗어나느니라. 3 그러므로 만일 그 남
편 생전에 다른 남자에게 가면 음녀라. 그러나 만일 남편이 죽으면 그 법에서 자유롭
게 되나니 다른 남자에게 갈지라도 음녀가 되지 아니하느니라. 4 **그러므로 내 형제들
아, 너희도 그리스도의 몸으로 말미암아 율법에 대하여 죽임을 당하였으니 이는 다른
이 곧 죽은 자 가운데서 살아나신 이에게 가서 우리가 하나님을 위하여 열매를 맺게
하려 함이라.** 5 우리가 육신에 있을 때에는 율법으로 말미암는 죄의 정욕이 우리 지체
중에 역사하여 우리로 사망을 위하여 열매를 맺게 하였더니 6 이제는 우리가 얽매였던
것에 대하여 **죽었으므로** 율법에서 **벗어났으니** 이러므로 우리가 **영의 새로운 것으로
섬길 것**이요 율법 조문의 묵은 것으로 아니할지니라.

7:1-3 그리스도의 "가족"(문자적으로 "형제들"을 뜻하는 아델포이adelphoi를 나는 이렇게 옮겼다)이라면 누구나 복음을 알기 전에는 "바르게 되기" 위해—하나님과 바른 관계를 이루기 위해, 아니면 우리를 지배하는 종교 및 도덕의 계명과 바른 관계를 이루기 위해—**공로 쌓는 일**을 열심히 해야 한다고 믿었음을 잘 안다. 하지만 이제 바울은 그리스도인 신자들이 이러한 굴레에서 어떻게 해방되었는지를 설명하면서 율법에 매인 기혼 여성이 첫 남편이 죽으면 자유를 얻어 다른 남자와 결혼하게 되는 일을 사례로 삼는다. 지금까지 그를 구속해 온 결혼법은 남편이 죽으면 더 이상 그에게 적용되지 않는다. "**그러므로 내 형제들아(가족들아), 너희도 그리스도의 몸으로 말미암아 율법에 대하여 죽임을 당하였으니 이는 다른 이 곧 죽은 자 가운데서 살아나신 이에게 가서 우리가 하나님을 위하여 열**

매를 맺게 하려 함이라."7:4 그리스도인 신자들은 "하나님을 만족시켜야 하는 조건들"에 대해 죽었으며, 하나님 아들을 **통해** 하나님**과** 따뜻한 교제를 이루게 되었다. 그리고 우리는 공로를 쌓는 행위가 아니라 단순한 믿음으로 이 아들을 받았다. 신자들은 놀랍게도 부활하신 예수 및 그의 성령과 결합하여 하나님을 위해 열매를 맺을 수 있게 되었다. 이에 대해서는 8장에서 충분히 다루고 있다.

"이것을 행하라!"고 강조하는 삶은 주로 율법 아래 있는 삶을 가리키며, "예수께서 행하셨다"거나 "다 이루었다"고 말하는 삶은 은혜 아래 있는 삶을 가리킨다. 예수를 믿는 사람들은 하나님의 은혜를 받기 원하면 "행하고 또 행하라"고 압박하는 율법에 대해 죽었으며, 단순하게 믿을 때 은혜를 베풀어 "네가 깨끗하게 되었다"(네가 의롭게 되었다)고 말씀하시는 주 예수 그리스도와 연합함으로써 새로운 삶 속으로 들어간다. 이것이 로마서 3b-6장에서 가르친 중심 교훈으로, 이제 바울은 7장에서 적극적으로 성화의 문제를 다루기 전에 첫 단락7:1-6을 할애하여 앞서 칭의를 다룬 네 장을 요약해서 제시한다. "행하고 또 행하라"고 요구하는 율법 아래 있는 우리의 삶이 성령의 능력으로 예수 그리스도와 교제하는 가운데 이미 완전히 "성취된" 복음 아래 있는 삶으로 변화되었으며, 또 계속해서 그렇게 믿음으로 변화되어야 한다. 우리의 옛 배필인 율법은 죽었으며, 우리는 단순한 믿음으로sola fide 참 은혜로우신 주 예수 그리스도와 결혼했으며,sola gratia 이 모든 일은 오직 그리스도께서solus Christus 우리에게 이처럼 살아 계신 하나님과 단순한 믿음으로 맺는 관계를 은혜롭고 기쁜 소식으로 주셔서 이루어진 일이다. 예수와 그분의 사도인 바울은 "우리가 해야 할 일들"을 정말이지 많이 마련해 두셨다(이에 대해서는 로마서 8장과 12장을 보라). 하지만 그 "일들"은 하나님을 "얻기" 위해서, 또는 그리스도나 성령을 좀 더 온전히 "얻기" 위해서 행해야 하는 일들이 아니다. 오히려 그 일들은 주 예수 그리스도께서 성령을 통해 자기와 나누는 교제를 선물로 주셔서 이미 "이루신 것"을 단순하게 믿고서, 또 그에 감사하는 마음으로 우리가 삶에서 실천해야 하는 일들이다.

7:4 바울은 예수 그리스도께서 우리를 위해 하신 일들에 깊이 감사하면서, 우리에게도 예수 그리스도를 단순히 믿는 것만으로는 하나님의 교제와 능력에 부분적으로만 참여할 수 있다고 오해함으로 "하나님을 만족시켜야 하는 조건들"에 끌려 다니는 삶에서 벗어나라고 요청한다. 이어지는 8장에서 바울이 자세히 설명하듯이, 예수 그리스도 및 그의 영과 나누는 단순하고 진지한 교제 안에서 우리는 "다른 이 곧 죽은 자 가운데서 살아나신 이"에게 속하게 되는데, 그분은 살아 계신 주 예수 그리스도이시며, 바울이 밝히듯이 그분과 나누는 친밀한 교제 안에서 우리는 실제로 "하나님을 위하여 열매를 맺게" 된다.

7:5-6 5절은 7장의 나머지 부분에서 불신자들이 율법에 예속된 형편에 관해 설명한 것을 한 절로 요약해서 소개한 것이다. 그리고 6절은 이어지는 8장에서 신자들이 행함으로 얻는 구원에서 해방된다고 설명하는 것을 한 절로 요약한 것이다. 그런데 적절하게도 바울은 7장 전체에서 이 절에서만 성령에 대해 언급한다. 바울은 힘이 넘치는 8장에서 "성령의 새로운 삶"을 자세히 다루는데, 처음부터 11절까지 성령이 11회 언급되며, 17절까지는 15회, 27절까지는 20회 언급된다. 8장은 정말 "성령 충만한" 장이다. [6절을 제외한] 7장은 "성령이 없는" 장이며(더 이상 성령에 대해 언급하지 않는다), 인간이 자신의 "행위"로 성공적인 삶을 살고자 애쓰는 애처로운 몸부림에 대해 묘사한다. 여기서는 세속적이든 영적이든 "우리가 얽매였던" 모든 율법주의에서 비롯되는 부정적인 삶에 대해 설명한다. 특이하게도 이 장에서는 우리로 하여금 성령

안에서 놀라운 해방에 이르는 삶을 다루는 8장을 준비하게 한다. 8장에서 구체적으로 다루겠지만 "영의 새로운 것으로 섬길"7:6 종이 된다는 말은, 바울이 진지하게 설명하듯이 "공로를 쌓는 행위"로 옛 법을 지키는 종으로 살아본 사람들이라면 그 의미를 분명히 알 수 있다.

II. 율법에 매인 사람들의 삶에서 결여된 성화7:7-13

7 그런즉 우리가 무슨 말을 하리요. 율법[하라는 명령과 하지 말라는 명령]이 죄냐. 그럴 수 없느니라. 율법으로 말미암지 않고는 내가 죄를 알지 못하였으니 곧 율법이 탐내지 말라 하지 아니하였더라면 내가 탐심을 알지 못하였으리라. 8 그러나 죄가 기회를 타서 계명으로 말미암아 내 속에서 온갖 탐심을 이루었나니 이는 율법이 없으면 죄가 죽은 것임이라. 9 전에 율법을 깨닫지 못했을 때에는 내가 살았더니 계명이 이르매 죄는 살아나고 나는 죽었도다. 10 생명에 이르게 할 그 계명이 내게 대하여 도리어 사망에 이르게 하는 것이 되었도다. 11 죄가 기회를 타서 계명으로 말미암아 나를 속이고 그것으로 나를 죽였는지라. 12 이로 보건대 율법은 거룩하고 계명도 거룩하고 의로우며 선하도다. 13 그런즉 선한 것이 내게 사망이 되었느냐. 그럴 수 없느니라. 오직 죄가 죄로 드러나기 위하여 선한 그것으로 **말미암아** 나를 죽게 만들었으니 이는 계명으로 말미암아 죄로 심히 죄 되게 하려 함이라.

"선을 행하라"고 가르치는 율법이 우리 인간에게 주는 **유익**은 다음과 같다. 율법은 우리가 정말 알아야 할 사실을 보여준다. 즉 우리가 진정 선한 사람이 되어야 하고 선한 일을 해야만 하는데도, 실제로는 얼마나 **"철저하게 '행하지 않으며' 또 죄인이고 이기적이며 구원을 필요로 하는 처지에 있는가"**를 보여준다. 율법 자체는 선하다. 하지만 무거운 율법의 지배를 받는 우리는 심각한 문제를 안고 있으며 죄의 포로가 된 인간이다. 율법은 우리에게 다음과 같은 한 가지 큰 도움을 준다(그런데 역설적이게도 이것은 율법의 중요한 목적이기도 하다). 간단히 말해, 율법은 **우리 인간이 얼마나 심각한 문제 거리인지 밝혀 준다**. 율법은 **우리의** 참모습을 폭로한다.

Ⅲ. 곤경: 자기 자신의 자원에 매달리는 인간[7:14-25]

14 우리가 율법은 신령한 줄 알거니와 나는 육신에 속하여 죄 아래에 팔렸도다. 15 내가
행하는 것을 내가 알지 못하노니 곧 내가 원하는 것은 행하지 아니하고 도리어 미워
하는 것을 행함이라. 16 만일 내가 원하지 아니하는 그것을 행하면 내가 이로써 율법이
선한 것을 시인하노니 17 이제는 그것을 행하는 자가 내가 아니요 내 속에 거하는 죄니
라. 18 내 속 곧 내 육신에 선한 것이 거하지 아니하는 줄을 아노니 원함은 내게 있으
나 선을 행하는 것은 없노라. 19 내가 원하는 바 선은 행하지 아니하고 도리어 원하지
아니하는 바 악을 행하는도다. 20 만일 내가 원하지 아니하는 그것을 하면 이를 행하는
자는 내가 아니요 내 속에 거하는 죄니라. 21 그러므로 내가 한 법을 깨달았노니 곧 선
을 행하기 원하는 나에게 악이 함께 있는 것이로다. 22 내 속사람으로는 하나님의 법을
즐거워하되 23 내 지체 속에서 한 다른 법이 내 마음의 법과 싸워 내 지체 속에 있는 죄
의 법으로 나를 사로잡는 것을 보는도다. 24 오호라, 나는 곤고한 사람이로다. 이 사망
의 몸에서 누가 나를 건져내랴. 25 우리 주 예수 그리스도로 말미암아 하나님께 감사하
리로다. 그런즉 내 자신이 마음으로는 하나님의 법을 육신으로는 죄의 법을 섬기노라.

"나는 육신에 속하여 죄 아래에 팔렸도다."[7:14] 이렇게 탄식하는 사람이 8장에서 "예수를 죽은 자 가운데서 살리신 이의 영이 너희 안에 거하시면 그리스도 예수를 죽은 자 가운데서 살리신 이가 너희 안에 거하시는 그의 영으로 말미암아 너희 죽을 몸도 살리시리라"[롬 8:11]라고 말하는 바울

과 같은 사람인가? **"내가 원하는 것은 행하지 아니하고 도리어 미워하는 것을 행함이라."**7:15 이렇게 말하는 사람이 얼마 지나지 않아 "이는 그리스도 예수 안에 있는 생명의 성령의 법이 죄와 사망의 법에서 너를 해방하였음이라8:2라고 말하는 바울과 동일한 사람인가? **"원함은 내게 있으나 선을 행하는 것은 없노라."**7:18 이렇게 말하는 사람이 뒤에서 "육신을 따르지 않고 그 영을 따라 행하는 우리에게 **율법의 요구가 이루어지게** 하려 하심이니라"8:4라고 말하는 바울과 같은 사람인가? **"만일 내가 원하지 아니하는 그것을 하면 이를 행하는 자는 내가 아니요 내 속에 거하는 죄니라.……내 지체 속에서 한 다른 법이 내 마음의 법과 싸워 내 지체 속에 있는 죄의 법으로 나를 사로잡는 것을 보는도다."**7:20, 23 이렇게 말하는 이가 조금 전에 우리에게 **"죄가 너희를 주장하지 못하리니 이는 너희가 법 아래에 있지 아니하고 은혜 아래에 있음이라"**,6:14 그리고 **"오호라, 나는 곤고한 사람이로다. 이 사망의 몸에서 누가 나를 건져내랴."**7:24고 말한 사람과 같은 사람인가?

로마서 7장의 이 단락을 과연 옛 종교를 추종하던 바울이 쓸 수 있었을까? 잘 알려져 있듯이 바울은 과거 바리새인이었던 자신의 삶을 간략하게 요약해서 "율법의 의로는 **흠이 없는 자라**"빌 3:6고 말했다. 로마서 7장은 그리스도인이 되기 이전의 바울을 두고 말하는 것이 아니다. 이 장은 그리스도 밖에 있는 "모든 사람"에 대하여 말한다. 로마서 7장에서 바울은 자신이 헌신적인 바리새인으로서 감당했던 싸움에 관해 설명하는 것이 아니며 또 성령을 받은 그리스도인으로서 자신이 감당하는 싸움에 관해 서술하는 것도 아니다. 이 단락에서는 성령이 언급조차 되지 않는다. 이 장에서 설명하는 것은 "육신"(구속받지 못하고 죄에 매인 인간 본성)과 율법(최고의 이상들) 사이의 싸움이다. 로마서 7장의 이 단락에서 바울은 '도덕과 영적 차원에서 노예가 된 인간'에 관해 설명하는 것이지 로마서 8장에서처럼 '해방되어 성령을 따르는 신자'를 다루는 것이 아니다. 하나님의 법은 모든 인간의 양심 속에 새겨져 있다. (세례요한은 선재하는 말씀이 "사람들의 빛이라"고 가르쳐 주었다. 요 1:4.) 로마서 7장의 이 단락은 "완벽"하고 "탁월"한 인간—판단 기준과 수단, 기술, 결단력, "비법", "비결", "목적"에서 두루두루 완벽하고 탁월한 인간—이 되고 싶어 하지만 **죄에 얽매이고 용서받지 못한 인간**의 내적 갈등을 묘사한다. 이 단락은 예수 그리스도 및 그의 성령과 교제하는 그리스도인이 아니라 자기 홀로 있는 인간을 묘사한다. 마지막으로 바울은 곧 이어지는 로마서 8장을 내다보면서 "**우리 주 예수 그리스도로 말미암아 [구원을 허락하신] 하나님께 감사하리로다**"25절라고 말한다. 이 끔찍한 장에서 4절 이후로는 전혀 언급되지 않았던 바로 그분, "**우리 주 예수 그리스도로 말미암아!**"

보설: 7:14-25을 해석해 온 중요한 역사 자료들

교회의 역사를 살펴서 이 논란 많은 7장을 해석한 주요 견해들을 연대순으로 살펴보자. 오랜 세월을 이어오면서 두드러지게 대비되는 두 가지 관점이 있다는 것을 알 수 있다. (1) 먼저 7장에서는 **그리스도인**을 "의인인 **동시에** 죄인"simul iustus et peccator이라고 설명한다는 관점이 있고, 이에 반해 (2) 7장은 **불신자들**, 곧 자기 힘으로 "의롭게" 되고자 애쓰는 사람들에 대해 설명하는 것으로, 신자들에게서는 이미 그런 씨름이 끝났다고 보는 견해가 있다.

『교부들의 성경 주해』 로마서 편*ACCS*, 6:183이하에서 우리는 초기의 아우구스티누스가 "여기서로마서 7장 언급하는 대상은 은혜를 받기 전 율법 아래 사는 사람이다"라고 언급했음을 확인할 수 있다.Augustine, 183 그러나 아우구스티누스는 이후 행위로 말미암는 의를 주장하는 펠라기우스주의자들과 다투면서 『율리아누스를 반박함』*Against Julian*, 6.23.7에서 다음과 같이 주장했다. 로마서 7장에서 바울이 하는 말은 "현재 은혜 아래 살기는 하지만 여전히 자신의 탐욕과 싸우고 있는 사람의 말이며, 따라서 그 사람은 탐욕에 굴복해 죄를 짓는 것이 아니라 자기가 맞서 싸우는 욕망에 관해 설명하고 있는 것이다." 하지만 펠라기우스는 자신의 『로마서 강해』ACCS, 6:193에서 다음과 같이 주장했다. "은혜는 율법이 해방하지 못한 사람을 해방한다. 그렇다면 그 당시 바울은 아직 하나님의 은혜로 해방되지 못한 것인가? 당연히 그렇다. 이 사실에서 바울이 그리스도인이 아니라 다른 누군가에 대해 말하고 있다는 점을 확인할 수 있다."

루터는 『로마서 강해』1515-1516; LCC 15, 200-201에서 7:7-25 전체를 해석하면서 이렇게 썼다. "사도 바울은 자신의 이름으로 육의 사람이 아니라 영의 사람으로서 말한다. 이는 아우구스티누스가……자기 책에서 펠라기우스파 사람들에 맞서 일관되고 강력하게 주장하는 것과 같다." 루터가 7:17에 대해 설명한 바에 따르면,[212-213] 바울은 7장에서 "영의 사람에게 죄가 남아 있는 까닭은 은혜로 단련하고 교만한 마음을 비우고 건방진 태도를 제어하기 위해서"라고 가르친다. 7:18에서 루터는 "이 [본문]은 결코 육의 사람에게 적용되지 않는다. 육의 사람은 그 안에 하나님의 영이 머물지 않은 까닭에 인격 전체가 육일뿐이다"라고 주장한다.[205] 마지막으로 7:22-23에서 루터는 이렇게 말한다.[207] 이 본문은 "[바울이] 상반되는 두 법 사이에서 싸우는 사람으로서 말하고 있음을 보여준다." 그리고 "누구나 알다시피 그 사람은 육의 사람 안에서 일어나는 갈등이나 불평 따위에는 전혀 흔들리지 않는다."

장 칼뱅은 『로마서와 데살로니가서 주석』1556:3, 146-147에서 다음과 같이 말했다. 로마서 7:14을 시작하면서 바울은 "**거듭난 사람**인데도 그 속에 주님의 법을 거부하는 육신의 잔재가 남아 있는 사람을 예로 제시한다.……따라서 그 의미는 '율법은 흠이 전혀 없고 하늘에 속하며 천사와 같은 의를 요구한다'는 것이다.……그런데 나는 육신에 속한 사람이요, [그 율법]에 맞서 싸우는 일밖에 할 줄 모른다." 그 뒤를 이어 **경건주의**에서는 종교개혁자들이 로마서 7장에 관해 가르친 내용은 영적이거나 교훈적인 면에서 충분하지 못하다고 보았다.

다음으로 20세기에 로마서 7장의 해석자로서 가장 큰 영향을 끼친 인물인 베르너 게오르그 큄멜의 『로마서 7장과 신약성경의 인간상』Kümmel, 1929, 1974 서론1-4쪽에 나오는 그의 주요 주장을 살펴보고자 한다. 아우구스티누스에서 종교개혁으로 이어지는 전통적 견해에서는 로마서 7장을 "그리스도인이 된 바울의 자기 고백"이라고 이해했으며, "따라서 종교개혁자들은 그리스도인들이 이 장에서 자신이 '의인인 동시에 죄인'simul iustus et peccator이라는 사실을 배울 수 있어야 한다고 가르친데 반해, 경건주의는 신자들에게 '죄를 지을 수밖에 없는 상태'non posse non peccare에 있다고 가르치게 될 도덕적 위험성을 보았다." 그러나 큄멜은 로마서 6:14과 7:6을 하나로 묶어서 보면 바울이 그리스도인의 삶에 대해 지녔던 근본적인 확신을 가장 잘 요약하고 있다고 확신했다.Kümmel, 7, 13, 97 아래에서 그 두 절을 살펴본다.

> 죄가 너희를 주장하지 못하리니 이는 너희가 법 아래에 있지 아니하고 은혜 아래에 있음이라.롬 6:14

> 이제는 우리가 얽매였던 것에 대하여 죽었으므로 율법에서 벗어났으니 이러므로 우리가 영의 새로운 것으로 섬길 것이요 율법 조문의 묵은 것으로 아니할지니라.롬 7:6

큄멜은 이렇게 말한다.[Kümmel, 104] "그리스도인에게는 '성령을 따라' 사는 삶이 정상이며, 그리스도인이라면 누구나 모시는 성령이 그리스도인으로 하여금 언제나 '몸의 행실을 죽일 수 있게' 해준다.[롬 8:13] 그런데 로마서 7:4-25에서 묘사하는 인간은 이러한 능력이 없다. 그는 죄의 노예이며 해방자를 알지 못한다." 또 큄멜은 다음과 같이 요약한다.[105] "따라서 그리스도인들은 성령 안에 있으며, 그에 합당하게 살아야 할 의무와 더불어 그렇게 살 가능성을 지닌다. 로마서 7장의 인간이 이런 가능성을 지니지 **못한다는** 사실은 이미 [로마서 7장에서] 드러나 있다." 큄멜의 결론에서는 갈라디아서 5:16-18이 결정적인 역할을 한다.

> 너희는 성령을 따라 행하라. 그리하면 육체의 욕심을 이루지 아니하리라. 육체의 소욕은 성령을 거스르고 성령은 육체를 거스르나니 이 둘이 서로 대적함으로 너희가 원하는 것을 하지 못하게 하려 함이니라. 너희가 만일 성령의 인도하시는 바가 되면 율법 아래에 있지 아니하리라.

이어서 큄멜은 마지막으로 다음과 같이 묻고 답한다.[Kümmel, 107] "유일하게 남은 물음은 다음과 같다. 7:14 이하에서 바울이 설명하고자 애쓰는 것은 무엇인가? 여기서 묘사하는 인간은 죄의 노예로서, 인간으로서는 구원받을 방도를 전혀 알지 못하는 사람, 자기가 원하는 것을 **행하지 않을** 뿐만 아니라 **행할 수도 없는** 사람이라는 것이 확실하다." 큄멜은 로마서 7:14 이하의 본문을 다루는 글 끝부분에서 다음과 같이 확고하게 주장한다.[Kümmel, 117] "우리는 로마서 7:7 이하 부분을 바울의 자기 이해라고 보는 견해에 반대하는 주장을 아래와 같이 간략하게 제시할 수 있다. 첫째, 7:7-13을 바울의 경험이라고 보기 어렵다. 둘째, 7:14 이하를 바리새파 사람인 바울에게 돌리기가 불가능하다(빌 3:6에서 바울이 자기 자신을 바리새인으로 묘사하면서 '율법의 의로는 **흠이 없는 자라**'고 말하는 것을 보라). 그리고 셋째, 7:7 이하와 7:14 이하 사이에 튼튼한 결속이 이루어지고 있다. 마지막으로 8장과 연결되어 있다. 이 모든 사실에서 다음과 같은 하나의 결론이 나온다. 우리는 로마서 7:7-24을 바울의 자전적인 설명이라고 보는 것을 포기해야 한다. 따라서 오직 한 가지 가능성만 남는다. 바울이 사용하는 일인칭 용법을 글의 문체로 보아야 한다는 것이다." 7장에서 바울이 묘사하는 사람은 **비**그리스도인이요 율법 아래 있는 인간이다.

다음으로 현대의 주요 주석가들이 로마서 7장을 이해한 글을 몇 가지 살펴본다. 안더스 니그렌은 로마서 7장에서 바울은 "진정한 의미에서 자신의 삶에 문제가 되는 쟁점을 다룬" 것이라고 보았으며,Nygren, 279 나아가 이렇게 말한다.[292] "따라서 결론은 **7:14-25이 그리스도인이 되기 전의 삶을 가리키지 않는다는 것**이다.……그 본문은 **그리스도인의 삶**을 다루고 있다."

20세기 루터교 출신 마르틴 루터의 주요 해석자인 파울 알트하우스Paul Althaus, 그의 고전적 저술 『마르틴 루터의 신학』을 보라는 그의 주석 69-70쪽에서 다음과 같이 썼다—그가 루터교 신자임을 고려할 때 참 놀랍다.—"여기서14절 이하 바울이 말하는 사람은 예수 그리스도가 없고, 세례를 받지 않았으며, 하나님의 영도 없는 사람이다.……그리스도인의 삶에서도 흔히 발견되는 갈등('그리스도께서 너희 안에 계시면 몸은 죄로 말미암아 죽은 것이나 영은 의로 말미암아 살아 있는 것이니라'고 말하는 롬 8:10을 보라)은 여기 7장에서 말하는 갈등과는 전혀 다른 것이다. [여기서 말하는] 그리스도가 없는 사람 속에서는 '마음'7:23과 '육신'이 서로 다툰다. 그리고 그리스도를 모신 사람 속에서는 '영'과 '육신'이 서로 싸운다[8장의 여러 곳을 보라]."

권터 보른캄은 『초기 그리스도인의 경험』Early Christian Experience, 101에서 다음과 같은 확신을 표명한다. 로마서 7장에서 "울부짖는 인간은 아직 성령을 받지 못한 인간이며, 따라서 과거의 '나'에 갇혀 있는 인간이다. 한편, 로마서 8장에서 탄식하는 인간은 성령을 받은 인간이요, 따라서 갈망과 한숨 속에서 미래를 바라보는 인간이다. 장차 이루어질 일의 보증이 되시는 성령은 그 사람과 미래를 이어 준다."

에른스트 케제만은 "로마서 6장과 8장에 따르면 여기[롬 7장]에서 언급되고 있는 것이 이미 그리스도인들에게 이루어졌다"고 단언한다.Käsemann, 200

빌켄스는 다음과 같이 확고하게 주장한다.Wilckens, 2:92 "로마서 6장을 보면, 세례받은 사람은 자신이 자기 몸과 그 모든 지체와 더불어 '**그리스도 예수 안에**' 있다는 사실을 깨달으며, 그렇게 채비를 갖추고는 자기를 공격하는 새로운 죄에 맞서 싸우도록 부름 받고, 더 나아가 그 싸움을 **감당할 수 있게 된다**. 그러나 여기[로마서 7장]에서는 정반대로 죄가 '나'를 철저히 지배하고 완전한 승리를 거두었다." 이와 유사하게 116쪽에서 빌켄스는 로마서 7장이 그리스도인이 되기 이전 사람에 대해 말한다고 주장한다(빌켄스가 2:97 n.402에서, 크랜필드의 해석에 대해 비판하는 것을 보라). 빌켄스는 주석의 결론2:116 부분에서 이렇게 말한다. "그러므로 **로마서 7장의 '나'**는 자신이 처한 **실제** 상황을 인식할 필요가 있다. 정확히 말해, 나는 [선한 삶을] 성취하게 해줄 것 같은 행위들을 실천하고자 애쓰지만 실제로는 나 자신을 절망적으로 땅바닥에 내동댕이치는 형편에 있다. 그런데 이에 대응해 **신자들은** 다음과 같은 구체적인 확신을 지닌다. 나는 [내 힘으로 완전하게 행하여야 한다는] 절박한 의무에서 **해방**되었는데, **이미 그리스도께서** 이런 환상에서 나를 풀어주셨기 때문이다."

슈툴마허는 이렇게 말한다.[Stuhlmacher, 116] "바울에 따르면 그리스도인은 '의인인 동시에[simul] 죄인'이 아니긴 하지만, '의로우면서도 동시에 유혹에 쉽게 넘어갈 수 있으며' 영원한 영광에 들어갈 때까지는[빌 3:20-21 참조] 이런 모습을 이어가게 된다."

존 스토트는 칼뱅이 15절을 주석하면서 "이것이 바울이 갈라디아서 5:17에서 말하는 바, 그리스도인이 육신과 성령 사이에서 벌이는 싸움이다"라고 주장한 데 대해 문제를 제기한다.[Stott, 208] 스토트는 이렇게 묻는다. "정말 그러한가? 갈라디아서 5장은 성령 안에서 행하는 사람들에게 지금 승리를 약속한다. 그에 반해 로마서 7장은 궁극적 해방에 대한 확신을 표명하기는 하지만,[25절] 끝없는 패배만을 말한다." 이어서 스토트는 다음과 같이 결론 짓는다.[Stott, 209] "그리스도인의 정상적인 삶에 관한 설명을 보기 원한다면 로마서 8장에서 찾을 수 있을 것이다. 로마서 7장은 율법에 집중하면서 성령은 다루지 않는 까닭에 그리스도인의 정상 상태를 묘사한다고 볼 수 없다."

더글러스 무는 이렇게 결론을 내린다.[Moo, 448-449] "로마서 7:14-25에서 묘사하는 상황은 '정상적인' 그리스도인이나 미숙한 그리스도인의 상황이라고 볼 수 없다.……저울추는 이 구절들에 나오는 '나'[에고(egō), 인칭대명사 "나"]를 거듭나지 않은 사람이라고 해석하는 쪽으로 기운다." 이어서 그는 이렇게 말한다.[Moo, 454] "로마서 6장이 우리에게 그리스도인은 '죄의 권세 아래' 있다고 말할 수 있게 해주는지 묻고 싶다.……사실, 그 장에서 바울은 정반대로 말한다. 그리스도인은 '죄에 대하여 죽었으며'[2절] 따라서 더 이상 '죄의 종'이 아니다."[18, 22절]

로버트 쥬윗은 이 장에서 바울이 말하는 그리스도인의 싸움을 어떻게 볼 것인가에 관한 논의를 마치면서 다음과 같이 결론 내린다.[Jewett, 466] "이러한 해석에(simul에 관한) 따르는 주요 장애물은 로마서 6:4-7,

11-14, 17-19과 12-16장에 나오는 모순된 내용들과 여러 서신에 나오는 윤리적 가르침들인데, 이 윤리적 가르침들에서는 바울이 그리스도인의 윤리를 성취 불가능한 것이라고 믿었다는 암시를 전혀 볼 수 없다. 현대 그리스도인의 윤리가 안고 있는 딜레마를 정직하게 다루기 위해서는 바울의 서신들이 윤리적 변화에 대한 기대를 담고 있다는 증거를 무시해서는 안 된다."

C. E. B. 크랜필드는 다음과 같이 확신한다.Cranfield, 346 "23절과 25b절에 나오는 '마음'누스(nous)이라는 말과 22절에 나오는 '속사람'이라는 말에서, 우리는 하나님의 영에 의해 새로워진 인간의 자아는 아직 회심하지 않은 상태에 있는 인간의 자아나 그 자아의 일부가 아니라는 사실을 분명히 인식해야 한다. 사실 여기서 묘사하는 심각한 싸움은 오직 하나님의 영이 현존하고 일하는 곳에서만 일어날 수 있다(갈 5:17을 참조하라)." 또 "14절부터……바울은 특히 그리스도인들에 관해 [그리고] 참 그리스도인의 특성인 내적인 갈등에 관해 다룬다. 그 갈등은 성령께서 내주하여 활동하는 사람, 복음의 규율에 따라 정신이 새로워진 사람 안에서만 일어날 수 있는 것이다."Cranfield, 341 "[그리스도인은] 하나님의 영으로 새로워질수록, 자기 삶을 지배하는 죄의 권세에 대해 더욱 민감하게 되고, 또 자신이 행하는 최선의 행위들조차도 여전히 자기 안에 굳건히 자리 잡은 이기심으로 말미암아 훼손된다는 사실을 더욱 분명히 깨닫게 된다."342 그래서 크랜필드는 "여기[7장]에 등장하는 것과 같은 심각한 싸움은 하나님의 영이 현존하고 일하는 곳에서만 일어날 수 있다"고 확신한다.346, 또 358을 참조하라 요컨대 크랜필드는 다음과 같이 주장한다.Cranfield, 356 "7장과 8장이 분명한 긴장 관계에 있을지라도 우리가 그 두 장을 확고하게 하나로 묶어서 이해하고 나아가 그 두 장에서 두 개의 연속적 단계를 보는 것이 아니라 두 개의 서로 다른 측면을 볼 수 있

을 때, 다시 말해 그리스도인들이 육신으로 사는 동안은 삶 속에 계속 공존하는 그 두 가지 실재를 볼 수 있을 때에야" 비로소 우리는 바울을 바르게 이해할 수 있다. 이와 비슷한 견해로는 던Dunn, 1:388-413과 에드워즈Edwards, 190-195의 글을 참고하라.

로마서 7장에 나오는 이해하기 힘든 "나"가 그리스도인이냐 비그리스도인이냐라는 문제와는 별개로, 8장으로 넘어가면 우리는 완전히 새로운 세상 속에 서게 되고, 완전히 새로운 강조점에 따라, 완전히 새롭고 다른 유형의 사람들을 마주하게 된다.

8:1-39

성화의 열쇠

: 예수 그리스도를 믿는 사람의
삶 속에 계시는 성령

구약 속에 풍성하게 약속된 새 언약은 다음과 같다.

그 날 후에 내가 이스라엘 집과 맺을 언약은 이러하니 곧 내가 나의 법을 그들의 **속에** 두며 그들의 마음에 기록하여 나는 **그들의** 하나님이 되고 그들은 **내** 백성이 될 것이라.렘 31:33

새 영을 너희 **속에** 두고 새 마음을 너희에게 주되 너희 육신에서 굳은 마음을 제거하고 부드러운 마음을 줄 것이며 또 내 영을 너희 **속에** 두어 너희로 내 율례를 **행하게 하리니** 너희가 내 규례를 지켜 행할지라.겔 36:26-27

로마서 8장에 대한 해석은 다음과 같은 구조로 이루어진다.

Ⅰ. 성령의 임재로 이루어지는 그리스도와 그리스도인의 교제8:1-17

① 우리 안에 계시는 성령에 대한 서론8:1-8

② 우리 안에 계셔서 생명을 주시는 성령8:9-11

③ 우리 안에 계셔서 양자 삼으시고 싸우시는 성령8:12-17

Ⅱ. 장차 모든 피조물이 누릴 영광을 바라보는 그리스도인의 삶8:18-30

Ⅲ. 정점: 우리 주 예수 그리스도 안에 나타난 하나님의 크신 사랑8:31-39

부록: 신약성경에 나오는 성령의 은사 개관

I. 성령의 임재로 이루어지는 그리스도와 그리스도인의 교제 8:1-17

① 우리 안에 계시는 성령에 대한 서론 8:1-8

1 그러므로 이제 그리스도 예수 안에 있는 자에게는 결코 정죄함이 없나니 2 이는 그리
스도 예수 안에 있는 생명의 성령의 법이 죄와 사망의 법에서 너를 해방하였음이라.
3 율법이 육신으로 말미암아 연약하여 할 수 없는 그것을 하나님은 하시나니 곧 죄로
말미암아 자기 아들을 죄 있는 육신의 모양으로 보내어 육신에 죄를 정하사 4 육신을
따르지 않고 그 영을 따라 행하는 우리에게 율법의 요구가 이루어지게 하려 하심이니
라. 5 육신을 따르는 자는 육신의 일을, 영을 따르는 자는 영의 일을 생각하나니 6 육신
의 생각은 사망이요 영의 생각은 생명과 평안이니라. 7 육신의 생각은 하나님과 원수
가 되나니 이는 하나님의 법에 굴복하지 아니할 뿐 아니라 할 수도 없음이라. 8 육신에
있는 자들은 하나님을 기쁘시게 할 수 없느니라.

이제 한 절씩 살펴보자.

8:1 바울의 용어에서 "그리스도 예수 **안에**" 있다는 말은 우리 일평생 그리스도 예수와 **교제**하고 **동행**하며, **우정**을 나누면서 **나란히** 걷는다는 것을 뜻한다. "**정죄함이 없나니**"라는 말은 우리를 위협하는 혹독한 심판이 없으며, 살아 계신 하나님에게서 더 이상 분리되는 일도 없다는 것을 의미한다. 다시 말해 우리가 하나님과 완전히 바른 관계에 있다는 것을 뜻한다. "우리는 집에 이르렀다!"

8:2 여기서 바울은 놀랍게도 **단수형** "너"(그리스어 세[se], 그래서 나는 "개별 신자인 너"라고 옮긴다)를 사용하는데, 그 의도는 바울이 서신의 이 부분에서 청중으로 삼고 있는 이들에게 매우 구체적이고 인격적으로 다가가 소통하려 한다는 점을 분명히 밝히려는 것이다. 바울은 여기서

"일반적인 진리들"을 제시하지 않는다. 그는 하나님의 아들 예수 그리스도와 "연합한" 사람들 개개인을 향한 하나님의 인격적인 사랑을 가능한 한 명료하게 드러내려고 한다. 옛 율법에서는 우리가 하나님과 교제하도록 하기 위해 "너는 이것을 **해야** 한다"라고 가르쳤다. 하지만 "생명을 주시는 성령의 **새** '율법'"에서는 "**네게** 다 이루어졌다", "끝났다", "너는 집에 도착했다", "옛 법이 네게 완성되었다"라고 가르친다. 이제 당신은 하나님께서 그리스도의 삶을 통해, 특히 그리스도께서 당신을 위해 당한 고난과 죽음과 부활을 통해, 당신을 위해 하신 일을 단순히 믿음으로써 하나님과 완전히 바른 관계를 누리며 산다. 이제 8장에서 바울은 아름답게 덧댄 "삼위일체적" 진리를 신자들에게 가르친다. 그 진리란 신자들이 예수 그리스도를 단순히 믿음으로 하나님과 교제를 이룰 때면 하나님의 아들 예수 그리스도를 통해 살아 계신 하나님 아버지께 나아가 따뜻한 우정을 나누게 될 뿐만 아니라, 그리스도와 더불어 하나님의 성령이 베푸시는 인격적 현존과 교제를 누리게 된다는 것이다. 이때 성령은 모든 신자의 삶 속에 거룩하게 자리 잡으며 그 결과 신자들은 이러한 내적 은사를 힘입어 권세 있는 삶을 살 수 있게 된다. 이렇게 "생명을 주는 성령"은 "그리스도 예수와 교제"를 이루어 사는 모든 사람 속에 현존한다. 아버지 하나님께서는 우리 위에 계시며, 아들 하나님은 우리 곁에 계시고, 성령 하나님은 우리 안에 계신다.

본문에서 바울이 사용하는 독특한 말인 단수형 '너'그리스어로 세(se)에 대해 크랜필드가 제시한 다음과 같은 평가가 도움이 된다.Cranfield, 377 "이렇게 2인칭 단수[se]를 사용한 것이 매우 의외이며, 또 여기서 단 한번 나온다는 점에서 특히 흥미롭다. 바울은 자기가 (중요한 그리스어 과거시제 [동사 '너를 해방하였음이라']를 사용해) 언급하는 진리가 중대하고 놀라운 것임을 잘 알았으며, 그래서 로마 교회의 모든 신자도 이 구절에서 말하고 있는 내용이 실제로 자신들 각자에게 개인적이고 구체적으로 적용되는 것이라는 점을 분명하게 깨닫기를 원했던 것으로 보인다." 피츠마이어도 역시 다음과 같이 지적한다.Fitzmyer, 480 이 장 이전에 "바울은 이 서신에서 지금까지 성령을 단 세 차례 언급했다."1:4와 5:5, 7:6 그런데 이 장으로 들어와 전반부에서 거의 한 절 건너 한 번씩 성령을 언급한다.

8:3-4 "[오랫동안] 상주해온 훼방꾼인 죄가 새로이 내주하여 돕는 분이신 성령으로 대체된다."Keck, 200 옛 법은 우리가 **무엇을** 해야 하는지 알려주지만, 우리는 스스로 그 일을 **할** 힘이 없었다. 그래서 하나님은 당신의 아들에게 참 육신으로 된 우리 인간성을 입혀서(하지만 그 인간성이 지닌 죄에는 굴복함이 없이) 보내셨는데, 그 목적은 우리를 **대신하여** 율법을 완벽하게 지키고 **죽도록**—자신을 **우리와 우리 죄에 대한** 희생제물로 바치고, **우리 대신** 대속물이 되게—하기 위해서였다. 그리고 마침내 **그리스도는 죽은 자들 가운데서 살아나셨으며**, 그렇게 해서 그가 우리 신자들을 위해 행하신 역사적이고 대리적인 행위들의 진정성을 입증하고 보증했다. 그리고 최종적인 목적은 "육신을 따르지 않고 그 영을 따라 행하는 **우리에게**[!] 율법의 요구가 이루어지게 하려 하심이니라."4절 예수 그리스도께서 우리를 위해 행하신 모든 일의 목적은 이제 **우리 신자들이** "그 영을 따라 행하"고 그래서 "율법의 요구가 이루어지게" 하는 것이다. 우리 신자들은 세상을 구원하시려는 **하나님의** 커다란 계획의 일부다. 참으로 놀라운 영예다! 그런데 이제 바울이 신자들의 의식 속에 특별히 심어 주기 원하는 주요한 진리는, 우리가 "육신을 따르지 않고 그 영을 따라" 행할 때 "율법의 요구가 이루어지게" 할 **능력을 지니게 된다**는 것이다. 바울이 우리에게 가르치기를 원하는 것은 예수 그리스도를 믿는 우리 모두는 우리 안에 살아 계시고 일하시는 성령과 **동행할 때** 우리는 이 놀라운 과업을 위한 **채비를 갖추게 된다**는 점이다.

바레트는 복잡한 3절 후반부를 다음과 같이 탁월하게 번역해 제시했다.Barrett, 144, 147 "하나님은 당신의 아들을 죄의 법칙에 굴복한 육신의 형태로 보내셔서 죄를 다루심으로써 육신의 죄를 정죄하셨다." 바레트는 바울의 본문을 이렇게 해석했다. "그리스도는 우리 자신이 지닌 것과 동일한 타락한 본성을 취하셨는데……계속해서 죄에 대한 성향을 극복하신 까닭에 죄 없는 상태를 유지하셨다." 예수는 우리에게 오셔서 우리를 위해 **대리적 죽음**을 당하셨을 뿐만 아니라, 우리에게 나누어주시는 **대리적 삶**을 성취하셨다. 빌켄스의 주장에 따르면, 바울은 6장에서 가르친 내용과 유사하게 여기 8장에서 신자들이 율법**으로부터** 해방된 결과 그 율법을 법적으로가 아니라 영적으로 성취할 수 있게 되고, 또 그렇게 성취할 의무를 지게 된다고 가르친다.Wilckens, 2:119 "육신을 따르지 않고 그 영을 따라 행하는 우리에게 율법의 **요구**가 이루어지게 하려 하심이니라."4절

8장에서는 성령의 **구원 사역**을 아주 상세하게 다룬다. 3장의 끝부분에서는 **예수 그리스도의 구원 사역**을 다루었는데, 이는 다음과 같이 요약할 수 있다. "당신은 예수 그리스도를 단순히 믿음으로써 값없이 본향에 이르렀고, 하나님과 완전히 바른 관계를 이루었다!" 이제 8장의 서언에서 바울은 살아 계신 하나님께서 당신의 아들 예수 그리스도의 인격과 사역 안에서 우리를 **위해** 일하신다는 사실뿐만 아니라, 그처럼 크신 하나님께서 성령의 인격과 사역을 통해 우리 **안에** 살기 원하신다는 점을 가르친다. 이루 헤아릴 수 없는 특권이다!

여기서는 믿는 사람들에게 이처럼 내주하시는 성령을 **모시기 위해** "마땅히 해야 할 일을 행하라"고 요구하지 않는다. 이 장에서는 믿는 사람들에게 복음을 따라 아주 단순하게 성령의 내적 교제를 **누리기**만 하라고 요청하는데, 이 교제는 예수 그리스도를 단순히 믿을 때 값없는

선물로 허락된 것이다.[2] 예수께서 고난당하신 주말이 지난 후 베드로가 처음으로 선포한 복음을 듣고서 "마음에 찔려"하는 청중에게 그가 했던 오순절 설교를 생각해 보라. 죄를 지적받은 청중은 베드로와 다른 사도들에게 큰 소리로 "형제들아, 우리가 어찌할꼬"행 2:37라고 외쳤다. 베드로가 삼위일체 형태로 제시한 답은 아주 명료하여 모범이 될 만하다. "너희가 회개하여 각각 **예수 그리스도의 이름으로** 세례를 받고 죄 사함을 받으라. 그리하면 **성령의 선물을 받으리니** 이 약속은 너희와 너희 자녀와 모든 먼 데 사람 곧 **주 우리 하나님**이 얼마든지 **부르시는 자들**에게 하신 것이라."행 2:38-39 예수 그리스도의 복음을 믿을 때 우리는 **위에 계시는** 아버지 하나님과 화해를 이루며, 우리 **곁에** 계시는 아들 하나님을 **통해 죄 용서**를 받을 뿐만 아니라, **우리 안에** 계셔서 우리가 그리스도인으로 살아갈 미래의 삶을 도우시는 성령 하나님의 값없는 선물도 받게 된다. 여기 8장에서 가르치는 **우리 안에 계시는** 성령의 현존이라는 진리는 우리를 **위한** 아버지의 사랑과 **우리를 대신한** 아들의 희생이라는 진리만큼이나 귀하다.

8:5-8 성령은 신자들을 감동시켜 출애굽기 20장과 신명기 5장의 십계명에서 아름답게 요약되고, 예수의 산상설교마 5-7장에서 매우 실제적이고 현실적으로 제시된 **하나님의 율법을 지키려는 마음을 불러일으킨다.**

2 나는 여기서 "복음을 따라"라는 말을 사용했는데, 특정 영역에서는 이 말과 이와 연관된 용어들(복음적, 복음주의)이 오늘날의 정치적 함의로 인해 혐오의 대상이 되고 있다는 사실을 잘 알고 있다. 「뉴욕 타임스」의 저명한 칼럼니스트인 니콜라스 크리스토프가 "목사님, 백인 복음주의가 구원받을 수 있을까요?"(2020년 12월 20일)라는 제목의 멋진 사설을 썼다. 사설은 짐 월리스 목사와 나눈 사려 깊은 대화를 담고 있는데, 크리스토프는 그를 크게 존경받는 기독교 목사이자 정의 활동가로 소개했다. 지금까지 나는 그 짧은 글만큼 "복음주의적"이라는 말이 구원받을 길을 의미 있게 제시한 사례를 본 적 없다. 크리스토프의 논평은 대다수 복음주의 그리스도인들의 확신을 대변한다.

신자들이 하나님의 율법을 지키기 원하는 까닭은 하나님의 호의를 얻기 위해서가 아니라 하나님께서 아들과 성령을 통해 우리에게 매우 은혜롭게 당신 자신을 주셨음을 **진심으로 감사**하기 때문이다. 그래서 우리는 어떻게 우리 삶으로 하나님을 기쁘시게 해드릴 수 있는지를 알기 원한다. 우리는 **하나님께서 주신 값없는 선물**에 깊이 감사하면서 **하나님의 선하신 뜻**을 따라 살기를 원한다. **"육신을 따르는"** 삶은 세상의 방식을 따르는 삶이다. **"영을 따르는"** 삶은 내주하시는 성령께서 계속해서 깨우치는 명령을 따라 사는 삶이다.

② 우리 안에 계셔서 생명을 주시는 성령8:9-11

[9] 만일 너희 속에 하나님의 영이 거하시면 너희가 육신에 있지 아니하고 영에 있나니 누구든지 그리스도의 영이 없으면 그리스도의 사람이 아니라. [10] 또 그리스도께서 너희 안에 계시면 몸은 죄로 말미암아 죽은 것이나 영은 의로 말미암아 살아 있는 것이니라. [11] 예수를 죽은 자 가운데서 살리신 이의 영이 너희 안에 거하시면 그리스도 예수를 죽은 자 가운데서 살리신 이가 너희 안에 거하시는 그의 영으로 말미암아 너희 죽을 몸도 살리시리라.

크신 하나님께서 전혀 가치 없는 우리 삶 속에 당신의 성령을 부어주시기를 원하신다는 사실이 놀랍지 않은가? 그런데 사도 바울의 모든 글 가운데 성령에 대해 가장 풍부하게 다루는 이 본문에서 분명하게 가르치는 내용이 바로 이러한 사실이다. 복음과 관련해 크게 놀라게 되는 일 가운데 첫째는 하나님의 아들을 단순히 믿음으로써 우리가 온전히 하나님을 모시게 되었으며, 하나님과 완전히 바른 관계를 이루게 되었다는 것이다. 다음으로 크게 놀라게 되는 일은 이처럼 크신 하나님께서 우리와 **함께** 살기를 원하실 뿐만 아니라, 우리 **안에** 살기를—이것이 가능한 일인가?—원하신다는 것이다. 그런데 바로 이것이 바울이 8장에서 가르치는 성령론의 명확한 의미라고 할 수 있다.

초기 교회 시대에 오리게네스는 안타깝게도 당시 다른 이들과 마찬가지로 성령의 내주하심을 공로의 관점에서 이해했다. 그는 주석에 이렇게 썼다. "나는 바울이 '그리스도의 영'이나 '하나님의 영', 더 나아가 '그리스도 자신이 우리 안에 거하신다'고 말한 것의 의미를 따져보고자 한다.……나는 [로마서 8장의] 이 본문에서 이 은사가 공로에 의해 획득되고 순결한 삶에 의해 유지되며 각 개인이 이루는 신앙의 진보로 말미암아 하나님의 선물로서 풍성하게 늘어난다는 결론을 끌어낼 수 있다. 영혼이 그 순수함을 회복하면 할수록 성령은 더욱 풍성하게 영혼 속에 부어진다."*The Church's Bible*, 193 19세기에 고데는 "그리스도의 영이 계신 곳에 그리스도 자신도 있다"고 한 호프만의 말을 긍정적으로 인용했다.Godet, 304 이어서 고데는 호프만의 주장을 성서를 통해 이렇게 입증한다. "성령이 그리스도에게서 나온다는 사실에서 볼 때, 성령은 '내가 너희에게로 오리라'는 **예수의 약속대로**요 14:17-18 그리스도께서 우리 안에 살게 하시는 일을 한다. 이 말씀은 **예수께서 성령의 사역에 관해 설명하신 것**이다." 20세기에는 케제만이 이에 대해 다음과 같이 주장했다.Käsemann, 222 그리스도는 "그의 영을 매개로 신자들 개인의 삶과 공동체 안에 현존하며, 또 이 둘을 통해 전 세계 속에 현존한다." 스토트도 그리스도와 성령의 **일**치unity를 인정하면서 다음과 같이 주장한다.Stott, 225 "핸들리 모울 주교는 현명하게도 이렇게 썼다. '**성령의 복음**은 나뉠 수 없다. 우리가 한순간이라도 주 예수 그리스도에게서 벗어나 성령이 다스리는 더 높거나 깊은 영역으로 나간다는 것은 있을 수 없다.'" 무는 "9절에서처럼 성령의 **내주하심**[이라는 말]은 성령께서 신자 안에 '당신의 집을[거처를] 두셨다'는 것을 가리킨다"고 말한다.Moo, 493 크랜필드는 고린도전서 3:16과 6:19을 제시하는데, 그 본문들에서 두 번에 걸쳐 "알지 못하느냐"라는 말이 언급된 것은 "바울이 신자들에게 내주하는 성령이라는 가르침을 기독교의 근본 진리로 여겼다"는 사실을 가리킨다고 보았다.Cranfield, 388 n.1 고린도전서의 두 본문은 다음과 같다. "너희는 너희가 하나님의 성전인 것과 하나님의 성령이 너희 안에 계시는 것을 알지 못하느냐."고전 3:16 "너희 몸은 너희가 하나님께로부터 받은 바 너희 가운데 계신 성령의 전인 줄을 알지 못하느냐. 너희는 너희 자신의 것이 아니라."고전 6:19 그리스도께서 친히 우리 안에 현존하시는데, 성령의 내주하심이 바로 "그리스도께서 우리 안에 현존하시는 방식"이다(칼뱅). 그러므로 **그리스도**도 역시 당신의 **영**의 내적 현존을 통해 우리 안에 계신다.

③ 우리 안에 계셔서 양자 삼으시고 싸우시는 성령8:12-17

[12] 그러므로 형제들아, 우리가 빚진 자로되 육신에게 져서 육신대로 살 것이 아니니라.
[13] 너희가 육신대로 살면 반드시 죽을 것이로되 영으로써 몸의 행실을 죽이면 살리니
[14] 무릇 하나님의 영으로 인도함을 받는 사람은 곧 하나님의 아들이라. [15] 너희는 다시
무서워하는 종의 영을 받지 아니하고 양자의 영을 받았으므로 우리가 아빠 아버지라
고 부르짖느니라. [16] 성령이 친히 우리의 영과 더불어 우리가 하나님의 자녀인 것을 증
언하시나니 [17] 자녀이면 또한 상속자 곧 하나님의 상속자요 그리스도와 함께 한 상속
자니 우리가 그와 함께 영광을 받기 위하여 고난도 함께 받아야 할 것이니라.

이 단락에서는 우리에게 성령의 능력을 힘입어 "몸의 행실을 죽"이라고 가르치며,13절 이에 더해 이러한 싸움을 감당하다가 우리가 참으로

"살리"라는 놀라운 약속을 덧붙인다. 우리는 누구나 "참으로 살게 되기를" 바란다. 우리는 그리스도의 신실한 제자로서 흔들림 없이 영적 싸움을 싸우다가 참된 삶을 경험하게 되리라는 약속을 받았다. 또 이 단락에서 우리는 간절한 마음으로 기도해야 할 일은 성령께서 우리에게 심어주신 열망 곧 "우리의 영"으로 "우리가 하나님의 자녀인 것을 증언"16절하는 일이라는 사실을 배운다. 내가 보기에 우리는 기도해야 한다고 생각은 하면서도 "성령이 친히"16절 우리로 그렇게 기도하도록 감화하신다는 사실은 미처 깨닫지 못한 때가 많았다. 이 단락은 우리가 "그리스도와 함께 한 상속자니 우리가 그와 함께 영광을 받기 위하여 고난도 함께 받아야 할 것이니라"는 말로 끝난다. 우리는 성령과 함께 하는 삶이 "참된 삶"13절으로 이어질 뿐만 아니라, 진정 **고난당하는 일**로도 이어진다는 사실을 안다. 성령으로 충만했던 예수 자신의 삶을 보라. 특히 그리스도인들은 자기를 에워싼 세상이 당하는 고난에 깊이 공감하면서 그 고난을 함께 나눈다.

4세기에 활동한 위僞암브로시우스는 이 장에서 바울이 성령을 가리켜 한 말을 부적절하게도 신자들의 **공로**를 칭찬하는 말로 이해하여 이렇게 말했다. "선하신 하나님은 우리 본성보다 더 귀한 선물[곧 성령]을 우리에게 채워주셨다. 그 선물은 본 모습 그대로의 우리로서는 받을 수가 없으며, 우리의 행함에 따라 공로로 받는 것이다. [바울의 말처럼] '성령이 친히 우리의 영과 더불어 우리가 하나님의 자녀인 것을 증언'하시기 때문이다." 위 암브로시우스는 이 인용 구절에 대해 다음과 같이 결론을 내린다. "우리는 바르게 행동할 때 하나님의 성령께서 내주하심을 누리게 된다."*The Church's Bible*, 198 하지만 이 장에서 바울은 신자들의 선한 행위를 강조하는 것이 아니라, 오히려 우리에게 부어진 성령의 은사를 힘입어 우리가 계속 선한 행위를 **할 수 있게 해주는** 복음을 설교하고 가르치는 것이다.

II. 장차 모든 피조물이 누릴 영광을 바라보는 그리스도인의 삶 8:18-30

18 생각하건대 현재의 고난은 장차 우리에게 나타날 영광과 비교할 수 없도다. 19 피조
물이 고대하는 바는 하나님의 아들들이 나타나는 것이니 20 피조물이 허무한 데 굴복
하는 것은 자기 뜻이 아니요 오직 굴복하게 하시는 이로 말미암음이라. 21 그 바라는
것은 피조물도 썩어짐의 종 노릇 한 데서 해방되어 하나님의 자녀들의 영광의 자유에
이르는 것이니라. 22 피조물이 다 이제까지 함께 탄식하며 함께 고통을 겪고 있는 것을
우리가 아느니라. 23 그뿐 아니라 또한 우리 곧 성령의 처음 익은 열매를 받은 우리까
지도 속으로 탄식하여 양자 될 것 곧 우리 몸의 속량을 기다리느니라. 24 우리가 소망
으로 구원을 얻었으매 보이는 소망이 소망이 아니니 보는 것을 누가 바라리요. 25 만일
우리가 보지 못하는 것을 바라면 참음으로 기다릴지니라.

26 이와 같이 성령도 우리의 연약함을 도우시나니 우리는 마땅히 기도할 바를 알지
못하나 오직 성령이 말할 수 없는 탄식으로 우리를 위하여 친히 간구하시느니라. 27 마
음을 살피시는 이가 성령의 생각을 아시나니 이는 성령이 하나님의 뜻대로 성도를 위
하여 간구하심이니라. 28 우리가 알거니와 하나님을 사랑하는 자 곧 그의 뜻대로 부르
심을 입은 자들에게는 모든 것이 합력하여 선을 이루느니라. 29 하나님이 미리 아신 자
들을 또한 그 아들의 형상을 본받게 하기 위하여 미리 정하셨으니 이는 그로 많은 형
제 중에서 맏아들이 되게 하려 하심이니라. 30 또 미리 정하신 그들을 또한 부르시고
부르신 그들을 또한 의롭다 하시고 의롭다 하신 그들을 또한 영화롭게 하셨느니라.

8:18-23 교회는 우리 **위에** 계시는 사랑의 하나님과 우리 **곁에** 계시는 하나님의 아들, 우리 **안에** 계시는 하나님의 성령께 깊이 **감사**하면서 살 뿐만 아니라, 우리 **앞에 펼쳐지는 모든 피조물의 원대한 미래**—바울은 "장

차 우리에게 나타날 영광"[18절]이라고 말한다—에 대한 큰 **기대**와 **희망**을 품고 살아간다. 이전에 나는 바울이 말한 "**피조물이 고대하는 바는 하나님의 아들들이 나타나는 것이니**"[19절]라는 구절이 담고 있는 진리를 깨닫지 못했었다. 나는 창조 세계를 이루는 양심적인 구성원들이 인류와 동물 종과 자연 자체가 임박한 기후 재앙에서 **구원받게 되기**를 간절히 고대한다는 것으로 생각했다. 하지만 바울은 창조 세계 자체의 감각 있는 구성원 대부분이 "**하나님의 아들들**"을 보기를 간절히 바란다는 뜻으로 보았다. 바울이 그랬듯이 우리도 지역주의에 빠지지 않고 기독교의 편협함도 넘어서서 우주적인 신념을 품어야 한다. 그는 "**피조물도 썩어짐의 종 노릇 한 데서 해방되어 하나님의 자녀들의 영광의 자유에 이르는**"[21절] 원대한 소망에 대해 말한다. 다음 구절에서 바울은 신자들이 열망하는 것을 강조하여 "그뿐 아니라 또한 우리 곧 성령의 처음 익은 열매를 받은 우리까지도 속으로 탄식하여 양자 될 것 곧 우리 몸의 속량을 기다리느니라"[23절]라고 말한다. 솔직히 말해 나는 내 삶이나 교회에서 이러한 탄식—양자 될 일을 바라는 것이든(우리는 이미 양자가 되지 않았는가?) 우리 몸의 속량을 바라는 것이든—을 자주 경험하지 못했다. 이렇게 열망하는 것들을 어떻게 얻을 수 있는지 배우고 싶다. 이 단락 전체에서 가르치는 사실들이 내게는 아직 친숙하지 않은 것들이라는 점을 인정할 수밖에 없다. 내게는 도움이 필요하다.

쥬웻의 지적에 따르면 "메시아의 미래에 대한 이사야의 전망에는 인간들 사이에 공의를 회복할 왕[사 11:4-5]과 인간과 동물들 사이에 에덴의 상태를 회복하는 일[사 11:6-9, 65:17-25, 66:22]이 모두 포함된다."[Jewett, 514] 켁은 바울이 부활로 말미암아 육신**으로부터** 해방되는 일을 말하는 것이 아니라, 몸**의** 변형을 말한다고 보았다.[Keck, 212] 이에 덧붙여 빌켄스는 "피조물[크티시스(ktisis)]이라는 말을 인간을 넘어서는 피조물 전체를 가리키는 것

으로 볼 때에야 지금 이 본문을 바르게 이해할 수 있다"고 말했다.Wilckens, 2:153

8:24-25 나는 바울에게, 그리고 신약성경의 나머지 부분에서 "우리는 **믿음**으로 구원받는다"라고 배웠다. 그런데 여기서 바울은 우리의 구원이 "**소망으로**"8:24 이루어진다고 말한다. 물론 우리의 믿음은 그 자체 내에 소망을 포함한다. 그러므로 여기서 바울은 소망을 믿음의 동의어로 사용하여 믿음의 미래 차원을 가리키는 것이 분명하다.

8:26-30 여기서 바울은 "**우리는 마땅히 기도할 바를 알지 못하나**"26a라고 말한다. 하지만 예수께서는 제자들에게 탁월한 '주의 기도'마 6:9-13, 눅 11:1-4를 선물로 주셔서 "마땅히 기도할 바"를 가르치시지 않았는가? 네 복음서 저자들보다 앞서서 글을 썼던 바울이 예수의 기도를 미처 알지 못했을 수도 있다. 어쨌든 바울은 여기서 우리에게 "**오직 성령이 말할 수 없는 탄식으로 우리를 위하여 친히 간구하시느니라**"26b고 말하며 힘껏 용기를 불어넣어 준다. 이 사실을 아는 것이 매우 큰 도움이 된다. 또한 바울이 신자들을 "**성도**"라고 부르는 것도 용기를 준다(바울이 이미 1:7에서 신자들에게 이 영예로운 호칭을 부여한 것을 생각해 보라). 그리고 바울이 다음과 같이 가르치는 섭리 이론도 신자들에게 용기를 부어 준다. "우리가 알거니와 하나님을 사랑하는 자 곧 그의 뜻대로 부르심을 입은 자들에게는 **모든 것이 합력하여 선을 이루느니라**)."28절 "**모든 것**"이란 좋든 나쁘든 우리에게 일어나는 모든 일을 의미하는 것이 분명하다. 결국에는 "**모든 것**"이 좋은 결말을 맞게 된다는 사실은 참으로 마음을 든든하게 해준다.

본문 29절에서 처음으로 나오는 동사("미리 아신")는 신학에서 흔히 "아르미니우스" 견해라고 불리는 관점, 즉 **우리의 행**위가 **하나님께서 우리를 선택하시는 일**을 미리 결정짓는다고 보는 관점에서 이해되어왔다.

어떻게 말하는지 보라. "하나님이 **미리 아신** 자들을 또한……**미리 정하셨으니.**" 이 번역은 독자로 하여금 하나님께서 선한 사람들을 보시면 선택하시고, 선하지 않은 사람을 보시면 선택하지 않으셨다고 믿게 만들 수 있다. 이 번역은 은혜를 배제하고 인간의 공로를 끌어들이는 것이라고 볼 수 있지 않을까? 그래서 나는 케제만이 제안한 번역(그리고 무[Moo, 532]가 통계자료로 지지하는 견해)을 더 좋아한다.[Käsemann, 230] 케제만은 "하나님이 **선택하신 자들**['미리 아신 자들'이 아니다]을 또한 **미리 정하셨다**"라고 번역한다. 그래서 바울의 의도를 추정하여 우리는 다음과 같은 은혜의 연결고리를 확인하게 된다.

> **29** 하나님이 선택하신 자들을
> 또한 그 아들의 형상을 본받게 하기 위하여 미리 정하셨으니
> 이는 그로 많은 형제 중에서 맏아들이 되게 하려 하심이니라.
> **30** 또 미리 정하신 그들을 또한 부르시고
> 부르신 그들을 또한 의롭다 하시고
> 의롭다 하신 그들을 또한 영화롭게 하셨느니라.

우리는 우리가 회심하여 예수께로 돌아선 일을 흔히 일련의 놀라운 인간적 사건들로 이해한다. 하지만 여기서 바울은 우리의 회심이 전적으로 하나님의 선택하시는 은혜로 말미암는 것이라고 말한다. 정리하자면 하나님께서는 당신께서 **선택하신** 자들을 **미리 정하시고**, **미리 정하신 자들**을 또한 **부르시고**(여기서 우리는 복음 선포에 의해 "부르심을 받는" 인간적인 체험을 한다), **부르신 자들**을 **의롭다**고 하셨다.[롬 3:21-26] 그리고 **의롭다**고 하신 그들을 **"또한 영화롭게"** 하셨는데, 여기서 바울은 신자들의 미래에 관해 말하는 것으로 보이며, 이 미래의 경험을 과거시제로 표현

할 만큼 매우 확실한 것으로 생각한다. 이처럼 선명한 연결고리를 보고서 우리는 그리스도인의 심오한 경험들은 모두 공로와는 상관없이 하나님의 은혜로 이루어진다는 사실을 깨닫게 된다. 이렇게 바울이 제시하는 "구원의 연결고리"에서 우리는 또한 하나님께서 셀 수 없을 정도로 많은 사람—인간이 생각할 수 있는 수준을 훌쩍 넘어선다—을 "**선택하셨을**" 가능성을 깨달아야 한다. 하나님은 전능하시고 전지하신 분이다. 또 하나님은 한량없이 공평하시다. 그리고 그분의 아들에게서 우리가 배웠듯이, 하나님의 사랑과 품은 인간의 이해력과 판단력을 무한히 넘어설 만큼 크다. 나는 할리우드 제일장로교회에서 대학부 성경교사였던 헨리에타 미어즈 박사에게 이렇게 질문했던 것을 기억한다. "미어즈 박사님, 그리스도가 구원에 이르는 유일한 길이라면, 그분에 관해 들어본 적이 없는 사람들은 어떻게 되나요?" 그때 박사님이 즉시 주셨던 답은 내 평생 커다란 위안으로 기억 속에 간직되었다. "데일, 창세기 18장 25절을 보면 '세상을 심판하시는 이가 정의를 행하실 것이 아니니이까'라고 말하고 있습니다." 나는 이 구절이 뜻하는 것이 크신 하나님께서는 모든 사람의 형편—기회를 얻은 자와 얻지 못한 자들—을 아시기에 심판의 날에 빈틈없이 공평하게 행하실 것이라는 의미임을 깨달았다. 하나님은 그렇게 "**정의를 행하실**" 것이다.

오리게네스가 29절에서 하나님께서 당신의 백성을 선택하신 일을 어떻게 이해했는지 주목해보라. 로마서 주석에서 오리게네스는 하나님께서 사람들을 선택하신 일에 대해 **그들의 미래 행위**를 "미리 아시는 것"foreknowledge이라고 설명한다. 다시 말해 "[바울이] '하나님이 미리 아신 자들을 또한 그 아들의 형상을 본받게 하기 위하여 미리 정하셨으니'롬 8:29라고 말한 것은 다음과 같은 의미가 분명하다. 하나님께서 미리 아신 자들이란 고난을 겪으면서 그리스도를 따르게 될 사람들인데……

미리 아심이 먼저 이루어지고, 그것을 통해 하나님께서는 그들이 장차 행할 모든 수고와 덕을 아시며, 그것을 토대로 삼아 미리 정하시는 일이 이루어진다."*The Church's Bible* 16 그리고 오리게네스와 동시대 사람인 4세기의 위僞암브로시우스도 다음과 같이 주장한다. "하나님께서 선택하시는 사람들은 그들의 헌신을 하나님이 미리 아신 사람들이며, 그래서 그들은 약속된 보상을 받는다.……하나님께서 미리 아시지 않는 사람들은 이러한 은혜를 받지 못한다. 하나님께서 그들이 은혜를 받기에 합당하지 않다는 것을 미리 아시기 때문이다."*The Church's Bible* 21 하지만 스토트는 다음과 같이 수정된 견해를 주장한다.Stott, 249 "만일 하나님께서 사람들이 믿게 되리라는 것을 아시기에 그들을 예정하신다면, 그들이 구원받는 근거는 하나님과 하나님의 자비가 아니라, 그들 자신과 그들의 공로에 있게 된다. 이에 반해 바울은 하나님께서 주도하셔서 값없이 베푸시는 은혜를 철저히 강조한다." 크랜필드도 "교부 시대 저술가들이 흔히 그랬듯이, 그리스어 동사 프로에그노*proegnō*, 미리 아신를 하나님께서 미래에 인간이 도덕적으로 적합한지를 미리 아신다는 의미로 해석하는 것은……바울의 생각과는 전혀 상관이 없는 것이다"라고 올바로 지적했다.Cranfield, 431 n. 1 이어서 그는 다음과 같이 밝혔다. 중세에 "아퀴나스가 제대로 지적했듯이, 하나님께서 우리의 선한 행위를 미리 아신다는 사실을 하나님께서 행하시는 예정의 근거로 삼는 것은 '우리의 공로를 보시고 은혜를 베푸시게 되는 것 외에 아무것도 아니다.'" 바레트는 바울이 "미리 정하신 그들을 **또한 부르시고**"30a절라고 말한 구절을 논하면서 바울의 "**부르심**"이라는 말에 대해 이렇게 설명했다.Barrett, 160 부르심은 "하나님의 목적을 시간 속으로 끌어들인다. 인간의 말로 표현하자면, **부르심은 회심이다.**" 그리고 바레트는 이렇게 회심으로 해석하는 견해를 지지하는 근거로 고전 7:18과 갈 1:6, 골 3:15, 살전 4:7과 같은 본문들을 제시한다.

이 29절에 대해 "공로를 따르는 해석"을 배제하고 "**하나님이 미리 택하신 자들을 또한 미리 정하셨다**"라고 해석한다고 해도 여전히 문제가 남는다. 그렇게 이해하면 택함 받지 **못한** 사람들은 저주 아래 놓이게 되는가? 이른바 "강경파 칼뱅주의"에 속하는 이 이론에서는 구원과 정죄가 전적으로 "하나님께 달린 일"이요 또 인간은 자신의 결단과는 상관없이 하나님의 작정에 의해 구원받거나 정죄 받게 된다고 주장한다. 예를 들어 장로교회의 웨스트민스터 신앙고백서1647년 3장 3항에서 다음과 같이 말하는 것을 보라. "하나님의 작정으로 말미암아 하나님의 영광을 나타내기 위해 어떤 사람들과 천사들은 영원한 생명에 이르도록 예정되었고 다른 이들은 영원한 죽음에 이르도록 예정되었다."

그런데 1903년에 해설을 추가하면서 덧붙인 "주 j"를 보라. 이 주에서는 신앙고백서의 끝부분에 나오는 "선언적 진술"Declaratory Statement을 신앙고백서 3장에 대한 권위 있는 해석으로 제시한다. 선언적 진술에서는 이렇게 말한다.

> 신앙고백서의 여러 진술에서 추론된 특정 내용들을 인정할 수 없다는 주장이 교회 안에서 공식적으로 제기되어 온 까닭에……미국 연합장로교회는 다음과 같이 유권적으로 선언한다. 첫째, 3장에서……그리스도 안에서 구원받은 사람들과 관련해 하나님의 영원한 작정 교리는 온 인류를 향한 하나님의 사랑, 세상 죄에 대한 속죄 제물로 아들을 내어 주신 하나님의 은혜, 구하는 사람은 누구에게나 구원의 은혜를 베푸시는 하나님의 자비라는 가르침과 조화를 이루도록 제시되어야 한다.……하나님께서는 어떤 죄인도 죽기를 바라지 않으시며, 오히려 그리스도 안에서 모든 사람에게 충분하고도 적합한 구원을 베푸시고 복음 안에서 값없이 나누어 주셨다. 또 인간은 하나님께서

은혜로 베푸신 것을 책임을 지고 감당해야 한다. 하나님은 한 사람이라도 그 은혜를 받는 데서 누락되도록 작정하지 않으시며, 인간은 누구든 자신이 지은 죄로 말미암지 않고는 정죄 당하지 않는다.

III. 정점
: 우리 주 예수 그리스도 안에 나타난 하나님의 크신 사랑8:31-39

31 그런즉 이 일에 대하여 우리가 무슨 말 하리요. 만일 하나님이 우리를 위하시면 누
가 우리를 대적하리요. 32 자기 아들을 아끼지 아니하시고 우리 모든 사람을 위하여 내
주신 이가 어찌 그 아들과 함께 모든 것을 우리에게 주시지 아니하겠느냐. 33 누가 능히
하나님께서 택하신 자들을 고발하리요. 의롭다 하신 이는 하나님이시니 34 누가 정죄
하리요. 죽으실 뿐 아니라 다시 살아나신 이는 그리스도 예수시니 그는 하나님 우편에
계신 자요 우리를 위하여 간구하시는 자시니라. 35 누가 우리를 그리스도의 사랑에서
끊으리요. 환난이나 곤고나 박해나 기근이나 적신이나 위험이나 칼이랴. 36 기록된 바

우리가 종일 주를 위하여 죽임을 당하게 되며
도살 당할 양 같이 여김을 받았나이다시 44:22 함과 같으니라.

37 그러나 이 모든 일에 우리를 사랑하시는 이로 말미암아 우리가 넉넉히 이기느니라.
38 내가 확신하노니 사망이나 생명이나 천사들이나 권세자들이나 현재 일이나 장래 일
이나 능력이나 39 높음이나 깊음이나 다른 어떤 피조물이라도 우리를 우리 주 그리스
도 예수 안에 있는 하나님의 사랑에서 끊을 수 없으리라.

로마서 8장의 이 마지막 단락은 진정한 정점이다. 바울은 나사렛 예수의 삶과 죽음, 부활, 승천을 통해 역사 속으로 쏟아져 들어온 하나님의

이루 헤아릴 수 없는 사랑에 압도당했다. 여기서 바울은 예수의 생애 전체를 "**하나님이 우리를 위하신다**"[31절]라는 세 단어로 요약한다. 이것이 사실이라면 세상 안이나 그 너머에 있는 누가 감히 "**우리를 대적**"할 수 있겠는가? 하나님께서 우리를 위하신다는 사실을 보여주는 주요한 역사적 증거가 나사렛 예수의 생애다. 세상을 위해 아들을 내어 주신 하나님께서 "그 아들과 함께" 우리가 필요로 하는 "**모든 것을 우리에게 주시지 아니하겠는가?**"[32절] **하나님께서** 우리를 의롭다고 인정하셨는데 **누가** 정죄할 수 있겠는가.[33b-34a절] 또 그리스도는 죽으셨을 뿐만 아니라 다시 살아나셔서 하나님 우편에 계시며, "**우리를 위하여 간구**"하신다.[34b절] 앞서 살펴본 몇 절에서 우리는 **성령**께서 지금 우리를 위해 간구하신다는 사실을 배웠다. 그런데 여기서 우리는 **예수 그리스도**께서도 지금 우리를 위해 간구하신다는 사실을 배운다. 우리는 이 구절을 보기 전에 우리에게 그러한 기도 동역자들이 있다는 사실을 짐작이나 했는가? 그렇다, 우리는 기도한다. 그런데 복되신 삼위 하나님께서도 우리를 위해 기도하시지 않는가? 이런 기도 동역자들이 함께하시는 까닭에 바울이 이 중요한 장을 이처럼 힘 있는 충고들로—처음에는 질문으로, 그다음에는 감탄의 말로—마무리 짓는 것도 전혀 이상하지 않다.

거룩하신 기도 동역자들이 우리와 함께하시지만, 놀랍게도 **교회는 고난을 피할 수 없다**. 그런데 하나님의 성육신이신 예수 자신도 마찬가지였다. 이 장에서 바울은 예수 그리스도께서 자기를 믿는 우리를 '위하신다'는 사실뿐만 아니라, 성령이 우리 **안에** 계셔서 우리가 예수 그리스도와 **함께** 살도록 도우신다는 사실을 가르치고자 애썼다. 이 장은 우리를 휘어잡아 숨이 멎게 만든다. 주님, 우리가 읽은 것을 믿을 수 있게 도와주소서! 또 당신께서 지으신 세상을 도우시고, 구원하소서! 예수님 이름으로 기도합니다. 아멘.

니그렌은 지금까지 살펴본 네 장, 곧 로마서 5-8장에 **자유**라는 주제가 있음을 관찰했다.Nygren, 308

하나님의 사랑을 힘입어 하나님의 진노에서 자유를 얻으며5:1-11

세례를 통해 죄에서 자유를 얻고6:1-14

그리스도의 죽음을 통해 율법에서 자유를 얻고7:1-6

성령을 힘입어 죽음에서 자유를 누린다.8:1-(39)

케제만은 "반역적이며, 위협적이고, 전도된 옛 에온aeon, 영겁이 여전히 현존하는 까닭에 그리스도인들은 고난 가운데 살아간다"라고 말했다.Käsemann, 247 또 "폭력적인 죽음은 세상에서 믿음으로 사는 사람들이 감당할 몫이며, 이것은 하나님의 뜻과 선포와 일치하고……하나님과의 화해는 필연적으로 세상과 원수가 되는 것을 뜻한다"고 말했다.249 스토트는 8장의 이 마지막 절을 주석하면서 다음과 같이 사려 깊게 결론 지었다.Stott, 259 "우리의 확신은 하나님께 드리는 우리의 연약하고 변덕스럽고 비틀거리는 사랑에서 나오는 것이 아니라, 우리를 향한 하나님의 확고하고 신실하며 끈질긴 사랑에서 온다. '성도의 견인' 교리는 이름을 바꿀 필요가 있다. 그 교리는 성도를 품으시는 '하나님의 견인'을 가르친다.

당신을 붙잡은 내 연약한 손에서
더 이상 위로를 구하지 않게 하소서.
나를 감싸신 당신의 강한 손,
오직 그 안에서만 기뻐하며 경외하게 하소서.

부록: 신약성경에 나오는 성령의 은사 개관

신약성경에서 성령의 은사에 관해 말하는 본문들의 '그리스도 중심성'Christ-centeredness을 주의 깊게 살펴보라.

1. 마태와 누가가 전하는 **예수 출생** 이야기들에 따르면, 성령은 어머니 마리아에게서 이루어진 예수 탄생의 원천이다. "마리아가…… **성령으로** 잉태된 것이 나타났더니……주의 사자가 현몽하여 이르되……요셉아……그에게 잉태된 자는 성령으로 된 것이라."마 1:8, 20 "천사가 대답하여 이르되 **성령**이 네게 임하시고 지극히 높으신 이의 능력이 너를 덮으시리니 이러므로 나실 바 거룩한 이는 하나님의 아들이라 일컬어지리라."눅 1:35
2. 세례 요한은 성령이 **특별히** 예수와 함께 오신다고 선포했다. "그가 전파하여 이르되 나보다 능력 많으신 이가 내 뒤에 오시나니…… 나는 너희에게 물로 세례를 베풀었거니와 그는 너희에게 **성령으로 세례를 베푸시리라**"(막 1:7-8, 그리고 마 3:11, 눅 3:16도 보라).
3. 공관복음서에서 예수가 요한에게 세례받는 일을 다루는 삼중 증언에 따르면, 성령은 예수의 **공적 사역이 시작되는 바로 그 순간** 특별한 방식으로 예수 위에 임했다. "예수께서 세례를 받으시고 곧 물에서 올라오실새 하늘이 열리고 **하나님의 성령이 비둘기 같이 내려 자기 위에 임하심을 보시더니.**"마 3:16, 그리고 막 1:10와 눅 3:21-22와 비교하라
4. 예수는 그의 첫 제자들이 선교 사역 가운데 박해를 당할 때조차도 성경의 사역을 예언하셨다. "너희를 넘겨 줄 때에 어떻게 또는 무엇을 말할까 염려하지 말라. 그 때에 너희에게 할 말을 주시리니 말하는 이는 너희가 아니라 **너희 속에서 말씀하시는 이 곧 너희 아버지의**

성령이시니라." 마 10:19-20. 그리고 막 13:11과 비교하라

5. 공관복음서에서 예수께서 성령 받음에 관해 가르치신 내용 가운데 가장 간결하고 명확한 것을 꼽자면 눅 11:11-13에서 제자들에게 하신 약속이라는 점에 많은 사람이 동의할 것이다. "너희 중에 아버지 된 자로서 누가 아들이 생선을 달라 하는데 생선 대신에 뱀을……주겠느냐. 너희가 악할지라도 좋은 것을 자식에게 줄 줄 알거든 하물며 **너희 하늘 아버지께서 구하는 자에게 성령을 주시지 않겠느냐** 하시니라." 눅 11:11-13

6. 요한복음을 보면, 공적 사역을 수행하던 예수께서 고난을 당하시기 전에 단순하게 믿고서 그에게로 나오는 사람들에게 성령이 부어진다고 약속하신다. "명절 끝날 곧 큰 날에 예수께서 서서 외쳐 이르시되 누구든지 목마르거든 내게로 와서 마시라. 나를 믿는 자는 성경에 이름과 같이 그 배에서 생수의 강이 흘러나오리라 하시니 이는 **그를 믿는 자들이 받을 성령을 가리켜 말씀하신 것이라**. (예수께서 아직 영광을 받지 않으셨으므로 성령이 아직 그들에게 계시지 아니하시더라)." 요 7:37-39

7. 예수께서 다락방에서 제자들에게 말씀하신 고별 담화를 담고 있는 요한복음에서는 예수께서 제자들에게 성령의 선물을 약속하신 것을 여러 차례 언급한다. 예수께서는 성령을 가리켜 보통 "보혜사" 파라클레토스(paraklētos) 라고 부르신다(나는 '도우시는 분'이라고 옮겼다).

   ① "내가 아버지께 구하겠으니 그가 또 다른 보혜사를 너희에게 주사 영원토록 너희와 함께 있게 하리니 그는 진리의 영이라…… 너희는 그를 아나니 그는 너희와 **함께** 파르 휘민(par' hymin) 거하심이요 또 너희 **속에** 엔 휘민(en hymin) 계시겠음이라." 요 14:16-17 나는 예수께서 다음과 같은 의미로 말씀하셨다고 믿는다. 성령께서는 예

수의 인격을 통해 제자들 **곁에** 계시며, 또 부활의 날 저녁에 예수께서 성령을 제자들 **속으로** 불어 넣으실 때 성령이 그들 **속에** 계시게 될 것이다.요 20:22

② "보혜사 곧 아버지께서 **내 이름**으로 보내실 성령 그가 너희에게 모든 것을 가르치고 **내가 너희에게 말한 모든 것을 생각나게 하리라**."요 14:26 여기서도 그리스도 중심성을 기준으로 성령에 관해 말한다. 성령은 비밀스러운 지식을 알려 주기보다는 우리가 예수와 그의 말씀을 기억하도록 도우신다.

③ "내가 아버지께로부터 너희에게 보낼 보혜사 곧 아버지께로부터 나오시는 진리의 성령이 오실 때에 **그가 나를 증언하실 것이요** 너희도 처음부터 나와 함께 있었으므로 증언하느니라."요 15:26-27 재차 그리스도 중심성을 기준으로 성령에 관해 말한다.

④ "그러나 내가 너희에게 실상을 말하노니 내가 떠나가는 것이 너희에게 유익이라. 내가 떠나가지 아니하면 보혜사가 너희에게로 오시지 아니할 것이요 가면 내가 그를 너희에게로 보내리니 **그가 와서 죄에 대하여, 의에 대하여, 심판에 대하여 세상을 책망하시리라**.

> 죄에 대하여라 함은 그들이 나를 믿지 아니함이요
> 의에 대하여라 함은 내가 아버지께로 가니 너희가 다시 나를 보지 못함이요
> 심판에 대하여라 함은 이 세상 임금이 심판을 받았음이라."요 16:7-11

여기서 우리는 성령이 가르치시는 세 가지 중요한 내용—성령의 세 가지 "책망"—도 그리스도 중심적이라는 사실을 알 수 있

다. 즉 **예수를 믿지 않는 것**이 세상의 커다란 **죄**이며, **아버지 하나님께 이르는 길이신 예수의 삶**이 세상에서 가장 큰 의이며, **예수께서 죽음과 부활을 통해 사단을 완벽하게 물리치신 것**이 이 세상에 대한 커다란 심판이다. 여기서 악마를 물리치는 성령의 사역이 어떻게 예수를 중심으로 이루어지는지 주의해서 살펴보라.

⑤ "그러나 진리의 성령이 오시면 그가 너희를 모든 진리 가운데로 인도하시리니 그가 스스로 말하지 않고 오직 들은 것을 말하며 장래 일을 너희에게 알리시리라. **그가 내 영광을 나타내리니 내 것을 가지고 너희에게 알리시겠음이라**. 무릇 아버지께 있는 것은 **다** 내 것이라. 그러므로 내가 말하기를 **그가 내 것을 가지고** 너희에게 알리시리라 하였노라."요 16:13-15 이 구절 전체에서 그리스도 중심성(성령 중심이 아니다!)을 강조하면서 겸허하신 성령에 대해 말하는 것을 눈여겨보라. 우리는 진리를 갈망한다. 예수께서 우리에게 하신 약속에 따르면, 성령은 예수의 제자들을 **"모든 진리 가운데로"** 인도하실 것이다. 나는 그다음에 이어지는 "그[성령]가……장래 일을 너희에게 알리시리라"는 약속을, **다가오는 고난 주말**에 예수께서 겪게 되실 죽음과 부활의 깊은 의미를 성령이 설명해 줄 것이라는 의미로 이해한다. 엄밀히 말해 이때는 진리의 깊은 의미들이 세상 역사 속에 드러나는 날이다. 예수는 "무릇 아버지께 있는 것은 다 내 것이라"고 말씀하시는데, 이것이 바로 예수께서 "그[성령]가 내 것을 가지고 너희에게 알리시리라"고 말할 수 있는 이유다. 예수께서 맞이하신 주말은 예수께서 겪으신 고난의 중심이신 분, 곧 **아버지 하나님**을 설명해 준다.

8. 요한복음의 끝부분을 보면, 예수께서는 **부활하신 날 저녁**에 다락방

에 모인 제자들에게 **나타나셔서** 자신의 사명을 맡기셨을 뿐만 아니라, 그들이 그 사명을 이루는 데 필요한 능력—**값없이 주시는 성령의 은사**—도 아무런 조건 없이 부어 주셔서 그 사명을 위해 그리고 그의 성령을 위해 일하게 하셨다.

> "이 날 곧 안식 후 첫날 저녁 때에 제자들이 유대인들을 두려워하여 모인 곳의 문들을 닫았더니 예수께서 오사 가운데 서서 이르시되 너희에게 평강이 있을지어다. 이 말씀을 하시고 손과 옆구리를 보이시니 제자들이 **주**를 보고 기뻐하더라. 예수께서 또 이르시되 너희에게 평강이 있을지어다. 아버지께서 나를 보내신 것 같이 나도 너희를 보내노라. 이 말씀을 하시고 그들을 향하사 숨을 내쉬며 이르시되 **성령을 받으라**. 너희가 누구의 죄든지 사하면 사하여질 것이요 누구의 죄든지 그대로 두면 그대로 있으리라 하시니라." 요 20:19-23

9. 누가복음과 사도행전을 보면, 주님은 제자들에게 자신이 부활한 후에 그들이 성령을 받게 되리라고 약속하셨다. "볼지어다. 내가 내 아버지께서 약속하신 것[즉 성령의 선물]을 너희에게 보내리니 너희는 위로부터 능력으로 입혀질 때까지 이 성에 머물라." 눅 24:49 그런데 요한복음에서는 **부활의 날 저녁**에 성령의 선물이 부어지는 것으로 나오는 데 반해, 사도행전에서 예수는 그의 **부활이 일어난 후 조금 지나서** 성령의 선물이 부어지리라고 약속하신다. "오직 성령이 너희에게 임하시면 너희가 권능을 받고 예루살렘과 온 유대와 사마리아와 땅 끝까지 이르러 내 증인이 되리라." 행 1:8

그로부터 50일이 지나 오순절 때 정말 성령이 사도들에게 임했으며, 베드로가 오순절 메시지를 선포하고 호기심에 찬 청중은(앞서 살펴본 바와 같이) 이렇게 응답했다. "마음에 찔려 베드로와 다른 사도들에게 물어 이르되 형제들아, 우리가 어찌할꼬 하거늘 베드로가 이르되 너희가 회개하여 각각 예수 그리스도의 이름으로 세례를 받고 죄 사함을 받으라. 그리하면 **성령의 선물을 받으리니** 이 약속은 너희와 너희 자녀와 모든 먼 데 사람 곧 주 우리 하나님이 얼마든지 부르시는 자들에게 하신 것이라."[행 2:37-39] 요한복음에서 예수께서 부활절 저녁에 제자들에게 성령을 선물로 주신 일은 시간 순서로 따져볼 때 누가복음에서 50일이 지난 후 오순절에 제자들에게 성령을 선물로 준 일과 조화되기가 어렵다. 두 이야기의 차이는 지금까지도 해결되지 않은 문제로 남아 있다. 하지만 두 이야기에서 놓치지 말아야 할 사실이 있다. 두 이야기를 기록한 복음서 저자들은 부활하신 주님께서 영적인 자격 조건을 따지지 않고 제자들에게 성령을 주신다는 사실을 독자들에게 가르치려고 했다는 점이다. 이것이 바로 성령이 최초로 사도들에게 임한 사건을 다룬 두 이야기가 담고 있는 핵심 진리이다.

사도행전에서 시간이 어느 정도 흐른 후 부어진 성령의 은사들에 관해서는 특히 사도들이 공회 앞에 끌려가서 다음과 같이 대답한 것을 보라. "우리는 이 일에 증인이요 하나님이 자기에게 순종하는 사람들에게 주신 성령도 그러하니라."[행 5:32] 그들이 하나님께 순종한다는 것은 하나님을 믿는다는 것이다. 베드로가 이방인 고넬료의 집에서 복음에 대해 설교할 때 어떻게 성령이 고넬료와 그의 온 가족에게—무조건적으로, 예비적인 "조건"이나 "비움"이나 합당한 행위가 없이도, 다시 말해 **값없이**!—내려왔는지를 헤아려 보라.[행 10:44-48, 11:12-18] 또 세례 요한의 세례를 받은 에베소 사람들에게 성령의 선물이 임했던 일을 주의 깊게 살펴보라.[행 19:1-7] 여기서 내가 사도행전에 나오는 성령에 관한 본문들을 주석한 연구서인 『성령신학: 오순절 경험과 신약성경의 증언』Eerdmans, 1970의 마지막 부분에 나오는 결론[214]을 살펴본다. "사도행전 2장이나 8, 10, 19장—신자들이 시간이 조금 지난 후에 성령 세례를 받는 것을 보여주는 표준적인 오순절 본문들—어디에서도 성령이 처음에 부분적으로 임하고 그 뒤에 두 번째이자 최종적으로 성령을 인격적으로 수용했다고 말하는 기록은 찾아볼 수 없다. 따라서 오순절 운동에서는 성령이 한 번 오신 것이라고 가르치는 본문들에다 성령이 두 번째로 오시는 것이 필요하다고 주장하는 자기네 교리를 덧씌우고 있다는 사실에 주의할 필요가 있다."

10. 갈라디아서 3:1-5에서 우리는 처음에 성령을 선물로 받는 일2절과 나중에 성령으로 충만케 되는 모든 일,5절 그 두 가지가 어떻게 시대를 초월해 신자들의 삶에서 이루어지는가를 설명하는 바울의 명료한 견해를 볼 수 있다. 바울이 믿음 약한 갈라디아 교인들에게 열정적으로 쏟아붓는 이 권면에서 볼 수 있듯이, 그 대답은 우리가 예수 그리스도의 말씀을 단순하게 믿고 받아들일 때 성령이—처음에 그리고 계속해서—부어진다는 것이다. 아래에서 그 중요한 본문을 신중하게 헤아려 보라.

> 어리석도다. 갈라디아 사람들아, 예수 그리스도께서 십자가에 못 박히신 것이 [내가 너희에게 선포한 것을 통해] 너희 눈 앞에 밝히 보이거늘 누가 너희를 꾀더냐. 내가 [두 가지 질문으로] 너희에게서 다만 이것을 알려 하노니갈 3:1-2a
>
> [첫째 질문]
>
> 너희가 성령을 **받은**[**과거**시제, 회심했을 때] 것이 **율법의 행위로냐**엑스 에르

곤 노무(ex ergōn nomou) 혹은 **듣고 믿음으로냐**.엑스 아코에스 피스테오스(ex akoēs pisteōs)

너희가 이같이 어리석으냐. 성령으로 **시작하였다가** 이제는 육체로 **마치겠느냐**. 너희가 이같이 많은 괴로움을 헛되이 받았느냐. 과연 헛되냐.갈 3:2b-4

[둘째 질문]

너희에게 성령을 **주시고**[**현재** 분사] 너희 가운데서 능력을 행하시는 이의 일이 **율법의 행위에서냐**엑스 에르곤 노무(ex ergōn nomou) 혹은 **듣고 믿음에서냐**.엑스 아코에스 피스테오스(ex akoēs pisteōs), 갈 3:5

성령의 선물은—처음부터 끝까지, 회심한 후로 계속해서—예수 그리스도의 기쁜 소식을 듣고 믿는 일을 통해서—문자적으로는 "믿음으로 들어서"—오는 것이지 **우리**가 어떤 영적 조건들을 의무적으로 "행하는 일" 때문에 오는 것이 아니다. 이것이 신약성경에서 성령을—처음부터 끝까지—하나님의 은혜로운 **선물**로 받는다고 가르치는 교리이다. 오직 믿음으로! 오직 그리스도로! 오직 은혜로! 바로 여기서 우리는 신약성경의 성령론을 끝내고 또 시작할 수 있다.

9:1-29

하나님의 이스라엘 선택

> 구약성경에 따르면 이스라엘은 하나님의 목적 안에서 특별한 위치를 차지했다.……[따라서 이 서신의] 이 시점에서……[이스라엘에 관해] 논의할 필요가 있는데, 대다수 유대인을 배제해 버리면 그리스도인의 희망에서 토대가 되는 하나님의 목적 자체가 신뢰할 수 없는 것이 되기 때문이다. 하나님께서 이스라엘에게 두신 목적을 거두신 것이 사실이라면, 하나님의 목적이 어떻게 그리스도인의 희망을 위한 토대가 될 수 있을까? 또 이스라엘을 향한 하나님의 사랑(예를 들어, 신 7:7f, 렘 31:3을 보라)이 그쳤다면, 아무것도 그리스도 안에 있는 하나님의 사랑에서 [교회에 속한] 우리를 끊을 수 없다고 주장한 바울의 확신[롬 8:38f]을 어떻게 신뢰할 수 있겠는가?[Cranfield, 447]

로마서 9장은 다음과 같은 구조로 이루어진다.

Ⅰ. 문제 제기: 큰 특권을 누렸던 이스라엘[9:1-5]
Ⅱ. 제기된 문제와 일차적인 답: 하나님의 주권[9:6-18]
Ⅲ. 추가 사항: 하나님의 진노와 자비[9:19-29]

Ⅰ. 문제 제기: 큰 특권을 누렸던 이스라엘[9:1-5]

[1-2] 내가 그리스도 안에서 참말을 하고 거짓말을 아니하노라. 나에게 큰 근심이 있는 것과 마음에 그치지 않는 고통이 있는 것을 내 양심이 성령 안에서 나와 더불어 증언하노니 [3] 나의 형제 곧 골육의 친척을 위하여 내 자신이 저주를 받아 그리스도에게서

끊어질지라도 원하는 바로라. [4]그들은 이스라엘 사람이라. 그들에게는 양자 됨과 영광과 언약들과 율법을 세우신 것과 예배와 약속들이 있고 [5]조상들도 그들의 것이요 육신으로 하면 그리스도가 그들에게서 나셨으니 그는 만물 위에 계셔서 세세에 찬양을 받으실 하나님이시니라. 아멘.

8장 끝부분에서 절정에 이른 바울의 **커다란 기쁨**—그리스도께서 모든 원수를 물리치시고 승리하신다는 확신에서 온다—은 여기 9장의 서론에서 갑작스럽게 터져 나오는 **깊은 애통**과 고통스럽게 충돌한다. **"나에게 큰 근심이 있는 것과 마음에 그치지 않는 고통이 있는 것을."** 무엇이 잘못되었을까? **"[이 심각한 이유 때문에] 내 자신이 저주를 받아 그리스도에게서 끊어질지라도 원하는 바로라"**(그 심각한 이유가 무엇인지는 본문을 아래와 같이 배열해서 살피면 분명하게 확인할 수 있다).

나의 형제 곧 골육의 친척,
그들은 이스라엘 사람이라.
그들에게는 양자 됨과 영광과 언약들과
율법을 세우신 것과 예배와 약속들이 있고
조상들도 그들의 것이요
육신으로 하면 그리스도가 그들에게서 나셨으니
그는 만물 위에 계셔서
세세에 찬양을 받으실 하나님이시니라.

앞서 살펴본 여덟 장에서 바울이 복음에 맞선 주요한 원수로 우리 앞에 세운 이들은 누구였는가? **하나님의 백성, 곧 이스라엘이었다!** 그들이 하나님께 선택받은 이야기는 그들의(그리고 그들에게서 물려받은 우리의) 성경 속에 영감으로 기록되어 풍성하고 멋들어지게 실려 있다. 성경은 아브라함의 소명창 12장에서부터 마지막 절정 부분인 예언자들의 약속과 경고—이사야에서 가장 극적으로 두드러진다—에 이르기까지, 하나님의 특별한 백성이 형성되기 시작하고 계속 이어져 온 일을 담고 있다. 그리고 그 사이에서 은혜로운 하나님과—지속적이고 구체적이고 생생하게—동행하는 백성의 삶은 아브라함이 하나님께 선택받고, 이집트 포로 생활에서 백성이 구원받고, 시내산에서 크신 하나님의 참 율법을 받는 특전을 누리고, 방황하는 광야에서 하나님의 기적적인 보호를 힘입는 일들로 이루어진다. 이어서 그들은 약속의 땅에 들어가는 특권을 누린다. 그리고 그 땅의 성전에서 하나님께서 현존하시는 영광을 경험한다. 그 후로 그들은 줄곧 예언자들을 통해 받은 언약과 약속을 간직하는 백성으로 살아왔으며, 특히 메시아 약속의 담지자가 되었다. 그리고 마침내 "**만물 위에 계셔서 세세에 찬양을 받으실 하나님**"이신 "그리스도가 그들에게서 나시는" 지극히 큰 특권을 누리게 되었다. 우리는 이 서론적 단락 끝부분에서 바울이 감탄을 표현하는 이 구절이 예수 그리스도에게 신성을 돌리는 찬미인지, 아니면 단순히 존경을 표현하는 종결부인 "**세세에 찬양을 받으실 하나님**"인지 확실히 알 수 없다. 어느 쪽이든 바울은 예수가 **하나님께서 보내신 메시아**라는 사실을 굳게 믿었다. 크랜필드Cranfield, 470와 쥬웻Jewett, 566-568은 5절에서 바울이 하나님이나 그리스도에게 신성을 돌린다는 견해를 학문적으로 지지하며, 두 사람 모두 그리스도에게 신성을 돌리는 쪽이 맞다고 본다. 빌켄스의 견해와 대조해 보라.Wilckens, 2:189

이 침울한 장에서 바울은 자신이 느끼는 깊은 애통—**이스라엘이 자기네 메시아를 믿지 않는다는 것**—에 대한 이유를 솔직하고 상세하게 밝힌다. 이 독특한 백성**에게** 참 많은 일이 일어났다. 그런데 놀랍게도 이제

그들은 자기네 메시아에 대한 강력한 반대자가 되었다. 이것이 바울의 마음을 찢어놓았으며, 그래서 그는 편지를 계속 쓰지 못하고 자신의 괴로움을 남김없이 털어놓는다. 놀랍게도 8장에서 절정에 이른 기쁨을 노래한 후 곧바로 이 지경으로 곤두박질쳤다.

칼뱅은 크신 하나님께서 **역사 속에서** 이스라엘을 영예롭게 높여주신 일들을 보고 크게 놀란다.Calvin, 195 "하나님께서 우리 [인간의] 본성을 취할 정도로 우리를 당신 가까이 두셔서 온 인류를 영예롭게 하셨다면, 훨씬 더 가까이 두고 품으시기를 원하셨던 유대인들은 얼마나 더 영예롭게 높이셨겠는가?" 바레트는 "이스라엘의 변절로 발생했기에 이렇다 할 해결책이 없는 문제"에 대한 이유를 추정해서 이렇게 말한다.Barrett, 166 "그렇게나 많은 특권을 허락받은 사람들이 왜 그리스도 안에서 드러난 하나님의 의는 거절했을까? 엄밀히 말해 그 이유는 그 사람들이 자기들의 특권을 순전히 인간의 수준에서 평가했기 때문이다. 예를 들어, 율법은 그들의 자랑스러운 소유물로서 그들이 마음대로 뽐낼 수 있는 것이었다.……이와 유사하게 성전 예배는 자기만족으로 가득 찬 기념행사가 되어 버렸다."

하지만 이와는 달리 켁은 여기부터 세 장에 걸쳐서 바울이 큰 관심을 두어 다룬 문제는 로마와 그 이외의 지역에서 **이방인 기독교인**들이 유대인들에게 보인 적대감을 진정시키는 일이었다고 본다.Keck, 225 "로마에 있는 이방인 기독교인들은 유대인이 복음을 거부한 필연적 결과 하나님께서 유대 민족을 거부하셨다는 생각이 들기 시작했을 가능성이 있다. 달리 말해 오늘날 '대체주의'supersessionism라고 불리는 것이 로마서 9-11장에서 시작되었다고 여겨진다. 대체주의란 주로 이방인으로 구성된 교회가 하나님의 백성인 이스라엘을 대신하게 되었다고 보는 개념이다." 바울은 이스라엘의 불신앙이라는 난감한 문제뿐만 아니라, 그리스도인의 반유대주의라는 갓 등장한 폐해와도 씨름한다. 무는 여기부터 세 장에 걸쳐 나타나는 사도 바울의 주요 관심사에 대해 C. J. 베커C. J. Becker가 주장한 다음과 같은 견해를 인용한다.Moo, 550 n. 8 바울은 "하나님께서 이스라엘에게 주신 자신의 약속에 신실하시다는 사실을 복음이 확증하지 못한다면 그 복음은 이방인을 향한 복음으로서도 근거와 적합성을 전혀 지니지 못하게 된다"는 사실을 알고 있다. 이러한 하나님의 신실하심에 대해 바울은 11장에서 자세히 다룬다. 케제만은 한 걸음 더 나가, 로마서 9-11장 **전체**를 두루 살핀 후 특히 11장의 **결론 부분**에서 다음과 같은 사실을 밝혀낸다.Käsemann, 258 "유대인은 단지 육체적으로만 바울과 가까운 것이 아니다. 그들은 하나님께서 은혜로 선택하시고 구별하신 백성이다.……그들에게는 '이스라엘 사람Israēlitai'이라는 고귀한 호칭이 부여되었다." 흥미롭게도 우리는 이어지는 세 장에서 바울이 이스라엘을 더 이상 "유대인"이라고 부르지 않고 존중하여 이스라엘 사람들이라고 부르는 것을 보게 된다. 무엇보다 놀라운 일은 11장에서 자세하게 밝히는 것처럼 바울은 이스라엘의 미래와 관련해 매우 주목할 만한 결론에 도달한다는 사실이다. 그러한 결론은 11장을 다룰 때 살펴본다.

마지막으로, 크랜필드는 독자들에게 바울이 9-11장에서 이스라엘에게 부여하는 **호칭**인 **"골육의 친척"**을 주의 깊게 살펴볼 것을 요구한다.Cranfield, 459 이 말은 그리스어로 '아델포이 무'adelphoi mou이며, 문자적 의미는 **"나의 형제"**이다(NRSV에서는 이 말을 **"나의 백성"**으로 옮겼으며, 나는 바울의 따뜻하고 포용적인 의미를 담아내기 위해 **"나의 가족"**이라고 옮긴다). 또 크랜필드는 바울이 일반적으로 사용하는 단어 "형제"에 대해 다음과 같이 설명한다. 성경에서 이 단어는 "거의 언제나 선택된 공동체(이스라엘이나 교회)의 구성원에게 적용된다. 이 사실에서 명확히 드러나는 의미는, 바울이 볼 때 **믿지 않는 이스라엘은 선택된 공동체 밖이 아니라 안에 있다**는 것이다. 이 점을 그리스도인들이 쉽게 잊어버리기에 분명하게 강조할 필요가 있다." 우리가 이 세 장에서 바울이 이스라엘을 어떤 사람들이라고 생각하고 있는지 제대로 파악하기만 하면, 그가 겪는 고뇌를 이해할 수 있다. 쥬웻이 로마서 9-11장의 서론 단락인 9:1-5을 요약한 것이 도움이 되는데, 특히 4-5절에서 바울이 유대인을 존중하여 다음과 같이 설명한 것을 보라.Jewett, 557

유대인의 열 가지 영광스러운 면모

1. 일반 호칭: 이스라엘 사람9:4a
2. 양자 됨9:4b
3. 영광9:4c
4. 언약들9:4d
5. 율법을 세우신 것9:4e
6. 예배9:4f
7. 약속들9:4g
8. 조상들9:5a
9. 그리스도9:5b
10. 그리스도께 돌리는 찬양9:5c

II. 제기된 문제와 일차적인 답: 하나님의 주권9:6-18

6그러나 하나님의 말씀이 폐하여진 것 같지 않도다. 이스라엘에게서 난 그들이 다 이
스라엘이 아니요 7또한 아브라함의 씨가 다 그의 자녀가 아니라 오직 이삭으로부터
난 자라야 네 씨라 불리리라창 21:12 하셨으니 8곧 육신의 자녀가 하나님의 자녀가 아니

요 오직 약속의 자녀가 씨로 여기심을 받느니라. [9]약속의 말씀은 이것이니 명년 이 때
에 내가 이르리니 사라에게 아들이 있으리라[창 18:10, 14] 하심이라.

[10]그뿐 아니라 또한 리브가가 우리 조상 이삭 한 사람으로 말미암아 임신하였는데 [11]
그 자식들이 아직 나지도 아니하고 무슨 선이나 악을 행하지 아니한 때에 택하심을 따
라 되는 하나님의 뜻이 행위로 말미암지 않고 오직 부르시는 이로 말미암아 서게 하려
하사 [12]리브가에게 이르시되 큰 자가 어린 자를 섬기리라[창 25:23] 하셨나니 [13]기록된 바

> 내가 야곱은 사랑하고
> 에서는 미워하였다[말 1:2-3]

하심과 같으니라. [14]그런즉 우리가 무슨 말을 하리요. 하나님께 불의가 있느냐. 그럴
수 없느니라. [15]모세에게 이르시되

> 내가 긍휼히 여길 자를 긍휼히 여기고
> 불쌍히 여길 자를 불쌍히 여기리라[출 33:19]

하셨으니 [16]그런즉 원하는 자로 말미암음도 아니요 달음박질하는 자로 말미암음도 아
니요 오직 긍휼히 여기시는 하나님으로 말미암음이니라. [17]성경이 바로에게 이르시되
내가 이 일을 위하여 너를 세웠으니 곧 너로 말미암아 내 능력을 보이고 내 이름이 온
땅에 전파되게 하려 함이라[출 9:16] 하셨으니 [18]그런즉 하나님께서 하고자 하시는 자를
긍휼히 여기시고 하고자 하시는 자를 완악하게 하시느니라.

9:6-9 크랜필드는 이 첫 구절의 앞부분(6a, "그러나 하나님의 말씀이 폐하여 진 것 같지 않도다")을 다음과 같이 바꿔 말한다.Cranfield, 472-473 **"그러나 내가 방금 슬픔에 관하여 한 말**을 하나님의 말씀 자체가 실패했다는 의미

로 **오해해서는 안 된다**." 이어서 크랜필드는 바울이 바로 뒤에서 하는 말에 비추어 "오해해서는 안 된다"는 구절에 대해 설명하면서, "오늘날 대다수 유대인의 불신앙으로 말미암아 하나님의 말씀을 효력이 없는 것이 되어 버리고 하나님께서 선포하신 은혜로운 목적이 좌절되기에 이르렀다는 의미로 **오해하게 되었다**"고 말한다. 그런 다음 "이 구절6a이 롬 9:6-29 전체를 포괄하는 표지이며, 사실상 9-11장 전체의 표지이자 주제다"라고 결론을 내린다. 이삭은 선택받고 이스마엘은 선택받지 못했지만, 창세기 전체에 걸쳐서는 하나님께서 버림받은 이스마엘까지 품으시는 **보살핌과 사랑**이 강조된다(창 16:10-14, 17:20, 21:13, 17-21을 보라). 하나님의 자비는 우리 독자들이 흔히 생각하는 것보다 훨씬 멀리까지 미친다. 그리고 하나님께서 에서가 아니라 야곱을 선택하신 일(롬 9:10-13, "큰 자가 어린 자를 섬기리라", 창 25장을 보라)은 결코 영원한 선택이 아니라 역사적인 선택이었다.

9:10-13 『유대교 주석 신약성경』[271]도 대다수 그리스도인이 이 로마서 단락을 이해하는 방식에 기꺼이 동의하여 바울이 여기서 야곱이나 다른 누군가의 **공로 행위**에 관해 말하는 것이 아니라, 하나님께서 주권적으로 야곱을 **선택**하신 일에 관해 말하는 것이라고 인정한다. 다시 말해 [『유대교 주석 신약성경』에 나오는 말로 설명하면] "바울이 사용하는 예지나 예정이라는 말을, 하나님께서 사람들이 어떻게 **행할**지를 아시고 그것을 **근거로** 미리 결과를 정하신다는 뜻으로 받아들이는 것을 거부한다. 오히려 여기서는 하나님의 주권적 선택을 크게 강조한다."

그런데 이 단락에서 성경을 인용해말 1:2a-3b에서 강조하고 있는 마지막 13절은, 나 또는 다른 많은 사람이 보기에 바울의 다섯째 복음서 전체에서 가장 이해하기 어려운 구절이다. "**기록된 바 내가 야곱은 사랑하고 에서는 미워하였다 하심과 같으니라.**" 복음을 믿는 사람들이 하나님께서

누군가를 "미워하셨다"고 말할 수 있을까? 휘트워스 대학교에서 함께 일하면서 실력을 인정받는 두 학자가 자신의 로마서 주석에서 제시한 사려 깊은 설명이 내게 큰 도움을 주어 매우 어려운 이 구절을 폭넓은 성경적 맥락에 비추어 이해할 수 있었다. 제임스 에드워즈는 로마서를 에워싸고 있는 두 성경 본문을 인용하여 그러한 맥락을 제시한다.Edwards, 234 "우리 구주 하나님……은 **모든** 사람이 구원을 받으며 진리를 아는 데에 이르기를 원하시느니라."딤전 2:3-4 "하나님이 **세상을** 이처럼 사랑하사 독생자를 주셨으니 이는 **그를 믿는 자마다** 멸망하지 않고 영생을 얻게 하려 하심이라."요 3:16 그리고 로저 모랑은 로마서 10장을 주해하는 끝부분에서 세상의 구원과 관련된 중요한 문제들에 대해 다음과 같이 말한다.Roger Mohrlang, 166 "실제로 고통스럽고 긴급한 이 문제들은 (사람들의 영원한 구원을 다루는 까닭에) 궁극적으로 하나님의 손에 맡겨야 한다. 우리 모두를 위해 당신의 아들을 내어 주신 분께서는 온 세상 사람들의 구원과 관련해 우리가 하는 것보다 훨씬 더 많은 일을 하실 수 있다." 매우 난해한 본문인 로마서 9:13b는 이처럼 사려 깊은 그리스도인 형제들이 제시하는 폭넓은 성경적 맥락에 비추어 이해할 필요가 있다.

크랜필드도 바울이 야곱과 에서에 관해 언급한 구절을 이러한 맥락에 비추어 어떻게 이해해야 하는가에 대해 유익한 논평을 제시한다.Cranfield, 479 "창세기25장에서 나온 것도 아니며, 바울이 (말 1:2-3에서 가져와) 사용하는 것도 아닌 이런 말들이 이 두 사람의 영원한 운명이나, 아니면 그들에게서 발생한 민족들의 구성원의 **영원한 운명**을 가리키고 있다는 점을 분명히 아는 것이 중요하다. 이러한 언급은 **역사 속에 존재한 두 민족의 상호 관계**를 가리킨다." 빌켄스는 효과적인 대조 방식을 적용하여 다음과 같은 사실을 밝혀낸다.Wilckens, 2:209 바울이 로마서 1:18-3:20에서 언급한 오래되고 보편적인 인간의 **죄책**이 로마서 3:21-6:23

에서 하나님께서 그리스도를 통해 베푸신 은혜로운 구원에 의해 반박되고 변형되었던 것처럼, 이제 로마서 9장에서 언급하는 이스라엘의 깊고 **인간적인 죄책**은 로마서 11장에서(특히 25-27절에서 두드러지게) 약속한 대로 장차 하나님께서 이스라엘에게 베푸실 **구원**에 의해 반박되고 변형될 것이다.

9:14-18 내가 이 본문을 힘들게 가르쳐 본 경험을 통해 확인한 바에 따르면 이 단락도 역시 신약성경의 증언 **전체**에 비추어서 해석되어야 하며, 그렇지 않으면 복음의 하나님을 심각하게 오해하게 된다. 무는 이 단락의 마지막 절("그런즉 하나님께서 하고자 하시는 자를 긍휼히 여기시고 하고자 하시는 자를 완악하게 하시느니라")에 대해 두 가지 흥미로운 설명을 제시한다.[Moo, 598] "이 본문은 그 맥락에서 볼 때, 논란거리가 되는 '이중 예정' 교리에 중요한 주석적 토대를 제공하는 것으로 보인다." 그런데 무는 세 쪽 후에 601쪽에서 다음과 같이 결론을 내린다. "하지만 우리가 잊지 말아야 할 사실은 9:30-10:21에서 바울은 유대인이 정죄당한 일을 그들이 굳은 마음으로 믿지 않는 탓으로 돌린다는 점이다. 바울은 하나님의 절대 주권—긍휼히 여기시는 일과 완악하게 하시는 일에서—과 인간의 전적인 책임이라는 두 가지 진리를 서로 조화시키지 않은 채 그저 주장하는 것으로 만족한다. 우리도 그의 방식을 따르는 것이 온당해 보인다."

Ⅲ. 추가 사항: 하나님의 진노와 자비[9:19-29]

[19]혹 네가 내게 말하기를 그러면 하나님이 어찌하여 허물하시느냐. 누가 그 뜻을 대적하느냐 하리니. [20]이 사람아, 네가 누구이기에 감히 하나님께 반문하느냐. 지음을 받은 물건이 지은 자에게 어찌 나를 이같이 만들었느냐 말하겠느냐. [21]토기장이가 진흙

한 덩이로 하나는 귀히 쓸 그릇을, 하나는 천히 쓸 그릇을 만들 권한이 없느냐. [22]만일 하나님이 그의 진노를 보이시고 그의 능력을 알게 하고자 하사 멸하기로 준비된 진노의 그릇을 오래 참으심으로 관용하시고 [23]또한 영광 받기로 예비하신 바 긍휼의 그릇에 대하여 그 영광의 풍성함을 알게 하고자 하셨을지라도 무슨 말을 하리요. [24]이 그릇은 우리니 곧 유대인 중에서뿐 아니라 이방인 중에서도 부르신 자니라.

[25]호세아의 글에도 이르기를

내가 내 백성 아닌 자를 내 백성이라

사랑하지 아니한 자를 사랑한 자라 부르리라.[호 2:23]

[26]너희는 내 백성이 아니라 한 그 곳에서

그들이 살아 계신 하나님의 아들이라 일컬음을 받으리라[호 2:1, 칠십인역성경] 함과 같으니라.

[27]또 이사야가 이스라엘에 관하여 외치되

이스라엘 자손들의 수가 비록 바다의 모래 같을지라도

남은 자만 구원을 받으리니[사 10:22-23, 호 2:1 칠십인역성경]

[28]주께서 땅 위에서 그 말씀을 이루고

속히 시행하시리라 하셨느니라.[사 28:22, 단 5:28 칠십인역성경]

[29]또한 이사야가 미리 말한 바

만일 만군의 주께서 우리에게 씨를 남겨 두지 아니하셨더라면

우리가 소돔과 같이 되고 고모라와 같았으리로다[사 1:9 칠십인역성경] 함과 같으니라.

9:19-24 크랜필드는 이렇게 설명한다. "교회 안에 이방인이 존재한다는 사실은 버림받은 영역—[이방 사람인] 이스마엘과 에서와 파라오, 그리고 믿지 않는 유대인들까지 속한 영역—이라고 해서 하나님의 자비에서 완전히 단절된 것은 아니라는 표지이자 보증이다."[Cranfield, 498]

9:25-29 빌켄스는 많은 독자들이 겉보기에도 호감이 가지 않는 이 본문을 읽고서 제기하는 진지한 질문을 다음과 같이 정리한다.[Wilckens, 2:201] "하나님께서 바로의 마음을 굳게 만드셨다면, 어떻게 하나님께서 그가 그런 마음을 품었다고 정죄할 수 있겠는가? 그처럼 절대적인 하나님의 주권은 인간의 책임을 완전히 폐기하는 것이 아닌가?" 몇 쪽 뒤에서[2:205] 빌켄스는 이렇게 덧붙인다. "뒤에 나오는 11장에서 우리는 이 9장이 이스라엘의 구원사 문제에서 최종 결론이 아니라는 사실을 확인하게 되며, 그런 까닭에 여전히 우리는 바울이 여기서 제기하는 날카로운 주장을 완화하거나 논리적으로 무너뜨릴 근거를 지니지 못한다." 하지만 빌켄스는 매우 난해한 이 9장의 끝부분에서 한 걸음 물러나 주류 기독교계가 묻는 중요한 질문을 다음과 같이 던지고, **이어서** 자신과 기독교계가 생각하는 주된 답변을 제시한다.[2:207] "'하나님은 불의하신가?' 그렇지 않다. 유대인만 아니라 이방인까지 포함해 **모든 인간**을 위해 그리스도께서 죽으시고 부활하신 일을 통해 하나님께서 자신의 의를 분명히 증명하셨는데 어떻게 하나님께서 의롭지 않을 수 있겠는가?" 크랜필드도 이에 동의해 이렇게 말한다.[Cranfield, 447-448] "이 세 장[9-11장]을 하나의 전체로 묶어 다루고 바울의 주장을 끝까지 들어보기도 전에 그에 관해 결론을 내리지 않는 것이 아주 중요하다. 9장을 그 뒤에 나오는 10-11장에서 떼어내 다룬다면 바울과는 전혀 상관없는 의미로 이해할 수 있기 때문이다."

9:30-10:21

단순한 믿음으로 의를 이루시려는 하나님의 계획과 이스라엘의 불신앙

로마서 10장(9장 마지막의 네 절에서 시작한다)은 다음과 같은 구조로 이루어진다.

Ⅰ. 이스라엘의 불신앙 형태9:30-10:4

Ⅱ. 믿음을 보시고 만인을 구원하시려는 하나님의 계획, 자세한 설명10:5-13

Ⅲ. 하나님께서 이끄시는 구원의 연결 고리와 그 안에 참여하라는 권고10:14-21

이스라엘이 성경이라는 풍성한 보화에 더해 장차 구원을 베풀 메시아에 대한 풍부한 약속을 받은 민족이었던 까닭에 사람들은 이스라엘이 역사 속에서 유대인 예수의 삶과 사역을 진지하게 받아들인 백성이었을 것이라고 생각한다. 하지만 놀랍게도 예수가 역사적으로 활동한 수십 년 동안에 예수의 메시지를 기꺼이 받아들인 사람들은 주로 이방인이었다. "도대체 무슨 일인가?" 이는 거대한 수수께끼다. 바울은 이러한 지리적, 인종적, 역사적 수수께끼와 씨름했으며, 우리도 이 서신을 공부하면서 그와 함께 씨름한다. 9장에서 11장까지는 바울이 이러한 이스라엘의 수수께끼에 관해 깊이 성찰한 결과를 담고 있다.

Ⅰ. 이스라엘의 불신앙 형태9:30-10:4

30 그런즉 우리가 무슨 말을 하리요. 의를 따르지 아니한 이방인들이 의를 얻었으니 곧
믿음에서 난 의요 31 의의 법을 따라간 이스라엘은 율법에 이르지 못하였으니 32 어찌

그러하냐. 이는 그들이 믿음을 의지하지 않고 행위를 의지함이라. 부딪칠 돌에 부딪쳤느니라. [33] 기록된 바

> 보라, 내가 걸림돌과 거치는 바위를 시온에 두노니
> 그를 믿는 자는 부끄러움을 당하지 아니하리라[사 28:16, 8:14] 함과 같으니라.

[10:1] 형제들아, 내 마음에 원하는 바와 하나님께 구하는 바는 이스라엘을 위함이니 곧 그들로 구원을 받게 함이라. [2] 내가 증언하노니 그들이 하나님께 열심이 있으나 올바른 지식을 따른 것이 아니니라. [3] **하나님의 의**를 모르고 **자기 의**를 세우려고 힘써 하나님의 의에 복종하지 아니하였느니라. [4] 그리스도는 모든 믿는 자에게 의를 이루기 위하여 율법의 마침이 되시니라.

9:30-33 메시아 예수가 살아 계시는 하나님께 이르는 [그리고 하나님께서 오시는] **유일하고 합당한 길이다**는 기쁜 소식을 믿고서 예수의 메시지를 기꺼이 받아들인 사람들은 열심 있는 이스라엘이 아니라, 이방의 이교도들이었다. (율법에 순종함으로써) 공로를 쌓는 행위들은 하나님께서 정하신 구원에 이르는 길이 **아니다**. 이방인들은 바울과 여러 기독교 선교사들이 그들에게 전해 준 예수에게서 이 사실을 배웠다. 이스라엘 한가운데 세워질 것이라고 이사야 예언자가 예언했던 그 걸림돌은, 놀랍게도 특정한 일들을 공로 삼아 행하는 사람들이 아니라 단순하게 믿는 사람들에게만 허용되는 구원자의 메시지였다. 초기 기독교의 메시지—오직 하나님의 은혜를 통해서, 단순한 믿음만으로 받는, 오직 그리스도에 관한 메시지—는 많은 이스라엘 사람들에게는 걸려 넘어지게 하는 돌이었으나, 하나님께서 구별하신 이방 세계 사람들에게는 천상에서 들려오는 노래였다. 하나님의 그리스도를 단순히 믿음으로써 구원받는다는

이 메시지는 처음 전해진 옛 이방 세계에서 널리 퍼져나갔다. 이 메시지는 오늘날에도 여전히 살아 있다.

4세기에 위僞암브로시우스는 바울의 이 단락을 다음과 같이 복음적으로 설명했다. "그리스도에 대한 믿음을 고백하는 것이 하나님께서 보시기에 참되고 영구한 의로움이다.……율법은 [이렇게] 믿음을 통해 성취된다.……모세의 율법에서 벗어나 그리스도에 대한 믿음에 이르는 사람이 실제로 율법을 성취한다."*The Church's Bible 243* 5세기 때 아우구스티누스는 바울의 이 단락을 다음과 같이 해석했다. "여기서 [비판적으로] 언급된 사람들은 자기들이 공로를 쌓은 대가로 상급을 얻게 되리라고 기대했으며, 또 공로를 하나님의 은혜가 아니라 자기 자신들에게, 곧 자기네 의지의 힘에 속한 것이라고 여겼다."*The Church's Bible 244* 바레트가 바울이 사용한 "**의**"라는 말을 다음과 같이 정의한 것이 도움이 된다. "여기서 의란 하나님과 맺는 바르고 조화로운 관계를 뜻하며, 이런 관계를 통해서만 생명과 구원에 이르게 된다. 의는 하나님의 선물이며 믿음으로 받는 것이다."Barrett, 180

10:1-4 바울은 이스라엘이 구원받기를 간절히 바란다. 그는 예수가 세상의 구주이면서 동시에 이스라엘의 메시아임을 굳게 확신한다. 그는 이스라엘이 하나님을 향해 품었던 열심을 높이 평가하면서도, 하나님께서 당신의 아들을 이스라엘의 메시아로 보내신 일을 이스라엘이 불행하게도 이해하지 못하고 심지어 국가 차원에서 거부한 일을 슬퍼했다. 그렇다. 이스라엘 지도자들은 종교적인 열심히 매우 각별했으며, 그런 의미에서 하나님을 중심으로 삼고 하나님에게 온 관심을 쏟았다. 하지만 실천적인 면과 강조점이라는 측면에서 볼 때, 이스라엘은 공로를 쌓는 행위와 온갖 유형의 규정과 행실에만 크게 열정을 쏟았지 예수 그리스도 안에서 인격적이고 모범적으로 확고하게 제시된 하나님의 은혜

와 진리에 대해서는 별로 신경을 쓰지 않았다. 왜 이스라엘은 하나님께서 예수 안에 초인격적이고 초감성적으로 임재하신다는 사실을 깨닫지도 못하고 기뻐하지도 않는가? 왜 예수가 은혜로운 행동과 메시지로 하나님과 하나님의 뜻을 대리한다는 사실을 깨닫지도 못하고 기뻐하지도 않는가? 하나님께서 메시아 예수에게 주시고, 나아가 단순하게 믿는 모든 사람에게 주신 그 의가 불행하게도 참 하나님 백성이라는 사람들에게 그릇 이해되고 비방을 당했다. 그 사람들은 최초로 하나님의 약속을 받아 자기네 성경 속에 담았으며 그 후 역사적인 예수에게 넘겨주어 흘러 퍼지게 한 백성이 아닌가. 하나님의 메시아를 단순히 믿기만 하면 허락되는 하나님의 구원 메시지를 이스라엘의 종교 지도자들은 기뻐할 수 없었다. 참으로 놀랍고도 감사하게 지중해 지역 전체에서 많은 이방인이 이 구원의 메시지를 기꺼이 받아들였다. 바울은 이방인들이 이렇게 복음을 받아들인 데는 크게 감사했으나, 자기네 백성이 복음을 거부한 데 대해서는 크게 슬퍼했다. 그래서 이 9-11장은 바울의 대표적인 서신인 로마서 한가운데 위치하며, 이 장들을 중심으로 바울은 자기에게 맡겨진 복음에 대해 깊이 설명한다.

고전 주석들을 모아놓은 매우 유용한 책, 『교회의 성경: 초기 기독교 주석가들의 로마서 해석』*The Church's Bible: Romans Interpreted by Early Christian Commentators,* 2012에서 우리는 4세기 교회의 위僞암브로시우스가 바울의 중요한 구절 "**그리스도는……율법의 마침이 되시니라**"를 다음과 같은 최종적 의미로 번역하고 해석한 것을 볼 수 있다. "**그리스도는 모든 믿는 사람들의 의를 위해 율법의 마침이 되신다.**" 이 해석은 바울의 의도가 "그리스도를 믿는 사람은 누구든지 율법을 성취한 것이며……또 이 믿음만으로도 율법 전체와 예언자들의 요구를 충족시킬 수 있다"는 것이었음을 밝혀 준다.[246] 5세기 교회의 아우구스티누스는 바울이 말한 '율법의 마침'이라는 구절이 "어떤 것을 종결하는 것이 아니라 완성하는 마침"을 뜻하는 것이라고 보았다.[247] 하지만 아우구스티누스는 위僞암브로시우스가 이 "마침"을 **은혜**의 관점에서 해석한 것에 동의하면서 이렇게 말했다. 이스라엘은 그릇되게도 "그들 자신의 의를 세우고 스스로 의롭게 되기를 원했다. 그들은 하나님의 은혜를 인정하지 않았는데, 그 이유는 값없이 구원받는다는 것을 거부했기 때문이다. 그러면 값없이 구원받는 사람은 누구인가? 구주에게서 상급을 받을 만한 것이 전혀 없고 정죄만 받아야 할 사람들이다."*The Church's Bible* 247. 같은 쪽에 나오는 오리게네스의 상반된 견해도 보라 서방 교회의 아우구스티누스와 동시대 사람으로 동방 교회에 속했던 크리소스토무스도 아우구스티누스의 복음적 해석에 공감했다. "그리스도를 모신 사람은 온전한 의를 받는다. 비록 율법을 성취하지 못했더라도 그렇다.……그리스도께서 실제로 이 목적을 성취하셨다.……그러므로 당신이 그리스도를 믿는다면, 율법이 명령하는 것 이상으로 율법을 성취하는 것이며 훨씬 더 큰 의를 받게 된다."[249] 이와 비슷하게 현대 학자인 바레트는 이 중요한 4절을 다음과 같이 번역한다.Barrett, 182 **"그리스도께서는 모든 신자들을 위해 의를 이루심으로써 율법의 마침이 됨을 입증하셨다."** 하지만 바레트는 마지막 구절에서 다음과 같이 훨씬 폭넓은 의미를 찾아낸다. "바울이 사용한 말텔로스('끝')은 '마침'뿐만 아니라 '목적'이나 '의도', '목표'를 의미할 수 있으며, 두 가지 의미나 아니면 그 의미들 전체가 합쳐진 의미로 이해하지 말아야 하는 이유는 없다."[184] 바레트는 율법의 책인 신명기에 대해 "하나님과 그의 백성의 관계가 은혜 위에 근거한다고 보는 관념으로 가득 한" 책이라고 말한다.[185] 21세기의 로마서 해석자인 로버트 쥬윗은 이 본문에 관한 연구를 마무리 지으면서 조지 하워드가 본문에 대해 놀라울 정도로 폭넓게 해석한 것을 다음과 같이 인용한다.Jewett, 619-620 "[율법의] '참 **목표**와 **목적**'은 아브라함의 하나님 아래서 약속에 따라 열방이 궁극적으로 하나가 되게 하는 것이다"(굵은 글씨체는 하워드가 강조한 것). 그리고 이것을 근거로 쥬웻은 이 본문의 의미에 관해 내가 살펴본 주석들 가운데서 가장 폭넓은 해석을 끌어낸다. "바울이 그리스인과 유대인과 야만인 사이의 민족적 경계선을 초월하기 위해 이 '모두'라는 말을 반복적으로 사용한다는 점에서 볼 때, 이 구절은 그 속에 온 세상의 평화와 일치를 내포하고 있다." 복음은 만물을 아우르는가? 쥬웻이 이 본문을 이처럼 폭넓게 해석한 것을 더욱 발전시켜 주었으면 좋겠다.

II. 믿음을 보시고 만인을 구원하시려는 하나님의 계획, 자세한 설명 10:5-13

5 모세가 기록하되 율법으로 말미암는 의를 **행하는** 사람은 그 의로 살리라레 18:5 하였
거니와 6 믿음으로 말미암는 의는 이같이 말하되 네 마음에 누가 하늘에 올라가겠느냐
하지 말라 하니 올라가겠느냐 함은 그리스도를 모셔 내리려는 것이요레 18:5 7 혹은 누가
무저갱에 내려가겠느냐 하지 말라 하니 내려가겠느냐 함은 그리스도를 죽은 자 가운
데서 모셔 올리려는 것이라. 8 그러면 무엇을 말하느냐.

> 말씀이 네게 가까워 네 입에 있으며 네 마음에 있다신 30:14

하였으니 곧 우리가 전파하는 믿음의 말씀이라. 9 네가 만일 네 입으로 예수를 주로 시
인하며 또 하나님께서 그를 죽은 자 가운데서 살리신 것을 네 마음에 믿으면 **구원을
받으리라.** 10 사람이 마음으로 믿어 의에 이르고 입으로 시인하여 구원에 이르느니라.
11 성경에 이르되 누구든지 그를 믿는 자는 부끄러움을 당하지 아니하리라사 28:16 하니
12 유대인이나 헬라인이나 차별이 없음이라. 한 분이신 주께서 모든 사람의 주가 되사

그를 부르는 모든 사람에게 부요하시도다. [13] 누구든지 주의 이름을 부르는 자는 구원을 받으리라.욜 2:32

바울은 구약성경이 행위로 말미암는 구원의 메시지를 담고 있다는 데 동의한다. 그러나 또 구약성경, 그중에서도 특히 예언서들 속에는 믿음으로 말미암는 구원이라는 훨씬 깊은 메시지가 많이 들어 있다고 믿으며, 이에 대해 잠시 후 설명할 것이다. 그런데 먼저 6-7절에서 바울은 독자들에게 불가능한 일을 도모하지 말 것을 권한다. 성경에서는 개인적 변화를 이루고자 위로 신성 속으로 **뛰어오르거나**, 아래로 "심연" 속으로 내려가는 **신비적**이거나 **영적인 기법**들을 철저히 배척한다. 우리는 선포된 말씀에 응답해 단순하게 기도함으로써 그리스도께 나아갈 수 있다.

"누구든지 여호와의 이름을 부르는 자는 구원을 얻으리니." 욜 2:32, 로마서에서는 10:13 그런데 우리는 바울이 방금 밝힌 바와 같이 이 주님을 훨씬 이른 시기의 성경책들 속에도 만날 수 있다. **"오직 그 말씀이 네게 매우 가까워서 네 입에 있으며 네 마음에 있은즉 네가 이를 행할 수 있느니라."** 신 30:14, 이스라엘의 율법에 속하는 본문, 바울이 여기 8절에 인용함 이어서 9절과 10절에서 바울은 이 고대의 본문을 현재의 독자들에게 설명한다. "[8] 그러면 무엇을 말하느냐. 말씀이 네게 가까워 네 입에 있으며 네 마음에 있다 하였으니 곧 우리가 전파하는 믿음의 말씀이라. [9] 네가 만일 네 입으로 예수를 주로 시인하며 또 하나님께서 그를 죽은 자 가운데서 살리신 것을 네 마음에 믿으면 **구원을 받으리라.** [10] 사람이 마음으로 믿어 의에 이르고 입으로 시인하여 구원에 이르느니라." 다음으로 바울은 예언자들이 주님에 관해 말하는 본문을 의지해 한 번 더 이 확신을 입증한다. **"성경에 이르되 누구든지 그를 믿는 자는 부끄러움을 당하지 아니하리라."** 사 28:16, 로마서에서는 10:11 또 **"누구든지 여호와의 이름을 부르는 자는 구원을 얻으리니."** 욜 2:32, 로마서에서는 10:13 바울은 인간이 공로를 쌓는 행위나 고귀하고 거룩한 율법을 실천하는 행위로 말미암아 구원을 얻는다고 가르치는 메시지와 비교해, 믿음으로 말미암아 구원을 얻는다는 메시지가 거룩하신 메시아와 그가 베푸는 구원 및 성경을 더 깊고 참되게 제시한다고 굳게 믿고 가르친다.

아우구스티누스가 9절에 관해 설명한 것이 특히 주목할 만하다. "'**네 마음에 믿으면 구원을 받으리라**'는 본문을 읽을 때 어떤 사람들은 이 두 행위 가운데 하나는 **요구되는 것**(믿는 일)이며, 다른 행위는 **받는 것**(구원 받음)이라는 의미로 이해한다. **요구되는 것은 인간의 능력에 속한 것이요, 받는 것은 하나님의 능력에 속한다고 본다**." 이어서 아우구스티누스는 이렇게 질문한다. "그런데 명령으로 부과된 된 일, **그리고** 하나님께서 주시기로 약속한 일, 이 두 가지가 **모두** 하나님의 능력에 속할 수는 없는 것일까?……**믿음**은 성숙해 가는 과정에서뿐만 아니라 시작 단계에서도 **하나님의 선물**이다."*The Church's Bible* 251 아우구스티누스는 복음서들에 기록된 대로 십자가에 처형되어 예수와 나란히 달린 강도가 회개하면서 예수에게 부르짖은 외침이 오직 믿음으로 말미암는 구원을 생생하게 설명해 준다고 보았으며, 그에 대해 이렇게 설명했다. "그 강도는 [그의 외침에 담긴] 힘과 간결함으로 말미암아('예수여, 당신의 나라에 임하실 때에 나를 기억하소서', 눅 23:42) 의롭다고 인정받았다." 아우구스티누스는 다음과 같이 힘주어 말했다. "그 강도는 팔다리가 모두 십자가에 결박되었으나 다음과 같은 두 가지만은 자유로웠다. 그는 '**마음으로** 믿어 의에 이르고 **입으로** 시인하여 **구원**에 이르'렀다.롬 10:8-10" 그래서 아우구스티누스는 이렇게 결론 내린다. "강도는 공로를 인정받아 즉시 '오늘 네가 나와 함께 낙원에 있으리라'눅 23:43는 예수의 대답을 듣게 되었다."

19세기 스위스의 주석가인 고데는 이 본문을 진지하게 살펴 다음과 같이 해석했다.Godet, 382-383 "율법이 인간에게 요구하나5절 인간으로서는 온전히 성취할 수 없는 **행위**들이 이제 그리스도에 의해 ['위로 올라가'] 거룩함으로 하늘을 정복하는 일과 관련된 것이든, 아니면 ['아래로 내려와'] 속죄를 통해 정죄를 폐기하는 일과 관련된 것이든 완전하게 성취되었다. 따라서 구원받기 위해 인간이 해야 할 일로 남은 것은 이 일을 **믿어서** 자기 자신에게 적용하는 것이 전부다.……이 주장은 한눈에 보아도 **행위**는 자신이 담당하고 **우리에게는 믿는 일**만 남겨놓은 그리스도께서……율법의 체제를 완전히 끝내셨다는 사실을 뜻한다.……그래서 구원은 하나님께서 완전히 익은 열매를 은혜로 우리 앞에 두신 것이며, 우리는 믿음의 손을 뻗어 그 열매를 받기만 하면 된다. **행위**는 그리스도의 몫이요, **믿음**은 우리의 몫이다." 켁은 "우리가 다루는 짧은 본문인 9:30-10:21에서 믿음이라는 단어가 열세 번 언급된다"고 지적하고는, "바울은 하나님께서 그리스도 안에서 행하신 일을 신실하게 의지하는 것이 '믿음'이라고 보았으며, 그런 관점에서 이스라엘의 오류를 이해했다"고 결론지었다.Keck, 244 바레트는 8절에 대해 다음과 같이 설명했다. "하나님의 가능성으로서의 믿음은 즉각적인 가능성이다. 인간이 헛되이 [위로는] 하늘에서 찾고 또 [아래로는] 지옥에서 찾는 그 가능성은 하나님에게 있다. 하나님께서는 오직 믿음을 찾으시며, 또 하나님께서 친히 그 [믿음]을 주신다."Barrett, 186 모랑은 이 본문에서 제시하는 세계 선교를 향한 동기부여와 관련해 다음과 같이 힘차게 말한다. "우리 모두를 위해 당신의 아들을 포기하신 하나님께서는 온 세상 사람을 구원하는 일에서 우리가 행하는 것보다 훨씬 많은 일을 하신다."Mohrlang, 166

Ⅲ. 하나님께서 이끄시는 구원의 연결 고리와 그 안에 참여하라는 권고10:14-21

14 그런즉 그들이 **믿지** 아니하는 이를 어찌 **부르리요.**

듣지도 못한 이를 어찌 **믿으리요.**

전파하는 자가 없이 어찌 **들으리요.**

15 **보내심**을 받지 아니하였으면 어찌 **전파하리요.**

기록된 바 아름답도다, 좋은 소식을 전하는 자들의 발이여사 52:7 함과 같으니라.

16 그러나 그들이 다 복음을 순종하지 아니하였도다. 이사야가 이르되 주여, 우리가 전
한 것을 누가 믿었나이까사 53:1 하였으니 17 그러므로 믿음은 들음에서 나며 들음은 그
리스도의 말씀으로 말미암았느니라.

18 그러나 내가 말하노니 그들이 듣지 아니하였느냐. 그렇지 아니하니

그 소리가 온 땅에 퍼졌고

그 말씀이 땅 끝까지 이르렀도다시 19:4 하였느니라.

19 그러나 내가 말하노니 이스라엘이 알지 못하였느냐.

먼저 모세가 이르되 내가 백성 아닌 자로써 너희를 시기하게 하며 미련한 백성으로
써 너희를 노엽게 하리라신 32:21 하였고

20 이사야는 매우 담대하여

내가 나를 찾지 아니한 자들에게 찾은 바 되고

내게 묻지 아니한 자들에게 나타났노라사 65:1 말하였고

21 이스라엘에 대하여 이르되 순종하지 아니하고 거슬러 말하는 백성에게 내가 종일
내 손을 벌렸노라사 65:2 하였느니라.

10:14-15 이 두 절에서 바울은 복음 전도를 향한 연결고리를 제시한다. 이 고리는 하나로 연결되어 하나님께서 구원 메시지를 이 넓은 세상 속으로 전하시는 길이 된다. 단순하게 하나님의 구원자를 **부르는** 모든 사람에게 하나님의 구원이 임한다. 그런데 당연한 일이지만 그런 구원자가 있다는 것을 **믿지 않고서는** 아무도 그를 부르지 않을 것이다. 또 그 구원자에 관한 메시지나 그가 전하는 메시지를 **듣지 않고서는** 아무도 그런 이가 있다는 것을 **믿지 않을 것이다**. 마지막으로 그 구원자의 메시지를 전하라고 하나님에게 **부름받지 않고서는** 그 누구도 이 메시지를 **가져와 전하지 않을 것이다**. 바울은 로마서 전체에 걸쳐서 이렇게 말한다. "나를 비롯해 여러 사람이 이 구원자를 선포하라고 온 세상에 보냄 받았습니다. 로마에 있는 그리스도인인 여러분은 이렇게 보냄 받은 사람들의 선포를 듣는 큰 특권을 누렸습니다. 그리고 이 서신을 읽는 여러분은 이 메시지를 전하는 크고 기쁜 소식을 믿었으며, 이 기쁜 소식이 여러분의 삶을 얼마나 놀랍게 변화시켰는지 알고 있습니다. 그러므로 일어나 오십시오! 이 연결고리에 참여하십시오. 고리 하나를 맡으십시오! 그리고 세상으로 나가세요! '**아름답도다, 좋은 소식을 전하는 자들의 발이여**.' 하나님께서 온 세상을 구원하시려고 당신의 아들을 보내셨다는 소식, 그리고 그 백성이 극히 단순한 믿음으로 받아들인 기쁜 소식, 참으로 놀랍습니다!"

10:16-18 사도 바울은 이사야 예언자도—하나님께서 예언하신 '고난받는 종'의 삶과 그가 배척당한 일을 설명하는 중에사 52:13-53:12—이렇게 다가오는 구원에 대해 매우 강렬하고 명확한 성서적 예언을 제시하면서 그 시작 부분에서 "**우리가 전한 것을 누가 믿었느냐. 여호와의 팔이 누구에게 나타났느냐**"사 53:1라고 물어야 했다는 사실에 용기를 얻는다. 그럼에도 불구하고 바울은 복음을 전하면서 많은 반대에 부딪혀 어려움을 겪

었기에(사도행전을 보라) 그런 반대가 어떤 것이라는 사실을 잘 알았으며, 그래서 계속해서 **"믿음은 들음에서 나며 들음은 그리스도의 말씀으로 말미암았느니라"**[17절]고 확신을 표명한다. 바울이 갈라디아 사람들에게 분명하게 가르쳤듯이,[갈 3:1-5] 믿음과 마찬가지로 성령도—**최초에 그리고 계속해서**—그리스도를 믿으라는 메시지를 단순히 믿고 받아들임으로써 인간의 마음과 삶 속으로 들어온다.

'믿음으로 들음'은 그리스도의 구원하시는 은혜를 받을 수 있는 **최초**이자 **늘 지속되는** 수단이며, 이 은혜는 성령께서 기쁜 소식에 관한 메시지를 통해 인간의 삶에 부어 주신다. 이것이 바울 서신들 전체에서 가르치는 복음의 핵심 가르침 가운데 하나이다.

이어서 바울은 로마의 그리스도인들에게 다음과 같이 묻는다.[18절] **"그러나 내가 말하노니 그들이 듣지 아니하였느냐. 그렇지 아니하니 그 소리가 온 땅에 퍼졌고 그 말씀이 땅 끝까지 이르렀도다[시 19:4] 하였느니라."** 그런데 맥락을 헤아려 보면 이 구절은 하나님께서 우리를 둘러싸고 있는 자연 세계 속에서 자신을 드러내시는 **일반 계시**에 관해 말하는 것으로 보인다. 바울이 로마서에 인용한 것을 보기 전에 이 시편의 시작 부분을 살펴보자.

> 하늘이 하나님의 영광을 선포하고
>
> 궁창이 그의 손으로 하신 일을 나타내는도다.
>
> 날은 날에게 말하고 밤은 밤에게 지식을 전하니 언어도 없고 말씀도 없으며 들리는 소리도 없으나
>
> [그리고 바울의 결정적 구절] 그의 소리가 온 땅에 통하고
>
> 그의 말씀이 세상 끝까지 이르도다.[시 19:1-4]

바울은 지중해 세계가 온통 **자연을 통한 하나님의 자기 계시**로 가득하듯이 이제는 하나님께서 **말씀하시는 복음의 선포**로 충만하다고 믿었다(하나님의 자연 계시에 대한 바울의 전형적 논의는 롬 1:18-23을 보라). 교회가 출현했던 그 시대가 아주 빠르게 복음화되어간 모습이 참으로 놀랍다.

10:19-21 이처럼 갓 태어나고 순교도 마다하지 않는 교회에 이스라엘은 어떻게 대응했는가? 모세는 이스라엘이 다음과 같이 대응할 것이라고 예언했다. **"내가 백성 아닌 자로써 너희를 시기하게 하며 미련한 백성으로써 너희를 노엽게 하리라."** 열광적이고 순교조차 기꺼워하는 이방인들! 그들이 온 세상의 주목을 받게 된 이유는 무엇인가? 사람들은 그들 가운데 메시아가 계시기나 한 것처럼 그들의 모임으로 몰려들었다! 엄청난 일이다! 대예언자 이사야도 주님께서 이 "광적인" 신참자들에 관해, 그리고 그들을 통해 다음과 같이 말씀하실 것이라고 예언했다. **"나는……나를 찾지 아니하던 자에게 찾아냄이 되었으며 내 이름을 부르지 아니하던 나라에 내가 여기 있노라 내가 여기 있노라 하였노라."**사 65:1 1세기와 2세기 때 지중해 주변 세계에 살던 많은 사람이 이렇게 물었다. "이 사람들이 거짓 메시아를 자기네 주님이라고 부를 정도로 심각하게 미혹된 이유는 무엇인가? 이 사람들이 십자가에 처형된 인물을 추종하는 새롭고 기이한 종교를 내세워 우리의 많은 이웃을 끌어가는 이유는 무엇인가? 우리에게는 그런 말도 안 되는 소리를 걸러낼 분별력이 있지 않은가? 이들이 그 남자를 '세상의 구원자'라고 믿는다고? 천만에!" 그런데 이사야는 이방인의 메시아를 예언했을 뿐만 아니라, 더 나아가 선택받은 백성이 그를 거절하리라는 사실까지 예언했다. **"내가 종일 손을 펴서 자기 생각을 따라 옳지 않은 길을 걸어가는 패역한 백성들을 불렀나니."**사 65:2 도대체 무슨 일인가?

고데는 10장 전체의 의미를 다음과 같이 간단명료하게 요약했다.Godet,

[396] "자기들이 움켜쥔 특권에 눈먼 이스라엘은 오직 한 가지 일만 도모했다. 자기네 독점적 권리를 보존하는 것이요, 이 목적을 이루고자 율법을 영속시켰다.[4절] 그래서 그들은 마음을 굳게 닫아걸고 메시아 사역을 이루는 두 가지 본질적 특성에 저항했다. 값없는 구원[5-11절]과 보편적으로 선포되어 만인에게 미치는 구원[12-17절]이 그것이다."

슈툴마허는 바울이 이사야 53장을 복음의 배경으로 사용한 데 대해 다음과 같이 유용한 설명을 제시한다.[Stuhlmacher, 159] "바울이 이 메시지를 [이사야 53장] 그리스도의 복음과 동일시하는 데는 확실한 근거가 있다. 마가복음 10:45(및 병행 구절들)과 14:24(및 병행 구절들)을 보면, 예수는 자신이 겪는 고난의 길을 이사야 53장을 사용해 해석하셨다. 그리고 고린도전서 15:3-5, 로마서 4:25, 고린도후서 5:21에서 우리는 이사야 53:11-12절의 관점에서 예수의 속죄 죽음을 해석하는 것이 예루살렘에서 시작되었던 복음의 핵심이었다는 사실을 알 수 있다." 다음으로 슈툴마허가 언급한 이사야 53:11-12과 신약성경의 본문들을 보자.

> 그가 자기 영혼의 수고한 것을 보고 만족하게 여길 것이라.
> 나의 의로운 종이 자기 지식으로 많은 사람을 의롭게 하며
> 또 그들의 죄악을 친히 담당하리로다.
> 그러므로 내가 그에게 존귀한 자와 함께 몫을 받게 하며
> 강한 자와 함께 탈취한 것을 나누게 하리니
> 이는 그가 자기 영혼을 버려 사망에 이르게 하며
> 범죄자 중 하나로 헤아림을 받았음이니라.
> 그러나 그가 많은 사람의 죄를 담당하며
> 범죄자를 위하여 기도하였느니라.[사 53:11-12]

마가복음 10:45에서 예수는 "인자가 온 것은 섬김을 받으려 함이 아니라 도리어 섬기려 하고 자기 목숨을 **많은 사람의 대속물**로 주려 함이니라"고 말씀하셨다. 또한 마가복음 14:24에서는 "이르시되 이것은 **많은 사람을 위하여** 흘리는 나의 피 곧 언약의 피니라"고 말씀하셨다. 고린도전서 15:3-5에서 바울은 "내가 받은 것을 **먼저** 너희에게 전하였노니 이는 **성경대로 그리스도께서 우리 죄를 위하여 죽으시고** 장사 지낸 바 되셨다가……다시 살아나사……보이"셨다고 썼다. 로마서 4:25에서는 "예수는 **우리가 범죄한 것 때문에 내줌이 되고** 또한 우리를 의롭다 하시기 위하여 살아나셨느니라"고 했다. 고린도후서 5:21에서 바울은 "하나님이 죄를 알지도 못하신 이를 **우리를 대신하여 죄로 삼으신** 것은 **우리로 하여금 그 안에서 하나님의 의가 되게 하려 하심이라**"고 썼다. 그리고 "아무것도 잘못하지 않은 이가 모든 일에 대해 정죄를 당했기에, 모든 일에 그릇된 우리가 정죄를 면하게 되었다"고 말하는 속담을 생각해 보라.

빌켄스는 바울이 빌립보 교인들에게 자기 자신을 소개하면서 "[내가] 그[그리스도] 안에서 발견되려 함이니 내가 가진 의는 율법에서 난 것이 아니요 오직 그리스도를 믿음으로 말미암은 것이니 곧 믿음으로 하나님께로부터 난 의라"[빌 3:9]고 말한 구절에서, 바울이 하나님께서 열어주신 의에 이르는 유일한 길을 얼마나 신뢰하고 갈망하는지 확인할 수 있다고 말한다.[Wilckens, 2:221]

11:1-36

이스라엘과 교회에 관한 신비

로마서 11장은 크게 네 개의 단락으로 나뉘며, 앞쪽의 세 단락은 각각 열 개 정도의 절로 이루어지고, 절정을 이루는 마지막 단락은 네 절로 이루어진 찬송을 담고 있다.

Ⅰ. 이스라엘의 배제가 최종 결말은 아니다11:1-10
  ① 하나님은 언제나 이스라엘의 남은 자들을 보호하셨으며 지금도 보호하신다.11:1-6
  ② 하나님의 목적은 그 최종 목표에서 어긋남이 없다11:7-10
Ⅱ. 이스라엘, 그리고 이제는 이방인이 주도하는 교회11:11-24
Ⅲ. 하나님의 최종 계획의 신비: "모든 이스라엘이 구원받게 된다"11:25-32
Ⅳ. 하나님께 드리는 찬미의 노래11:33-36
보설: 유대인에 대한 신약성경의 다양한 관점들

Ⅰ. 이스라엘의 배제가 최종 결말은 아니다11:1-10

① 하나님은 언제나 이스라엘의 남은 자들을 보호하셨으며 지금도 보호하신다.11:1-6

1 그러므로 내가 말하노니 하나님이 자기 백성을 버리셨느냐. 그럴 수 없느니라. 나도 이스라엘인이요 아브라함의 씨에서 난 자요 베냐민 지파라. 2 하나님이 그 미리 아신 자기 백성을 버리지 아니하셨나니 너희가 성경이 엘리야를 가리켜 말한 것을 알지 못

하느냐. 그가 이스라엘을 하나님께 고발하되 [3]주여, 그들이 주의 선지자들을 죽였으
며 주의 제단들을 헐어 버렸고 나만 남았는데 내 목숨도 찾나이다왕상 19:10-14 하니 [4]그
에게 하신 대답이 무엇이냐. 내가 나를 위하여 바알에게 무릎을 꿇지 아니한 사람 칠
천 명을 남겨 두었다왕상 19:18 하셨으니 [5]그런즉 이와 같이 지금도 은혜로 택하심을 따
라 남은 자가 있느니라. [6]만일 은혜로 된 것이면 행위로 말미암지 않음이니 그렇지 않
으면 은혜가 은혜 되지 못하느니라.

하나님께서 이스라엘에게 주셨던 옛 말씀이 실패한다면, 교회에게 주신 새 말씀은 얼마나 신뢰할 수 있을까? 이 문제로 인해 로마서 9-11장은 복음에 덧붙인 부록이나 보충 설명에 불과한 것이라고 볼 수 없다. 바울은 이 세 장에서 하나님의 복음은 이스라엘을 **배제하는 것이 아니라 포용**하며, 신약성경은 구약을 부정하는 것이 아니라 완성하고, 하나님의 약속—옛 약속과 새 약속—은 하나님 아버지 자신만큼이나 견고하고 신뢰할 만하다고 강하게 주장한다.

교회 주석가들의 도움을 받아 우리는 이 세 장9-11장에서 다루고 이제 그 마지막 장에서 결론에 이르는 문제에 관해 헤아려 볼 수 있다. 니그렌은 다음과 같이 사려 깊게 주장했다.Nygren, 390 "[여기까지 로마서를 읽어오면서] 여전히 우리 앞을 막고 있는 특이한 모호성이 남아 있다. 만일 때가 차서 이스라엘이 완전히 배제되어 버린다면, 하나님께서 당신의 독특한 백성[이스라엘]과 함께 일하신 그 모든 과정이 무슨 소용이 있겠는가? 이것은 반드시 답이 필요한 문제다." 크랜필드는 이러한 이스라엘 문제에 대한 답이 이 장의 앞부분에 나온다고 말한다.Cranfield, 542 "이 본문 전체9-11장의 주제는 '**하나님이 그 미리 아신 자기 백성을 버리지 아니하셨나니**'라고 말하는 2절에서 이미 분명하게 제시되었다."

무엇보다도, **이스라엘의 배제를 결코 확정적인 것이라고 보아서는 안**

된다. (1) 하나님께서 당신의 복음을 이방 세계에 전하도록 선택하신 주요 인물이 누구인지 보라. 1절에서 이 서신의 저자는 자신이 이방인을 위한 사도로 부름받은 **유대인 바울**이라고 말한다. **"나도 이스라엘인이요 아브라함의 씨에서 난 자요 베냐민 지파라."**[1절] 크랜필드는 "하나님께서 당신의 백성인 유대인을 버리셨다면 이방인에게 보낼 특별한 사도로서 유대인을 선택하시지는 않았을 것이다"라고 주장한다.[Cranfield, 543] (2) 구약의 유명한 **선지자** 엘리야를 보라. 바울은 자신의 논점을 성서적으로 튼튼히 다지기 위해 엘리야를 소환해 자신 곁에 세운다. 엘리야가 외치기를 **"주여, 그들[이스라엘 백성]이 주의 선지자들을 죽였으며 주의 제단들을 헐어 버렸고 나만 남았는데 내 목숨도 찾나이다"**라고 했다. 이에 대해 하나님께서는 놀랍게도 이렇게 답하셨다. **"내가 나를 위하여 바알에게 무릎을 꿇지 아니한 사람 칠천 명을 남겨 두었다."** 하나님께서는 최선을 다해 하나님을 섬긴 사자들이 생각했던 것 이상으로 당신의 백성과 맺으신 약속에 신실하셨다. 이 본문이 로마의 그리스도인들에게 주는 첫째 의미는 다음과 같다. 이스라엘은 하나님께서 정하신 복음의 섭리에서 여전히 매우 중요한 요소이다. 하나님은 지금 새 언약의 백성에게 신실하신 것처럼 전에 세우신 옛 언약의 백성에게도 변함없이 신실하시다. 그때나 지금이나 언제든 **"은혜로 택하심을 따라 남은 자"**[5절]가 있으며, 위대하고 신실한 예언자들이라 해도 그들을 볼 수 없었다. 그래서 바울은 이스라엘을 주제로 다루는 여기서 자기의 중심 주제인 복음을 당연한 것으로 끌어들인다. **"만일 [이 남은 자들이] 은혜로 된 것이면 행위로 말미암지 않음이니 그렇지 않으면 은혜가 은혜 되지 못하느니라."**[6절] 바울은 신약성경의 뜨거운 감동을 마음에 품고 구약성경 본문으로 들어간다. 다시 말해, 하나님의 은혜는 우리 힘으로 "공로를 쌓는" 선행과는 상관없는 완전히 별개의 것이다.

② 하나님의 목적은 그 최종 목표에서 어긋남이 없다11:7-10

[7] 그런즉 어떠하냐. 이스라엘이 구하는 그것을 얻지 못하고 오직 택하심을 입은 자가
얻었고 그 남은 자들은 우둔하여졌느니라. [8] 기록된 바

하나님이 오늘까지 그들에게 혼미한 심령과
보지 못할 눈과
듣지 못할 귀를 주셨다신 29:4, 사 6:9-10, 29:10 함과 같으니라.

[9] 또 다윗이 이르되

그들의 밥상이 올무와 덫과 거치는 것과
보응이 되게 하시옵고시 68:23, 칠십인역성경성경
[10] 그들의 눈은 흐려 보지 못하고
그들의 등은 항상 굽게 하옵소서시 35:8 하였느니라.

하나님의 백성 가운데는 기이하게도 "**우둔**"해진 사람들이 늘 있었는데, 여기서 바울은 신명기와 시편과 이사야서를 인용하여 그에 대해 입증한다. 솔직히 말해 하나님의 은혜가 참으로 놀라워 받아들이기가 쉽지 않듯이, 우리로서는 하나님께서 우둔하게 하신 일들을 받아들이기가 어렵다. 하나님께서 우둔하게 하신 것들과 하나님께서 선택하신 것들이 공존할 수 있을까? 내 결론은 복음이 지닌 즐겁고 명료한 부분들뿐만 아니라 별로 유쾌하지 않고 비밀스러운 일들까지 받아들이는 법을 배워야 한다는 것이다.

바울이 제시하는 복음을 그의 의도와 맥락에 비추어 이해하기 위해서 바울이 (1) 신명기에 나오는 모세에 대해, (2) 시편에 나오는 다윗에

대해, (3) 예언서에 나오는 이사야에 대해 언급한 것을 각각의 맥락과 의도에 비추어서 순서대로 간략하게 살펴본다.

1. **신명기 29장**에서 **모세**는 이스라엘에게 경고하여, "깨닫는 마음과 보는 눈과 듣는 귀는 오늘까지 여호와께서 너희에게 주지 아니하셨느니라"신 29:4 고 말했다. 하지만 이 경고는 그때 모압 땅에서 모세가 하나님과 이스라엘이 맺은 언약을 **갱신**하는 하나님의 약속을 제시하는 과정에서 이루어졌다는 점에 주목하라. 하나님께서는 이스라엘에게 문제가 많은데도 그들과 약속하셨으며, 또 같은 장을 보면 어리석기는 하나 돌이킬 여지가 있는 이 백성에게 복음의 정신에 따라 언약을 베푸신다. "오늘 너희[가]……다 너희의 하나님 여호와 앞에 서 있는 것은 네 하나님 여호와의 언약에 참여하며 또 네 하나님 여호와께서 오늘 네게 하시는 맹세에 참여하여 여호와께서 네게 말씀하신 대로 또 **네 조상 아브라함과 이삭과 야곱에게 맹세하신 대로 오늘 너를 세워 자기 백성을 삼으시고 그는 친히 네 하나님이 되시려 함이니라.**"신 29:10-13 이스라엘이 지금까지 하나님께 우둔한 마음으로 살아왔지만, 이제 하나님은 뉘우치는 이스라엘에게 그들의 하나님이 되시겠다고 약속하신다. 여기서 확인할 수 있듯이 성경에 나오는 하나님의 경고들은 대체로 약속에 대한 서언으로 제시된다. 브레바드 차일즈Brevard Childs는 『구약정경개론』*Introduction to the Old Testament as Scripture*, 219에서 이 놀라운 신명기 구절에 대해 다음과 같이 언급했다. "이 '두 번째 세대'와 맺은 언약을 갱신하는 행위에서 모세는 [그 언약의] 성취 속에다 새로운 세대뿐만 아니라 미래의 모든 세대도 포함한다."신 29:15 발터 아이히로트Walther Eichrodt는 『구약성서신학』*Theology of the Old Testament*, 1:54에서 하나님의 신실한 언약이 지니는 영속성의 놀라운 모습을 이렇게 설명한다. "하나님의 사랑의 행위는 그 변함없는 지속성으로 말미암아 지극히 강한 힘을 발휘한다. 인간은 언약을 취소할 수

없다. 인간이 언약을 깨뜨린다면 그것은 단지 언약의 조건들을 어겼다는 것을 뜻할 뿐이다. 하나님에게만 이 관계를 해소할 힘이 있으나 하나님은 결코 그 힘을 사용하지 않으신다는 사실에서 하나님 사랑의 위대함이 드러난다."

2. **시편 69편**에서 **다윗**은 원수들에게 공격당한 후 하나님께 나아가 탄식한다. "주께서 나의 비방과 수치와 능욕을 아시나이다.……비방이 나의 마음을 상하게 하여 근심이 충만하니……그들의 밥상이 올무가 되게 하시며 그들의 평안이 덫이 되게 하소서. 그들의 눈이 어두워 보지 못하게……하소서."시 69:19-23 그런데 바울은 옛날의 이스라엘에서 다윗이 자기 원수들에 관해 말한 이 본문을 가져다 자기 자신이 현재의 이스라엘 가운데서 마주치는 원수들에게 적용한다.9-10절 하지만 다윗의 탄식시는 찬양시로 끝난다. 곤경에 처한 이스라엘 사람들이 다윗을 보니, 그가 원수들에게 수치를 당하면서도 자기들에게 다음과 같이 믿음으로 권고하기 때문이다. "곤고한 자가 이를 보고 기뻐하나니 하나님을 찾는 너희들아, 너희 마음을 소생하게 할지어다. 여호와는 궁핍한 자의 소리를 들으시며 자기로 말미암아 갇힌 자를 멸시하지 아니하시나니." 시 69:32-33

3. 마지막으로 **이사야 29장**에서 **이사야**는 이스라엘에 대하여 "대저 여호와께서 깊이 잠들게 하는 영을 너희에게 부어 주사 너희의 눈을 감기셨음이니 그가 선지자들과 너희의 지도자인 선견자들을 덮으셨음이라"10절고 탄식한다. 그런데 끝에서 이사야는 자기보다 앞선 모세와 다윗처럼, "**못 듣는 사람**이 책의 말을 들을 것이며 어둡고 캄캄한 데에서 **맹인**의 눈이 볼 것이며 **겸손한 자**에게 여호와로 말미암아 기쁨이 더하겠고 사람 중 **가난한 자**가 이스라엘의 거룩하신 이로 말미암아 즐거워" 하는 날이 이르게 될 것이라고 기뻐한다.18-19절 우리는 이사야의 약속 가

운데서 예수께서 말씀하신 팔복에 대한 전주곡을 들을 수 있다. "**심령이 가난한** 자는 복이 있나니 천국이 그들의 것임이요 **애통하는** 자는 복이 있나니 그들이 위로를 받을 것임이요 **온유한** 자는 복이 있나니 그들이 땅을 기업으로 받을 것임이요 **의에 주리고 목마른** 자는 복이 있나니 그들이 배부를 것임이요."마 5:3-6

성경적이고 역사적인 사례 세 가지를 다루는 이 단락에서 제시하는 가르침을 요약하면 "하나님께서는 당신의 옛 백성을 버리지 않으신다"는 것이다. 이 사실은 성경에서 이스라엘에게 주신 다음과 같은 큰 약속들을 떠올리게 만든다(나아가 바울이 이 단락에서 주장하는 중심 논점을 제시한다).

> 여호와께서는 너희를 자기 백성으로 삼으신 것을 기뻐하셨으므로 여호와께서는 그의 크신 이름을 위해서라도 자기 백성을 버리지 **아니하실 것이요.**삼상 12:22

> 여호와께서는 자기 백성을 버리지 **아니하시며** 자기의 소유를 외면하지 **아니하시리로다.**시 94:14

그리고 무엇보다도 그림 그리듯 힘주어 강조하는 다음과 같은 말씀을 떠올리게 한다.

> 여호와께서 이와 같이 말씀하시니라.
> 위에 있는 하늘을 측량할 수 있으며
> 밑에 있는 땅의 기초를 탐지할 수 있다면
> 내가 이스라엘 자손이 행한 모든 일로 말미암아
> 그들을 다 버리리라. 여호와의 말씀이니라.렘 31:37

아우구스티누스는 이스라엘에 대해 불평하는 엘리야에게 하나님께서 "내가 나를 위하여 바알에게 무릎을 꿇지 아니한 사람 칠천 명을 남겨 두었다"라고 대답하신 말씀에서 하나님의 주권을 밝혀내고, 이에 대하여 복음의 관점에서 "하나님께서는 '내게……남아 있다'라거나 '그들이 나를 위해 남았다'라고 말씀하시질 않고 '내가 나를 위하여……**남겨 두었다**'라고 말씀하셨다"고 설명했다.*The Church's Bible*, 262 크랜필드도 하나님께서 칠천 명을 "남겨 두었다"라는 말을 살펴서 깊은 성경적 의미를 밝혀낸다.Cranfield, 547 "칠천이라는 수는……성경과 유대교*TWNT* 2:623-631에서 7과 7의 배수가 완전과 완벽함을 가리키는 독특한 의미를 지닌다는 사실에 비추어 이해할 수 있다.……[그러므로 여기서 7,000은] 하나님께서 자기 백성을 구원하려는 계획을 어김없이 지키시며……그래서 그 계획은 변하거나 어긋남이 없이 최종 목표에 이르게 된다는 것을 선언하는 것이다." 이것이 이 난해한 단락의 바탕을 이루는 주제이다. 케제만은 이스라엘의 편에서 볼 때 "유대교가 자기에게 약속된 구원에 이르지 못하도록 막은 것은 세상적인 죄가 아니라 경건한 행위"였다고 주장하면서, 역사에서 진짜 커다란 문제는 "인간이 은혜의 힘에 복종하지 않을 때 우주의 내재적 힘이 **종교성**의 정점을 차지하게 되는 일"이라고 덧붙이고는 결론으로 다음과 같이 주장한다.Käsemann, 302 "참 하나님께 이를 수 있는 길은 오직 하나, 믿음의 의뿐이며, 여기에서 교회와 회당이 갈라진다……더 이상 자기 자신에게 희망을 두지 않는 사람에게만 희망이 있다. 구원하시는 하나님은 인간에게 아무런 출구도 남아 있지 않을 때 자신을 계시하신다."

II. 이스라엘, 그리고 이제는 이방인이 주도하는 교회11:11-24

[11] 그러므로 내가 말하노니 그들이 넘어지기까지 실족하였느냐. 그럴 수 없느니라. 그들이 넘어짐으로 구원이 이방인에게 이르러 이스라엘로 시기나게 함이니라. [12] 그들의 넘어짐이 세상의 풍성함이 되며 그들의 실패가 이방인의 풍성함이 되거든 하물며 그들의 충만함이리요.

[13] 내가 이방인인 너희에게 말하노라. 내가 이방인의 사도인 만큼 내 직분을 영광스럽게 여기노니 [14] 이는 혹 내 골육을 아무쪼록 시기하게 하여 그들 중에서 얼마를 구원하려 함이라. [15] 그들을 버리는 것이 세상의 화목이 되거든 그 받아들이는 것이 죽은 자 가운데서 살아나는 것이 아니면 무엇이리요. [16] 제사하는 처음 익은 곡식 가루가 거룩한즉 떡덩이도 그러하고 뿌리가 거룩한즉 가지도 그러하니라. [17] 또한 가지 얼마가 꺾이었는데 돌감람나무인 네가 그들 중에 접붙임이 되어 참감람나무 뿌리의 진액을 함께 받는 자가 되었은즉 [18] 그 가지들을 향하여 자랑하지 말라. 자랑할지라도 네가 뿌리를 보전하는 것이 아니요 뿌리가 너를 보전하는 것이니라. [19] 그러면 네 말이 가지들이 꺾인 것은 나로 접붙임을 받게 하려 함이라 하리니. [20] 옳도다, 그들은 믿지 아니하므로 꺾이고 너는 믿으므로 섰느니라. 높은 마음을 품지 말고 도리어 두려워하라. [21] 하나님이 원 가지들도 아끼지 아니하셨은즉 너도 아끼지 아니하시리라. [22] 그러므로 하나님의 인자하심과 준엄하심을 보라. 넘어지는 자들에게는 준엄하심이 있으니 너희가 만일 하나님의 인자하심에 머물러 있으면 그 인자가 너희에게 있으리라. 그렇지 않으면 너도 찍히는 바 되리라. [23] 그들도 믿지 아니하는 데 머무르지 아니하면 접붙임을 받으리니 이는 그들을 접붙이실 능력이 하나님께 있음이라. [24] 네가 원 돌감람나무에서 찍힘을 받고 본성을 거슬러 좋은 감람나무에 접붙임을 받았으니 원 가지인 이 사람들이야 얼마나 더 자기 감람나무에 접붙이심을 받으랴.

바울이 묘사하는 이 인상 깊은 그림에서 참감람나무(그 뿌리와 가지를 포함해)는 이스라엘이며, 돌감람나무(그 순과 가지를 포함해)는 이방 세계이다. 이방인들이 이스라엘에 접붙여진다. 이 그림에서 바울이 **누구에게** 역사적이고 신학적인 우선권을 두는지 살펴보라. 이 본문은 이방 기독교계가 늘 겸손함을 잊지 않도록 돕는다. 신약성경 어디에서 이스라엘이 이 본문에서처럼 높이 치켜세워진 적이 있는가? 여기서처럼 이방 기독교계가 낮잡아진 곳이 어디 있는가? 세 장에 걸쳐서 이스라엘과 교회를 살펴본 바울의 논의는 이제 결론에 이르러서 그 둘 모두를 무릎 꿇게 만든다.

미헬은 바울이 여기서 이방인 기독교인들에게 "높은 마음을 품지 말고 도리어 두려워하라"[20절]고 훈계한 것에 대해 설명하면서, "바울이 두려워하라고 강조하는 말은 받은 구원을 소중히 여기며 자기를 자랑하지 말고 자기 확신에 빠지지 말라는 뜻"이라고 말한다.[Michel, 277 n.5] 에드워즈는 루터가 이 본문을 주석한 것을 읽고서 바울이 극적으로 묘사한 **교회-이스라엘 상**을 창세기 마지막 몇 장에서 극적으로 묘사하고 있는 **요셉-야곱 배경**에 비추어서 이해하는 법을 배웠다.[Edwards, 271] "야곱의 아들들(이스라엘!)이 요셉을 미워하여 노예로 팔아 버린 후 몇 년 지나지 않아 전혀 뜻밖의 방식[구원을 얻는 방식]으로 자기네 형제[요셉]와 재회했던 것처럼, [루터의 주해에 따르면] '그리스도를 이방인에게 넘겨주었던 유대인들은 마침내 그가 다스리게 되는 때가 되면 [구원을 얻는 방식으로] 그분 앞에 서게 될 것이다'."[『로마서 강해』, 315f] 이와 동일한 맥락에서, 나는 켁의 도움을 받아 17절에 나오는 그리스어 '엔 아우토이스'[en autois]를 바르게 해석하면 (여러 번역본처럼) "그들 **대신에**"[안티 아우톤(anti autōn)]가 아니라 '이스라엘 가운데서'라고 이해해야 하며, 따라서 이방의 "돌감람나무가 그들 중에[en autois] 접붙임이 되어"라고 읽어야 한다는 것을 알았다.[Keck, 275] 이렇게 볼 때 여기서 바울은 **이스라엘을 치켜세우고 이방**

인에게 경고하고 있는 것이다. 마지막으로 크랜필드는 그리스도인 독자들에게 "이 세 장[9-11장]은 교회가 유대 백성을 완전히 대신하게 되었다는 식으로 주장할 가능성을 완전히 차단한다"는 사실을 분명히 알 필요가 있다고 강조한다.Cranfield, 448

요컨대 에베소서 2:11-19이 이 로마서 본문을 가장 사려 깊게 이해할 수 있는 시각을 제공해 준다.

> 그러므로 생각하라. 너희는 그 때에……[에베소에 있는] 이방인이요……그리스도 밖에 있었고 이스라엘 나라 밖의 사람이라. 약속의 언약들에 대하여는 외인이요 세상에서 소망이 없고 하나님도 없는 자이더니 이제는 전에 멀리 있던 너희가 그리스도 예수 안에서 그리스도의 피로 가까워졌느니라. 그는 우리의 화평이신지라. 둘로 하나를 만드사 원수 된 것 곧 중간에 막힌 담을 자기 육체로 허시고 법조문으로 된 계명의 율법을 폐하셨으니 이는 이 둘로 자기 안에서 한 새 사람을 지어 화평하게 하시고 또 십자가로 이 둘을 한 몸으로 하나님과 화목하게 하려 하심이라. 원수 된 것을 십자가로 소멸하시고……그러므로 이제부터 너희[에베소에 있는 이방인]는 외인도 아니요 나그네도 아니요 오직 성도들과 동일한 시민이요 하나님의 권속이라.

III. 하나님의 최종 계획의 신비 : "모든 이스라엘이 구원받게 된다"11:25-32

25 형제들아, 너희가 스스로 지혜 있다 하면서 이 신비를 너희가 모르기를 내가 원하지 아니하노니 이 신비는 이방인의 충만한 수가 들어오기까지 이스라엘의 더러는 우둔하게 된 것이라. 26 그리하여 온 이스라엘이 구원을 받으리라. 기록된 바

구원자가 시온에서 오사
야곱에게서 경건하지 않은 것을 돌이키시겠고사 59:20-21, 시 14:7
27 내가 그들의 죄를 없이 할 때에
그들에게 이루어질 내 언약이 이것이라 함과 같으니라.렘 31:33-34, 사 27:9

28 복음으로 하면 그들이 너희로 말미암아 원수 된 자요 택하심으로 하면 조상들로 말
미암아 사랑을 입은 자라. 29 하나님의 은사와 부르심에는 후회하심이 없느니라. 30 너
희가 전에는 하나님께 순종하지 아니하더니 이스라엘이 순종하지 아니함으로 이제 긍
휼을 입었는지라. 31 이와 같이 이 사람들이 순종하지 아니하니 이는 너희에게 베푸시
는 긍휼로 이제 그들도 긍휼을 얻게 하려 하심이라. 32 하나님이 모든 사람을 순종하지
아니하는 가운데 가두어 두심은 모든 사람에게 긍휼을 베풀려 하심이로다.

11:25a 칼뱅은 이렇게 말했다.Calvin, 254 "오래 지연되어 낙심될 때마다 이 '신비'mystery라는 말을 기억하도록 하자. 바울이 이 단어를 사용해서 분명하게 가르치려는 것은 이스라엘의 회심은 독특하고 전례가 없는 방식으로 일어날 것이요, 그런 까닭에 제 판단으로 [이 신비를] 파헤쳐 보려고 하는 자들은 오류에 빠지게 될 것이라는 점이다.……바울이 그것을 신비라고 부르는 까닭은 계시되기 전까지는 그것을 이해할 수 없기 때문이다." 참으로 현명한 조언이다. 하나님께서는 당신의 백성을 이끌어 그리스도 안에 있는 구원에 들게 하려는 계획을 세우셨다. 긴 세월 동안 이 본문을 해석해 온 사람들은 대체로 이스라엘이 예수 그리스도를 믿고 영접하는 일은 그리스도께서 영광 중에 다시 오실 때—파루시아Parousia, 재림 때—이루어지게 된다는 것이 바울의 의도였다고 생각했다.

11:25b-26a 고데가 이 본문을 좀 더 폭넓은 맥락에서 다음과 같이 설명한 것이 도움이 된다.Godet, 2:410-11 "이방 세계가 완전히 돌아오는 때는 예

수가 누가복음 21:24에서 '카이로이 에트논'kairoi ethnōn, 문자적으로는 '이방인의 때' 이라는 독특한 말로 가리키는 시대로, 누가는 암묵적으로 이 시대를 하나님이 다스리는 시대 곧 '유대인의 때'눅 19:42, 44와 대조한다. 예수는 바울의 생각과 완전히 동일한 의미로 '예루살렘은 이방인의 **때가 차기까지** 이방인들에게 밟히리라'눅 21:24고 덧붙이는데, 이 말은 분명 이방인의 때가 지난 후 예루살렘이 해방되고 회복되리라는 것을 가리킨다. 마태복음24:14과 마가복음13:10에서 모두 기록하고 있듯이 예수는 이러한 [종말에 관한] 담화에서 '이 천국 복음이 모든 민족에게 증언되기 위하여 온 세상에 전파되리니 그제야 끝이 오리라'고 말한다. 이 '끝'에는 유대인들이 최종적으로 구원되는 일이 포함된다.……이방인들의 회개가 완료될 때까지 유대인 가운데서는 개인적인 회개만 이루어질 것인데, 이 목표가 완료되기만 하면 [유대인의] 회개가 집단적으로 일어날 것이다." 크랜필드는 사려 깊게 우리가 조심해야 할 점을 다음과 같이 밝힌다.Cranfield, 579 "바울 당시의 유대인들이 꿈꾸었던 대로 독립과 정치적 힘을 쟁취한 국가를 다시 세우는 희망을 강조하는 흔적은 찾아볼 수 없으며, 그에 더해 현대의 이스라엘 민족 국가를 성서적으로 재가하는 것이라고 해석할 수 있는 실마리도 전혀 없다." 나도 이에 동의한다. 그리고 나는 이런 현대의 쟁점을 『마태복음 주석』*Matthew Commentary*, 개정증보판, 2004에서 "이스라엘학: 유대민족과 기독교의 반유대주의, 기독교 시오니즘, 기독교가 유대인을 전도할 특권"이라는 제목의 부록2:340-347으로 다루었다.

11:26b 바울이 인용한 **이사야** 본문은 실제로는 **"구원자가 시온에 오실 것"**이라고 예언하는 것이며, 이 일은 **구원을 베푸시는 예수께서 이스라엘에 오셨을 때** 이루어졌다. 하지만 바울은 이사야가 **"구원자가 시온에서 오사"**라고 예언한 것으로 받아들였으며, 이 예언은 이사야가 한 말

이 아닌데도, 유대 사람 예수가 복음을 들고 이스라엘이라고 불리는 **유대의 시온**에 등장함으로써 역사 속에 이루어지게 되었다. 여기서 바울이 제기하는 논점은 **이스라엘 사람 자신**이 **이스라엘의 구원자**가 되는 영광을 누리게 된다는 것이다. 하나님께서 베푸시는 구원의 주체이면서 동시에 최초의 대상이 바로 **이스라엘 사람**이었으며, 그만큼 하나님은 이스라엘을 많이 사랑하셨다. 그러므로 "**이스라엘의 구원이 시온에서 나오기를 원하도다. 여호와께서 그의 백성을 포로된 곳에서 돌이키실 때에**……"라는 시편 기자의 기도[시편 14:7]는 예수가 시온에 올 뿐만 아니라 시온에서 나왔을 때 문자적으로 성취되었다.

11:27 이스라엘뿐만 아니라, 그 후로 세상 어디서든 믿는 사람 모두에게 하나님께서 구원을 약속하시는 새 언약의 중심에는 하나님께서 용서하셔서 죄를 없애 주시겠다는 약속이 있다. 그런데 바로 이것이 예레미야의 하나님께서 당신의 포로된 백성에게—일시적일 뿐만 아니라 "영구한" 사랑으로—약속하신 것이다. 예레미야는 이렇게 주님께서 이끄시는 길을 다음과 같이 예언한다. "여호와의 말씀이니라. 그 때에 내가 이스라엘 모든 종족의 하나님이 되고 그들은 내 백성이 되리라.……내가 영원한 사랑으로 너를 사랑하기에 인자함으로 너를 이끌었다."[렘 31:1, 3]

11:28 바울은 이렇게 말한다. "그렇다. 로마의 그리스도인들이여, 복음에서 보면 이스라엘 사람들은 지금 너희 원수다." 그 까닭은 너희가 그리스도께 바치는 충성 때문이다. 그러나 "**택하심으로 하면**" 사실 그들은 "**조상들로[조상들이 받은 약속으로] 말미암아 사랑을 입은 자라**." 바울은 하나님께서 옛 이스라엘에게 주신 당신의 약속을 결코 잊지 않으셨다고 확신하며, 자기 편지를 읽는 사람들에게도 이러한 하나님의 인내하심을 신뢰하라고 권한다.

11:29-32 하나님은 인간이 상상하는 이상으로 오래 인내하시고 크게

참으시며 신실하시다. 믿음을 지닌 인간인 우리조차도 하나님께서 당신이 지으신 온 세상을 향해 품으신 사랑이 얼마나 크고 넓은지, 또 온 세상이 당신을 신뢰하기를 얼마나 바라시는지 아주 희미하게만 알 수 있다. 하나님께서 은사와 소명을 주시면 결코 그 마음을 바꾸지 않으신다. 하나님의 은사와 부르심에는 "**후회하심이 없으며**" 우연한 것도 없다. 또 그것은 영구하며 폐기되지도 않는다. 하나님께서 "**모든 사람을 순종하지 아니하는 가운데 가두어**" 두신 일도 "**모든 사람에게 긍휼을 베풀**"기 위해서 그렇게 하신 것이다.

이 단락 끝에 나오는 바울의 마지막 구절("**하나님이 모든 사람을 순종하지 아니하는 가운데 가두어 두심은 모든 사람에게 긍휼을 베풀려 하심이로다**")에 대해 크랜필드가 다음과 같이 균형 있고 사려 깊게 설명했다.Cranfield, 588 "여기서는 이 구절(또는 이에 더해 롬 5:18과 딤전 2:4 같은 구절들)을 토대로 삼아 보편구원론을 세우려고 생각한다거나, 또는 신약성경 속에 풍성하게 들어 있는 엄숙하고 긴급한 경고들을 끌어다가 어떤 사람들을 하나님의 크신 자비에서 완전하고 확실하게 배제하는 확고한 근거로 삼으려고 하는 일을 단념하는 것이 현명해 보인다." 아버지 하나님, 우리가 주님의 약속과 경고를 두려워하고 존중할 수 있도록 도와주소서.

Ⅳ. 하나님께 드리는 찬미의 노래11:33-36

33 깊도다, 하나님의 지혜와 지식의 풍성함이여욥 11:7
그의 판단은 헤아리지 못할 것이며,
그의 길은 찾지 못할 것이로다.욥 5:9, 9:10
34 누가 주의 마음을 알았느냐.
누가 그의 모사가 되었느냐.사 40:13 칠십인역성경, 욥 15:8, 렘 23:18

35 누가 주께 먼저 드려서 갚으심을 받겠느냐.욥 41:3 칠십인역성경(?), 이 일이 가능한 경우에 대해서는 Moo, 742 n.19를 보라

36 이는 만물이 주에게서 나오고 주로 말미암고 주에게로 돌아감이라.
그에게 영광이 세세에 있을지어다. 아멘.

위에 언급한 바울의 본문에 인용된 구약성경 구절들을 옛 형태로 살펴보면 참 감동적이다.

> 네가 하나님의 오묘함을 어찌 능히 측량하며 전능자를 어찌 능히 완전히 알겠느냐.욥 11:7

> 하나님은 헤아릴 수 없이 큰 일을 행하시며 기이한 일을 셀 수 없이 행하시나니.욥 5:9, 유사한 본문 욥 9:10

> 하나님의 오묘하심을 네가 들었느냐 지혜를 홀로 가졌느냐.욥 15:8

> 누가 여호와의 회의에 참여하여 그 말을 알아들었으며 누가 귀를 기울여 그 말을 들었느냐.렘 23:18

마지막으로, 바울은 9-11장에서 **하나님**에 관해 설명한다. 바울은 자기가 하나님 아들의 사도이긴 하나 자신에게 인간적인 한계가 있음을 분명히 알았다. 하나님은 무한히 신비로우시고, 우리 인간은 인간에게 적합한 방식 이상으로 하나님에 관해 많은 것을 안다고 생각해서는 안 되며, 이는 사도들이라고 해도 마찬가지이다. **하나님께서 세상을 구원하기 위해 세우신 계획**은 하나님의 특별한 백성인 이스라엘에게 점진적으로

알려졌으며, 다음으로 하나님의 아들이면서 역사적으로 이스라엘 사람인 예수 그리스도를 통해, 특히 그의 가르침과 행위를 통해 분명하게 알려졌고, 마지막으로 십자가에 달리고 부활하신 예수 그리스도로 말미암아 이스라엘 사람 바울 및 그리스도의 다른 사도들과 일꾼들(특히 복음서 저자들이나 다른 신약성경 저자들)에게 알려졌다. 그러한 구원 계획이 이제 **우리 앞에 펼쳐진 성경을 통해** 우리에게 특권으로 허락되었다. 그런 까닭에 바울이 하나님께서 이스라엘과 교회와 세상과 함께 일하시는 역사적 방식들을 다룬 이 비밀스러운 이 세 장을 마무리 지으면서 하나님을 향해 순전한 찬양을 올리는 것은 참으로 적절하다.

보설: 유대인에 대한 신약성경의 다양한 관점들

빌켄스는 신약성경에서 유대인을 이해하는 다양한 관점들과 바울의 초기 견해를 연구하여 교회에 크게 기여했다.[Wilckens, 2:184-185] 그에 따르면 바울은 로마서와 비교해 초기 서신인 데살로니가전서에서 이스라엘에 대해 훨씬 더 적대적인 모습을 보였다. 다음의 본문을 예로 들 수 있다. "형제들아, 너희가 그리스도 예수 안에서 유대에 있는 하나님의 교회들을 본받은 자 되었으니 그들이 유대인들에게 고난을 받음과 같이 너희도 너희 동족에게서 동일한 고난을 받았느니라. 유대인은 주 예수와 선지자들을 죽이고 우리를 쫓아내고 하나님을 기쁘시게 하지 아니하고 모든 사람에게 대적이 되어 우리가 이방인에게 말하여 구원받게 함을 그들이 금하여 자기 죄를 항상 채우매 노하심이 끝까지 그들에게 임하였느니라."[살전 2:14-16]

복음서들에 실린 여러 예수 전승이 보여주는 유대인과의 관계는 데살로니가 교인들에게 보낸 이 서신에서 바울이 초기에 유대인들을 대했던 관계와 크게 다르지 않다. 유대인들을 가장 거칠게 대한 본문은 놀랍게도 마태복음과 요한복음에 나온다. 예를 들어 마태복음 8:10-12에서 예수는 이방인 백부장의 놀라운 믿음에 대해 이렇게 평한다. "예수께서 들으시고 놀랍게 여겨 따르는 자들에게 이르시되 내가 진실로 너희에게 이르노니 이스라엘 중 아무에게서도 이만한 믿음을 보지 못하였노라. 또 너희에게 이르노니 동서로부터 많은 사람이 이르러 아브라함과 이삭과 야곱과 함께 천국에 앉으려니와 그 나라의 본 자손들은 바깥 어두운 데 쫓겨나 거기서 울며 이를 갈게 되리라." 마태복음 22:1-14에 나오는 혼인 잔치 비유와 신약성경 여러 곳에 나오는 평행본문들을 보라.

마태복음 23:29-39을 보면, 예수가 "성경교사들"(서기관들에 대한 내 번역)과 "중직자들"(바리새인들에 대한 내 번역)을 비판하는 설교가 예루살렘에 있는 거의 모든 이스라엘 사람들을 신랄하게 공격하는 결론으로 이어진다.

> 화 있을진저, 외식하는 서기관들과 바리새인들이여, 너희는 선지자들의 무덤을 만들고 의인들의 비석을 꾸미며 이르되 만일 우리가 조상 때에 있었더라면 우리는 그들이 선지자의 피를 흘리는 데 참여하지 아니하였으리라 하니 그러면 너희가 선지자를 죽인 자의 자손임을 스스로 증명함이로다. 너희가 너희 조상의 분량을 채우라. 뱀들아, 독사의 새끼들아, 너희가 어떻게 지옥의 판결을 피하겠느냐. 그러므로 내가 너희에게 선지자들과 지혜 있는 자들과 서기관들을 보내매 너희가 그 중에서 더러는 죽이거나 십자가에 못 박고 그 중에서 더러는 너희 회당에서 채찍질하고 이 동네에서 저 동네로 따라다니며 박해하리라. 그러므로 의인 아벨의 피로부터 성전과 제단 사이에서 너희가 죽인 바라갸의 아들 사가랴의 피까지 땅 위에서 흘린 의로운 피가 다

너희에게 돌아가리라. 내가 진실로 너희에게 이르노니 이것이 다 이 세대에 돌아가리라. 예루살렘아, 예루살렘아, 선지자들을 죽이고 네게 파송된 자들을 돌로 치는 자여, 암탉이 그 새끼를 날개 아래에 모음 같이 내가 네 자녀를 모으려 한 일이 몇 번이더냐. 그러나 너희가 원하지 아니하였도다. 보라, 너희 집이 황폐하여 버려진 바 되리라. 내가 너희에게 이르노니 이제부터 너희는 찬송하리로다, 주의 이름으로 오시는 이여, 할 때까지 나를 보지 못하리라 하시니라.

매우 곤란하고 역사적으로 치명적 영향을 미친 본문인 마태복음 27:25을 보라. "[유대] 백성이 다 대답하여 이르되 그 피를 우리와 우리 자손에게 돌릴지어다 하거늘." 우리 "그리스도인들"이 홀로코스트에서 유대인들에게 저질렀던 일을 생각해 보라.

이와 비교해 마가복음 12:1-12(악한 소작인의 비유)과 그 평행본문들을 살펴보라. 또 이른 시기에 속하는 갈라디아서 4:21-31과 히브리서 8:13에 나오는 바울의 말을 보라. 마지막으로 가장 충격적인 것으로서 요한이 저술한 매우 은혜로운 복음서 안에서 예수가 **유대인** 반대자들에게 하신 말씀요 8:41-44을 보라. "너희는 너희 아비가 행한 일들을 하는도다. 대답하되 우리가 음란한 데서 나지 아니하였고 아버지는 한 분뿐이시니 곧 하나님이시로다. 예수께서 이르시되 하나님이 너희 아버지였으면 너희가 나를 사랑하였으리니 이는 내가 하나님께로부터 나와서 왔음이라……너희는 너희 아비 마귀에게서 났으니 너희 아비의 욕심대로 너희도 행하고자 하느니라. 그는 처음부터 살인한 자요, 진리가 그 속에 없으므로 진리에 서지 못하고 거짓을 말할 때마다 제 것으로 말하나니. 이는 그가 거짓말쟁이요, 거짓의 아비가 되었음이라." 역사 속에서 교회가 표방해 온 심히 우려스러운 반유대주의는 일찌감치 시작되었다. 우리는 바울이 저술한 권위 있는 다섯째 복음서인 로마서에서 유대인들을 하나님의 주권적이고 은혜로운 보살핌 아래 속한 백성으로 다루고 있다는 사실에 감사해야 할 것이다. (내 아내가 내게 조심스럽게 이 주제와 관련해 추가로 다음과 같은 사실을 밝혀두어야 하지 않겠느냐고 말했다. 요컨대, 예수와 관련해 정경복음서에 기록된 이야기들은 예수께서 **영감을 받은** 정신과 마음을 지닌 인간에게 말씀하신 것이 맞지만, 어쨌든 그들은 **인간의** 정신과 마음을 지닌 사람들이었으며, 따라서 네 복음서가 최종적으로 기록되고 정경 형태를 갖추게 되었을 때 복음서 저자들의 그릇된 **인간성**이 **오류가 없으신 예수**에게 덧씌워졌을 가능성이 있다는 것이다.)

지금까지 살펴본 열한 장에서는 주로 하나님께서 우리를 위해 하신 **은혜로운 행위**를 중점적으로 다루었으며, 6장에 나오는 "너희 지체를 의의 무기로 하나님께 드리라"는 권고와 8장에 나오는 "영을 따라 행하라"라는 권면을 제외하면 아직까지 제자들은 윤리적으로 철저한 가르침을 받지 않았다. 다음으로 살펴볼 세 장에서 바울은 신자들에게 매우 실제적인 윤리 지침을 제시한다.

12:1-21

복음의 실천 윤리/1부

로마서 12장은 바울의 실천 윤리를 다루는 첫 번째 장이며, 다음과 같이 두 부분으로 나눌 수 있다.

Ⅰ. 그리스도 안에서의 새로운 삶, 개인적인 섬김과 은사[12:1-8]

Ⅱ. 참 그리스도인의 성품 특성[12:9-21]

Ⅰ. 그리스도 안에서의 새로운 삶, 개인적인 섬김과 은사[12:1-8]

1그러므로 형제들아, 내가 하나님의 모든 자비하심으로 너희를 권하노니 너희 몸을
하나님이 기뻐하시는 거룩한 산 제물로 드리라. 이는 너희가 드릴 영적 예배니라. 2너
희는 이 세대를 본받지 말고 오직 마음을 새롭게 함으로 변화를 받아 하나님의 선하
시고 기뻐하시고 온전하신 뜻이 무엇인지 분별하도록 하라.

3내게 주신 은혜로 말미암아 너희 각 사람에게 말하노니 마땅히 생각할 그 이상의
생각을 품지 말고 오직 하나님께서 각 사람에게 나누어 주신 믿음의 분량대로 지혜롭
게 생각하라. 4우리가 한 몸에 많은 지체를 가졌으나 모든 지체가 같은 기능을 가진
것이 아니니 5이와 같이 우리 많은 사람이 그리스도 안에서 한 몸이 되어 서로 지체가
되었느니라. 6우리에게 주신 은혜[카리스(Charis)]대로 받은 은사[카리스마타(charismata)]가 각각 다
르니 혹 예언이면 믿음의 분수대로, 7혹 섬기는 일이면 섬기는 일로, 혹 가르치는 자
면 가르치는 일로, 8혹 위로하는 자면 위로하는 일로, 구제하는 자는 성실함으로, 다
스리는 자는 부지런함으로, 긍휼을 베푸는 자는 즐거움으로 할 것이니라.

12:1-2 바울이 **윤리적이고 수평적인** 지시사항을 중점적으로 다루는 자리에서조차 그의 **일차적인** 권면은 놀랍게도 우리 자신을 날마다 **하나님을 향해 수직적으로** 하나님께 드려서 우리 스스로 (**제의적** 제물이 아니라) **산 제물**이 되라는 것이다. 그다음으로 하나님을 향한 수직적 관계에서 벗어나서 수평적으로 이 세상으로 들어가는데, 그곳에서 우리가 일상적으로 마주치는 주요 도전은 주변 세상이 우리에게 "생명을 얻는" 방식이라고 강요하는 끈질기고 기만적인 유혹에 맞서 싸우는 것이라고 바울은 가르친다. 바울은 그 세상 안에서 **"너희는 이 세대를 본받지 말고 오직 마음을 새롭게 함으로 변화를 받아 하나님의 선하시고 기뻐하시고 온전하신 뜻이 무엇인지 분별하도록 하라"**2절고 권한다. (하루를 시작하면서 위를 향해 우리 자신을 희생제물로 드리는 일은 직장으로 출발하기 전의 짧은 기도나 일터로 가는 차 안이나 걸어가는 중에 드리는 기도로 이루어질 수 있다.) 빌켄스는 앞부분에 나오는 **"너희 몸을……산 제물로 드리라"**는 구절을 다루면서 바울은 **죽은** 동물을 제물로 드리는 순종 대신 **살아 있는** 신앙으로 순종하는 것이 신자들이 일상생활에서 하나님을 공경하는 첫째 방식이라 보았다고 말한다.Wilckens, 3:4

12:3-8 우리 **각** 사람에게 **어떤 특별한 은사**가 주어졌는지를 확인하고자 애쓰는 것은 큰 도움이 된다. 물론 우리가 어떤 특별한 은사를 **받지 못했는지** 알아보는 것도 유익하다. 이 논점을 잘 밝혀줄 것이라고 믿고 내 개인적인 이야기를 하나 하겠다. 내가 프린스턴 신학대학원에 입학했을 때 그곳에는 나와 친한 그리스도인 친구들이 있었다(그들은 주로 우리 할리우드 제일장로교회 출신들이었다). 그들은 이웃에 있는 프린스턴 대학교에서 학생들과 인격적으로 어울리면서 복음을 전하기 위해 매우 열심히 일했다. 하지만 나는 이웃 캠퍼스에서 다른 사람들과 함께 일하기보다는 도서관에서 공부하는 것을 더 원했기에 마음이 편치 않

았지만, 족히 일 년 넘게 이런 죄책감을 느끼며 지냈다. 2년째 되던 해의 일이었다. 신대원 아침 예배 시간에 어떤 설교자가 내 삶에 변화를 일으킨 성경 본문으로 멋진 설교를 한 것이다. 그 본문은 고린도전서 12:4-7이었다. "은사는 **여러 가지**나 성령은 같고, 직분은 **여러 가지**나 주는 같으며, 또 사역은 **여러 가지**나 모든 것을 모든 사람 가운데서 이루시는 하나님은 같으니 **각** 사람에게 성령을 **나타내심**은 유익하게 하려 하심이라." 나는 예배당을 나오면서 온 시간을 **공부**에 힘쓰는 일이 이기적이고 또 복음을 전하는 일에서 다른 사람에게 전혀 도움을 주지 못하기는 해도 그 일이 내게는 이상할 정도로 고유한 소명으로 맡겨진 일이라고 생각하게 되었다. 그때 이후로 나는 도서관에 틀어박혀서 (내 고립감에서 해방되고 또 쾌감을 느끼면서!) 점차 내 소명은 목회나 복음 전도가 아니라 가르치는 일이라고 확신하게 되었다. 그 설교에 힘입어 초점이 변했고, 곧 내 삶에 큰 전환점이 되었다. 바울은 앞서 고린도 교회에 보낸 첫째 편지에서 자세하게 다루었듯이 이제 로마 교회에 보낸 이 편지에서도 은사의 **다양성**에 대해 가르친다. **은사의 다양성**에 대한 바울의 가르침은, 각 공동체 내에서 존경받는 출중한 사람들과는 전혀 **다른 은사**를 지닌 많은 사람에게 해방감을 줄 수 있다.

크리소스토무스는 "하나님께서 각 사람에게 나누어 주신 믿음의 분량대로"3절라는 구절에서 바울이 말하고자 의도했던 것이 바로 "믿음 자체가 하나님께서 주신 좋은 은사에 속한다"*The Church's Bible* 298는 것이 아니겠느냐고 지적했다. 케제만은 이 본문을 주해하면서 다음과 같이 말했다.Käsemann, 334 "세례받을 때[우리는 이 구절을 "회개할 때"라고 바꾸어도 좋다] 모든 그리스도인은 성령과 [성령의] 인격적인 '부르심'클레시스(klēsis)을 받는다. 이렇게 해서 [그리스도인은] 영적 은사를 지니게 된다." 하나님의 **은혜**그리스어 '카리스'(charis)는 **신자들 각 사람**에게 특별한 **은사**그리스어

'카리스마'(charisma), 문자적으로 '은혜로운 일'를 부여한다. 힘이 솟구치지 않는가? 그러니 그리스도인이라면 누구나 내게 **어떤 특별한** 은혜의 선물, 즉 카리스마가 허락되었는지 찾고자 애써야 하지 않겠는가? 우리는 모두가 동일하지 않다. 우리의 고유한 은사를 발견할 때 우리 몫이 아닌 소명을 이루지 못해서 죄책감을 느끼는 일을 멈추게 되고 또 우리가 실제로 부름받은 일을 행하고 성취하는 일을 좀 더 즐겁게 감당할 수 있다.

케제만은 또 바울이 사용한 "예언자"라는 말을 "**현재를 향해** 하나님의 뜻을 선포하는 사람"이라고 정의한다.Käsemann, 334 우리는 이처럼 **우리 시대**를 향해 적용하고 해명하는 은사를 지닌 형제자매들을 늘 만나왔다. 나는 이런 은사를 받은 사람들이 사실 성경에서 "예언자들"이라고 부르는 사람들이라는 사실을 깨닫지 못했었다. 바울은 "받은 은사가……혹 예언이면 믿음의 분수대로……[사용]할 것이니라"(6절, 그리스어 본문에는 '**믿음**'이라는 단어 앞에 정관사가 있다)고 말했는데, 여기서 그가 '사용한다'는 말을 쓴 것은 예언자-설교자들이 자기네 은사를 **자신의 주관적인 믿음**에 따라 사용해야 한다는 것을 의미하는 것이 아니라, 대문자로 표기한 **믿음**, 곧 전해받은 **사도적** 믿음, **신약성경**의 믿음에 일치하게 사용해야 한다는 것을 의미한다. 우리의 주관적이고 개인적인 믿음은 기이한 것으로 변질되거나 심지어 이단적인 것이 **되기가 쉽다**. 우리는 "사람들이 듣기 좋아하는 것"을 전하는 것이 아니라, 성경에 나오는 **그** 믿음에 비추어 **우리** 신앙을 점검해서 우리가 말하는 것이 "하나의 거룩하고 보편적이며 사도적인 교회"의 참 신앙을 전달하는 것이라는 사실을 확실하게 해둘 필요가 있다.

에드워즈는 바울의 본문을 관찰한 결과 하나님의 은혜는 "죄인들을 구원하고 성화시킬 뿐만 아니라, 그들을 [그리스도의] 몸[인 교회] 안에서 사역을 감당하도록 여러 가지 은사로 채비시킨다"고 말했다.Edwards,

[287] 피츠마이어는 바울이 "긍휼을 베푸는 자는 즐거움으로 할 것이니라"고 말할 때 분명 "긍휼을 베푸는 마음도 그 행위 못지않게 중요하다"고 생각했다고 보았다.Fitzmyer, 649 스토트는 바울이 중요하게 여긴 12장 2절을 J. B. 필립스가 다음과 같이 탁월하게 풀어 옮긴 것을 기꺼이 받아들인다.Stott, 323 "당신을 둘러싼 세상이 당신을 쥐어짜 그들의 틀에 맞추도록 내버려 두지 말고, 하나님께서 당신의 마음을 안에서부터 개조하도록 맡기십시오." 빌켄스에 따르면, 바울은 "말씀과 관련된 은사들—설교와 교육과 상담—이 교회에서 핵심적인 중요성을 지니는 것으로 인정하는 것 못지않게, 실제적인 도움과 섬김을 실천하는 집사직과 교회 지도력이라는 은사들도 자신의 목록에 중요한 것으로 포함한다."Wilckens, 3:17 크랜필드는 이 단락을 이해하기 쉽도록 다음과 같이 우리가 사는 현대 세계에 적용한다.Cranfield, 628 "세계 인구의 절반 이상이 기아에 허덕이고, 의료혜택을 제대로 누리지 못하며, 여러 형태로 권리를 박탈당하고 있지만, 그와 동시에 통신의 발달로 인해 전 세계가 한 이웃으로 가까워진 시대다." 이 본문을 읽는 독자들은 구체적이고 특별한 형태의 도움을 나누고자 마음을 열고 일어설 수 있을 것이다.

II. 참 그리스도인의 성품 특성12:9-21

[9] 사랑에는 거짓이 없나니 악을 미워하고 선에 속하라. [10] 형제를 사랑하여 서로 우애
하고 존경하기를 서로 먼저 하며, [11] 부지런하여 게으르지 말고 열심을 품고 주를 섬기
라. [12] 소망 중에 즐거워하며 환난 중에 참으며 기도에 항상 힘쓰며 [13] 성도들의 쓸 것
을 공급하며 손 대접하기를 힘쓰라. [14] 너희를 박해하는 자를 축복하라. 축복하고 저주
하지 말라. [15] 즐거워하는 자들과 함께 즐거워하고 우는 자들과 함께 울라. [16] 서로 마
음을 같이하며 높은 데 마음을 두지 말고 도리어 낮은 데 처하며 스스로 지혜 있는 체

하지 말라.

[17] 아무에게도 악을 악으로 갚지 말고 모든 사람 앞에서 선한 일을 도모하라. [18] 할
수 있거든 너희로서는 모든 사람과 더불어 화목하라. [19] 내 사랑하는 자들아, 너희가
친히 원수를 갚지 말고 하나님의 진노하심에 맡기라. 기록되었으되 원수 갚는 것이 내
게 있으니 내가 갚으리라고 주께서 말씀하시니라.신 32:35 [20] 네 원수가 주리거든 먹이고
목마르거든 마시게 하라. 그리함으로 네가 숯불을 그 머리에 쌓아 놓으리라. [21] 악에게
지지 말고 선으로 악을 이기라.

12:9-16 바울은 사랑에는 "**거짓이 없다**"는 말로 운을 떼며, 사랑은 놀랍게도 "**미워하는**" 속성을 지녀서 "**악을 미워한다**"고 말한다. (우리는 늘 이렇게 자문해 보아야 한다. 우리가 미워해야 할 때 과연 기독교 방식대로 미워하는가?). "**선에 속하라**"는 말은 우리가 명백하게 "선한 일들"—교회, 가난하고 곤경에 처한 사람을 섬기는 일 등 많은 예를 들 수 있다—에 헌신하고 있는지 자문해 보라는 것을 뜻한다. "**형제를 사랑하여 서로 우애하고**"는 우리 곁에 있는 사람들을 진심으로 따뜻하게 사랑하라는 명령이다. "**존경하기를 서로 먼저 하며**"는 다른 사람을 칭찬하고 축하하며 존중하라는 의미다. "**부지런하여 게으르지 말고**"는 우리가 맡은 일과 책임에 한결같이 헌신하라고 요청하는 것이다. "**열심을 품고**"["성령으로 뜨겁게"]라는 말은 로마서 8장에서 강조했던 것처럼, 신자들의 삶 속에 계시는 성령과 의식적인 교제를 이루며 살고 있느냐고 묻는다. "**주를 섬기라**"는 언제나 주 예수 그리스도께서 주신 명령을 기억하라고 말하는 것이다. 주님께서는 선교사인 제자들과 "**함께**" 계신다("내가 세상 끝날까지 너희와 항상 함께 있으리라" 마 28:20).

"**소망 중에 즐거워하며**"는 주 예수 그리스도께서 다시 오실 것이요, 그분과 함께 우리도 영광된 미래를 맞게 되리라는 소망을 품고 기쁘게

살라는 요청이다(골 3:4를 보라). **"환난 중에 참으며"**는 일들이 잘 풀리지 않을 때라도 인내하며 "굳건히 버틸" 것을 요구하는 것이다. **"기도에 항상 힘쓰며"**는 우리에게 신실하게 기도할 수 있는 시간이나 습성, 장소를 가지라는 요청이다. **"성도들의 쓸 것을 공급하며"**는 하나님의 백성 가운데서 어려운 처지에 있는 사람들에게 돈과 마음을 나누며 섬길 것을 요청한다. **"손 대접하기를 힘쓰라"**에서 **능동**의 형태로 쓰인 동사 **"힘쓰다"**라는 말은 놀랍게도 우리가 단순히 **환대를 베푸는 사람**으로 끝날 것이 아니라, 이렇게 저평가된 섬김의 가치를 추구하는 사람이 되라는 요구다. **"너희를 박해하는 자를 축복하라. 축복하고 저주하지 말라"**는 말도 놀랍게, 세상 사람들이 박해자들에게 맞서는 방식이라고 권고하는 행동—"되갚아 주라!" "저주하라!" "단호히 맞서라"—과는 정반대로 행하라는 명령이다. (마태복음 5장에 나오는 예수의 산상설교는 이런 점에서 탁월하다.) **"즐거워하는 자들과 함께 즐거워하고 우는 자들과 함께 울라"**는 "공감"과 "동정심", 동질감이라고 불리는 것을 요청한다. **"서로 마음을 같이하며"**는 다른 사람에게 **"공감과 동정심과 동질감을 지니라"**는 권고를 다른 말로 표현한 것이라 할 수 있다. **"높은 데 마음을 두지 말고 도리어 낮은 데 처하며"**는 우리 마음에서 계급의식을 없애고, 우리 공동체나 주변 세계에서 곤경에 처한 사람을 찾아 교제를 나누라고 요청하는 것이다. 마지막으로 **"스스로 지혜 있는 체 하지 말라"**는 할 수 있는 데까지 겸손하며 우쭐대지 말라는 권면이다. 이 모든 요청이 "기도의 제목으로 삼기에" 합당하지 않은가?

오리게네스가 9절에서 바울이 사랑하라고 권면한 것에 대해 논평하면서 다음과 같이 말한 것이 도움이 된다.*The Church's Bible* 201 "만일 당신이 어떤 사람을 악하다고 여겨 그를 사랑하지 않겠다고 결심한다면, 그리스도께서 불의한 사람들을 위해 죽으셨다는 사실을 기억하라.……또 당신의 이웃이 죄인이기에 사랑을 받아서는 안 된다고 생각한다면, 그리스도께서 죄인들을 구원하기 위해 이 세상에 오셨다는 사실을 기억하라." 크리소스토무스는 많은 주석가들을 따라 이렇게 말했다.*The Church's Bible* 304 바울이 수신자들에게 "**손 대접하기를 힘쓰라**"고 권면했을 때 그가 한 말은 **환대를 베푸는 데서 끝낼 것이 아니라 환대의 가치를 추구하라는 의미**였으며, 따라서 "어떤 사람이 다가와 환대를 요구하도록 기다릴 것이 아니라, 그들에게 달려가서 그들을 품으라"고 가르친 것이었다." 쥬웻은(자신이 9절을 번역해서) 바울이 "매우 감정적인 용어로 [악을] '**미워하고**'……[선에] '**속하라**'고 강조한 것은 동료 신자들의 객관적인 선을 위해 뜨거운 마음으로 헌신하라"고 권고한 것이라고 주장했다.Jewett, 760

12:17-21 이 단락에서는 앞서 살펴본 두 단락에서처럼 그리스도인들에게 예수께서 **산상설교에서 가르치신 삶의 방식**과 반문화적으로 악에 맞서는 방식마 5-7장으로 되돌아가라고 호소한다. 주님께서는 성경 여러 곳에서, 악한 자에게 "**내가 갚으리라**"고 약속하신다. "**원수 갚는 것이 내게 있으니 내가 갚으리라.**"19절 그리스도인이 비폭력적이고 반문화적으로 악에 맞서는 방식은 그리스도인들이 활동하는 모든 곳에서 사람을 자유롭게 하는 일로 존경받아 왔으며, 최근의 사건들을 통해서도 이를 확인할 수 있다. "**숯불을 그[원수] 머리에 쌓아 놓으리라**"20절는 말은 원수들의 삶 속에 "수치심과 통회하는 마음을 불러일으켜라"는 말을 바울 방식대로 생동감있게(그리고 충격적으로) 표현한 것이라고 할 수 있다.

켁은 바울이 원수를 사랑하라고 가르친 것과 아리스토텔레스의 유명한 충고(그의 논문 『수사학』 1.9.24)를 대조했는데, 아리스토텔레스의 충고에 따르면 "원수에게 보복하는 것이 타협하는 것보다 훨씬 더 고결하다. 복수는 정의로우며 그런 까닭에 고결한 일에 속하고, 게다가 용기 있는 사람은 패배를 인정하지 말아야 하기 때문이다."Keck, 309

13:1-14

복음의 실천 윤리/2부

13장은 크게 세 부분으로 나뉘어 각각 특정한 쟁점들을 다룬다.

Ⅰ. 다스리는 권세들에게 힘을 다해 복종하라는 바울의 권면13:1-7

① 로마서 13장에서 정부에 관해 가르치는 바울13:1-7

② 계시록 13장에서 정부에 관해 가르치는 장로 요한계 13:1-18

③ 정부에 관한 예수의 가르침마 22:15-22

④ 기타 정부에 관한 견해들

⑤ 바르멘 신학선언1934년

⑥ 최근에 정부와 맞선 사례: 아파르트헤이트

⑦ 현재의 사건들: "흑인의 생명도 소중하다"

Ⅱ. 서로 따뜻하게 사랑하라는 바울의 권면13:8-10

Ⅲ. 생생한 위기의식을 지니라는 바울의 권면13:11-14

Ⅰ. 다스리는 권세들에게 힘을 다해 복종하라는 바울의 권면13:1-7

① 로마서 13장에서 정부에 관해 가르치는 바울13:1-7

1 각 사람은 위에 있는 권세들에게 복종하라. 권세는 하나님으로부터 나지 않음이 없
나니 모든 권세는 다 하나님께서 정하신 바라. 2 그러므로 권세를 거스르는 자는 하나
님의 명을 거스름이니 거스르는 자들은 심판을 자취하리라. 3 다스리는 자들은 선한
일에 대하여 두려움이 되지 않고 악한 일에 대하여 되나니 네가 권세를 두려워하지

아니하려느냐. 선을 행하라. 그리하면 그에게 칭찬을 받으리라. 4그는 하나님의 사역
자가 되어 네게 선을 베푸는 자니라. 그러나 네가 악을 행하거든 두려워하라. 그가 공
연히 칼을 가지지 아니하였으니 곧 하나님의 사역자가 되어 악을 행하는 자에게 진노
하심을 따라 보응하는 자니라. 5그러므로 복종하지 아니할 수 없으니 진노 때문에 할
것이 아니라 양심을 따라 할 것이라. 6너희가 조세를 바치는 것도 이로 말미암음이라.
그들이 하나님의 일꾼이 되어 바로 이 일에 항상 힘쓰느니라. 7모든 자에게 줄 것을
주되 조세를 받을 자에게 조세를 바치고 관세를 받을 자에게 관세를 바치고 두려워할
자를 두려워하며 존경할 자를 존경하라.

로마서 13:1-7은 교회와 국가가 씨름했던 역사에서 크게 논쟁이 되었던 본문이다. 예를 들어 미국 정부(그리고 미국 주류 사회)가 아프리카계 미국인을 다루어 온 역사는 바울의 주요 정치적 견해를 담고 있는 로마서 13장을 읽는 양식 있는 미국인에게 충격을 가해 양심의 가책을 불러일으킨다. 크랜필드는 많은 사람이 이 본문에서 부딪히는 문제를 다음과 같이 요약한다.Cranfield, 653 "바울이 권세 잡은 자들에 대해 **상당히** 긍정적으로 말한 이유는 여전히 이해하기 어렵다(굵은 글씨체는 크랜필드가 강조한 것)." 따라서 우리는 **로마서 13장**에 나오는 이 논쟁적인 본문여기 1항을 신약성경에 나오는 다른 주요 정치적 본문인 **요한계시록 13장**아래 2항을 염두에 두고서 주석하려고 한다. 이 뒤쪽 본문은 로마서 13장의 첫 번째 렌즈에 더해 두 번째 렌즈를 독자들에게 제공하며, 그래서 우리는 우리를 에워싸고 있는 정치 세계를 **이중 초점에 맞춰** 파악할 수 있다. 마지막으로 우리는 신약성경에 나오는 **기본적인** 정치 신념들—**예수의 가르침**으로 제시된 주요 정치적 구절들3항—을 살펴봄으로써 앞에서 언급한 두 개의 초점을 그리스도를 중심으로 일치시키게 된다.

13:1-2 오래전에 이 성경 본문을 처음으로 심각하게 읽고는 성경 위쪽

의 빈자리에다 "이 세상에 존재하는 히틀러와 스탈린과 폴 포트와 같은 인간들은 어떠할 것인가?"라고 기록했던 일이 선명하게 떠오른다. 그래서 여기서는 바울의 주장들을 한 구절씩 진지하게 살펴보려고 한다. 우선 그리스도인들은 자기들 위에 있는, 개인이 아니라 **권세들**에게 복종해 좋은 시민이 되라는 요구를 받는다. 또 이어지는 바울의 말에 따르면 그리스도인들은 이 권세들이 하나님께서 세우신 것이라고 믿어야 한다. 따라서 그리스도인들은 권세 잡은 자들의 직책—대통령, 부통령 등등—이 하나님께서 제정하신 것이라고 믿을 수 있다. 나는 독자들이 1절 후반부를 "권세가 있는 **사람**은 하나님으로부터 나지 않음이 없나니 권세 있는 모든 **사람**은 다 하나님께서 정하신 바라"라는 뜻으로 이해해야 한다고는 생각하지 않는다. 역사 속에는 "권세"라는 말을 개인적 의미로 이해할 수 있게 해주는 예외가 참으로 많다. 이 문제와 관련해 결정적 요소가 바울 자신이 사용한 어휘인데, 그가 사용한 단어는 "사람들"을 의미하는 남성형 복수 명사가 아니라 여성형 복수 명사인 '엑수시아이'exousiai, 권세들이다. 바울은 처음 나오는 이 두 절에서 제정된 직책들에 저항하지 말고 존중하고 복종하라고 간략하게 말한다.

13:3-4 하지만 통치자들 가운데는 가끔, 그리고 어떨 때는 빈번하게 "선한 일에 대하여 두려움"의 대상이 되는 사람도 있지 않은가? 그렇더라도 바울의 분명한 의도는 우리를 다스리는 자로 위에 세워진 사람들을 존경하라는 것이다. 또 우리는 많은 경우에서는 바울이 여기서 가르치는 내용이 옳다고 인정할 수 있으며, 따라서 많은 경우 권세 잡은 자들이 공동체의 유익을 위해 일하는 것이라고 진심으로 믿을 수 있다. 하지만 권세 잡은 자들이 우리를 콜로세움 한가운데 세워놓고 "카이사르가 주님이시다"라고 고백하라고 강요할 때 우리는 어떻게 해야 하는가? 이런 경우에 이 권력자가 "당신의 유익을 위해 일하는 하나님

의 종"라고 믿어야 하는가? 역사가들에 따르면, 로마 제국 내에 교회가 세워진 초기 몇십 년 동안에 권력자들이 그리스도인들에게 카이사르를 주로 고백하라고 강요했던 일은 역설적이게도 수많은 신실한 그리스도인들이 떨쳐 일어나서 콜로세움을 가득 채운 군중을 향해 "퀴리오스 예수스", Kyrios Iēsous 곧 "예수는 주님이시다!"라고 외치게 하는 확성기가 되었다. 수많은 사람이 이렇게 두 단어로 축약된 복음을 들었고, 그렇게 고백한 사람들은 순교를 당했으며, 그렇게 해서 예수의 영광이 공표되고 고백자들의 영예는 영원토록 이어지게 되었다. 권세 잡은 자는 "하나님의 사역자가 되어 네게 선을 베푸는 자", 즉 결과적으로 신실한 순교자들에게 선을 베푸는 자가 되었던 것이다. 내가 바울이 말하려는 의도에서 다소 벗어났다. 그의 의도는 "권세들에게 복종하라"는 것이었다. 그렇기에 어떤 사람들의 경우에는 바울의 명령이 과도해 보일 수 있다.

13:5-7 잘 알다시피 예수는 카이사르에게 세금을 바치라고 제자들을 가르치셨다. 이에 대해서는 주석을 통해 좀 더 깊이 살펴볼 것이다. 정확히 말해 그리스도인들은 세금과 의무금을 내고 정부 당국을 존중할 만큼 좋은 시민이었던 까닭에 그들이 속한 사회에서 존경을 받았다고 역사가들은 말한다. 그리스도인들이 용감하게 순교당한 일뿐만 아니라, 그들의 문명화된 행실도 로마 제국의 많은 지역에서 사람들을 그리스도께로 이끌었다. 바울의 이 본문은 얼핏 보기에도 좋아하기 쉽지 않다. 하지만 교회가 바울의 이 본문에 순종했을 때—권력자들이 우상숭배나 비인간적인 일들을 강요할 때는 제외하고—이렇게 순종한 일은 세상의 관심을 끌고 존경심을 불러일으켰으며, 마침내는 많은 사람을 구원으로 이끌었다. 예의 바른 행동은 (우상숭배와 관련된 것이 아닌 한) 기독교와 어긋나는 것이 아니다.

② 요한계시록 13장에서 정부에 관해 가르치는 장로 요한계 13:1-18

곧 살펴보겠지만 우리는 바울이 로마서 13장에서 정부를 이해하는 렌즈로 제시한 것과는 전혀 다른 렌즈를 요한계시록 13장에서 만나게 된다. 여기서는 요한계시록 13장에서 선택한 주요 본문들을 통해 계시록이 1세기 후반의 세상 정부들을 그림을 그려(동물에 빗대서) 격하게 비판한 것을 살펴본다.

> 용이 자기의 능력과 보좌와 큰 **권세**를 그에게 주었더라……**온 땅**이 놀랍게 여겨 짐승을 따르고 용이 짐승에게 권세를 주므로 용에게 **경배**하며 짐승에게 경배하여 이르되 누가 이 짐승과 같으냐 누가 능히 이와 더불어 싸우리요 하더라. 또 짐승이……마흔두 달 동안 일할 권세를 받으니라……또 **권세를 받아 성도들과 싸워 이기게 되**고 각 **족속과 백성과 방언과 나라**를 다스리는 권세를 받으니 **죽임을 당한 어린 양의 생명책에 창세 이후로 이름이 기록되지 못하고 이 땅에 사는 자들은 다 그 짐승에게 경배하리라**……그가 모든 자 곧 작은 자나 큰 자나 부자나 가난한 자나 자유인이나 종들에게 그 오른손에나 이마에 **표를 받게 하고** 누구든지 이 표를 가진 자 외에는 매매를 못하게 하니 이 표는 곧 짐승의 이름이나 그 이름의 수라. **지혜가 여기 있으니.** 계 13:2-18의 여러 곳에서

요한이 계시록 13장에서 세상 "권세들"을 묘사하는 내용은 로마서 13장에서 바울이 행정적 권세들을 설명한 것과 정반대이다. 주님께서는 왜 당신의 권위 있는 성경 속에 이처럼 서로 다른 두 가지 확신이 실리도록 허락하셨을까? 계시록을 기록한 요한이 이 장 어디서도 "저항하다"라는 동사를 사용하지 않지만, 우리는 그가 독자들에게 요청하는 것이

무엇인지 잘 안다. 우리는 바울의 복종과 요한의 저항을 한 쌍의 안경처럼 종합할 수 있을까? 이 경우에는 복종하고, 다른 경우에는 저항하라는 것일까? 주님께서 각각의 특수한 상황에 따라 당신의 신실한 백성에게 지혜를 주시기를 바란다. 로마서 13장은 분명히 복종을 요구한다. 계시록 13장 역시 분명하게 불복종을 요구한다. 바울과 요한 모두의 주님께서 당신의 백성에게 어떠한 새 형편에서든 **당신께 신실한 시민**이 되도록 용기를 주시기 바란다.

③ 정부에 관한 예수의 가르침 마 22:15-22

사역을 갓 시작하신 예수께서 산상설교의 첫 장 후반부에서 왕의 권위로 여섯 차례 "나는 너희에게 이르노니"라고 명령하신 것은 제자들이 (분노, 음욕, 이혼, 맹세, 복수, 증오심에 맞서 싸우는) 여섯 가지 성품 투쟁에서 갖출 필요가 있다고 계시록에서 요구하는 **지혜**를 제공해 준다.

신자들과 정부의 관계를 다룰 때는 특히 **예수께서 정치 문제에 관해 언급하신 내용**을 관심 있게 살펴볼 필요가 있다. 여기서 예수의 생각을 담고 있는 본문을 굵은 글씨로 표시하며 살펴본다.

> 이에 바리새인들이 가서 어떻게 하면 예수를 말의 올무에 걸리게 할까 상의하고……당신의 생각에는 어떠한지 우리에게 이르소서. 가이사에게 세금을 바치는 것이 옳으니이까, 옳지 아니하니이까 하니. 예수께서 그들의 악함을 아시고 이르시되……세금 낼 돈을 내게 보이라 하시니 데나리온 하나를 가져왔거늘. 예수께서 말씀하시되 이 형상과 이 글이 누구의 것이냐. 이르되 가이사의 것이니이다. 이에 이르시되 그런즉 **가이사의 것[데나리온 동전]은 가이사에게, 하나님의 것[절대적인 권세]은 하나님께 바치라** 하시니 그들이 이 말

씀을 듣고 놀랍게 여겨 예수를 떠나가니라.마 22:15-22

예수께서는 마태복음 22:21에서 가이사와 하나님을 대비시키는 짧은 구절(위의 밑줄 친 부분)을 통해 자기를 따르는 모든 제자들에게 국가의 합법적 업무와 그에 따르는 권리—예를 들어, 정부가 거두는 세금—를 존중하라고 가르치셨다. 그러나 같은 본문에서 예수는 제자들에게 국가의 권리에는 한계가 있다는 점도 가르쳤다. **"하나님의 것은 하나님께 바치라."** 다시 말해 **절대** 순종, 궁극성, 경배 등과 같은 최종적 가치들은 오직 하나님에게만 속한다. 따라서 여기서 예수는 좌左로 과도하게 쏠린 **해방운동**과 우右로 과도하게 치우친 **애국주의**("옳든 그르든 내 조국이다!") 모두를 차단한다. 예수의 이 말씀은 오랜 세월을 이어 오면서 후세의 교회들에게 합법적인 행정적 권세들을 **존중**하면서도 동시에 오직 하나님만 **예배**하라고 가르쳤으며, 존경받은 정치 지도자나 제도들을 예배하거나 그들에게 절대적으로 충성하는 일이 있어서는 안 된다고 가르쳐왔다.

④ 기타 정부에 관한 견해들

존 스토트는 다음과 같이 지적했다.Stott, 342 "바로가 갓 태어난 사내아이들을 죽이라고 명령했을 때 히브리인 산파들은 순종하기를 거부했다. '산파들이 하나님을 두려워하여 애굽 왕의 명령을 어기고 남자 아기들을 살린지라.'출 1:17" 이와는 대조적으로 선지자 예레미야는 포로로 끌려가 다른 나라의 지배를 받던 이스라엘에게 맥락상 놀랍지만 합당한 명령을 한다. "내가 사로잡혀 가게 한 그 성읍의 평안을 구하고 그를 위하여 여호와께 기도하라."렘 29:7

신자들과 폭압적인 국가의 관계를 다룬 구약 이야기 중에서 가장 극적인 것이라면 다니엘과 그의 친구들이 이방 나라 통치자에게 고난을 당했던 일일 것이다. 예를 들어, 다니엘의 친구인 사드락과 메삭과 아벳느고는 이방의 통치자에게 이렇게 말했다. "느부갓네살이여, 우리가 이 일에 대하여 왕에게 대답할 필요가 없나이다. 왕이여, 우리가 섬기는 하나님이 계시다면 우리를 맹렬히 타는 풀무불 가운데에서 능히 건져 내시겠고 왕의 손에서도 건져내시리이다. 그렇게 하지 아니하실지라도 왕이여, 우리가 왕의 신들을 섬기지도 아니하고 왕이 세우신 금 신상에게 절하지도 아니할 줄을 아옵소서."단 3:16-18 이어서 그들이 놀랍게 기적적으로 구원받은 후 느부갓네살이 이렇게 말했다. "사드락과 메삭과 아벳느고의 하나님을 찬송할지로다. 그가 그의 천사를 보내사 자기를 의뢰하고 그들의 몸을 바쳐 왕의 명령을 거역하고 그 하나님 밖에는 다른 신을 섬기지 아니하며 그에게 절하지 아니한 종들을 구원하셨도다."단 3:28 20세기 중반 미국, 마틴 루터 킹의 삶과 순교 이야기는 현대판 불타는 풀무불에 대한 탁월한 주해가 된다. 스토트는 다음과 같이 썼다.Stott, 343 신자와 정부의 관계에 대한 성경의 가르침을 "요약하면, 우리는 하나님께서 세우신 국가의 권세들에게 복종해야 한다. 하지만 국가는 특별한 목적을 위해, 그것도 전체주의적이지 않은 목적을 위해 세워졌다. '복음은 독재와 무정부주의를 똑같이 반대한다'."Charles Hodge, 415

공회의 권세자들이 초기 그리스도인들이 복종하지 않는 것에 대해 비난했을 때("우리가 이[예수 그리스도의] 이름으로 사람을 가르치지 말라고 엄금하였으되") 베드로와 사도들은 **"사람보다 하나님께 순종하는 것이 마땅하니라"**고 대답했다(행 5:28-29, 행 4:18-19에서 사도들이 비슷하게 답한 것도 보라). 케제만은 이렇게 주장했다.Käsemann, 351 로마서 13장에서 바울이 정부에 복종하라고 가르친 것은 "[교회가] 하늘의 시민권 사상을 근거로 세상 권세자들을 무관심과 멸시의 눈으로 보았던 태도를 바울이 반대한 데서 비롯된" 것일 "개연성"이 있다. 교회는 세속의 권세들과 어떤 관계를 맺어야 하는가에 대해 매우 신중해야 한다. 빌켄스는 로마서 13장의 이 단락을 베드로전서 2:13-17에 나오는 유사한 구절과 비교한다.Wilckens, 3:31 "인간의 모든 제도를 주를 위하여 순종하되 혹은 위에 있는 왕이나 혹은 그가 악행하는 자를 징벌하고 선행하는 자를 포상하기 위하여 보낸 총독에게 하라.……너희는 자유가 있으나 그 자유로 악을 가리는 데 쓰지 말고 오직 하나님의 종과 같이 하라. 뭇 사람을 공경하며 형제를 사랑하며 하나님을 두려워하며 왕을 존대하라."벧전 2:13-17 오늘날 우리는 각 사람이 처한 새로운 환경 속에서 이러한 **이중적인** 의무—우리 현실의 **카이사르**에 대한 의무와 영원토록 한 분이신 우리 **주님**에 대한 의무—사이에서 우리가 헤쳐 나가야 할 힘겨운 길을 제대로 분별할 수 있을까?

빌켄스는 "각 사람은 위에 있는 권세들에게 복종하라"고 말했던 바울 자신도 그를 다스리던 권세자들의 손에 순교를 당했으며, "그 후 그리스도인들은 콘스탄티누스가 등극할 때까지 두 세기 넘는 기간 동안 박해의 그림자 아래 살았다"는 사실을 지적했다.Wilckens, 3:44 하지만 디모데전서 2:1-2을 보면 바울의 이름으로 가르친 다른 교사가 교회에게 다음과 같이 호소한다. "내가 첫째로 권하노니 모든 사람을 위하여 간구와 기도와 도고와 감사를 하되 임금들과 높은 지위에 있는 모든 사람을 위하여 하라. 이는 우리가 모든 경건과 단정함으로 고요하고 평안한 생활을 하려 함이라." 또 디도서 3:1에서도 교회에게 "너는 그들로 하여금 통치자들과 권세 잡은 자들에게 복종하며 순종하며 모든 선한 일 행하기를 준비하게 하며"라고 권고한다. 하지만 무의 주장에 따르면, 우리는 요한계시록에서 "정부가 하나님의 권세를 가로챌 경우 그리스도인은 더 이상 그 정부에 복종할 의무가 없다"는 사실을 배운다.Moo, 809 리앤더 켁은 로마서 13장의 이 단락을 주석하면서 끝부분에 다음과 같은 사려 깊은 견해를 제시한다.Keck, 325 "이 본문롬 13:1-7이 신학적으로 중요한 까닭은 본문 자체가 공권력을 향한 증오심(계 13장에서 볼 수 있다)이라든가 아니면 힘 있는 자들에 대한 아첨(역사 속에서 흔히 볼 수 있다)과는 전혀 무관하게 의무적 태도—사람의 정신이 진정으로 새롭게 되었다는 것을 보이는 징표—를 제시하기 때문이다." 켁의 지적에 따르면, 바울이 윤리적 가르침의 서론 부분인 로마서 12:1-2에서 독자들에게 배우라고 권하는 이 "새로운 정신"은 오늘날까지도 적절한 것으로 받아들일 수 있는 다음과 같은 권고로 결론을 맺는다. **"너희는 이 세대를 본받지 말고 오직 마음을 새롭게 함으로 변화를 받아 하나님의 선하시고 기뻐하시고 온전하신 뜻이 무엇인지 분별하도록 하라."**롬 12:2

⑤ 바르멘 신학선언1934년

1930년대 독일(국민 대다수가 그리스도인이었다!)에서 수많은 사람이 히틀러의 선동에 휘둘리고 있을 때, 독일 바르멘에서는 1934년 5월 말 독일 개신교 교회의 고백교회 회의가 항의 모임을 개최하여 "바르멘 신학선언"(현재 미국 장로교회의 『신앙고백서』에 들어 있다)을 발표했다. 여기서는 신학선언의 핵심 주장과 첫 번째 논제를 살펴보고, 이어서 그 선언의 가장 적절한 결론적 진술들을 살펴본다(우리는 이 신앙고백 전체의 이면에서 이 선언이 기록되던 당시에 배척했던 우상숭배의 포효—광적인 "하일 히틀러!"—를 들을 수 있다).

현 제국교회 지도부가 이끄는 "독일 그리스도인들"의 잘못으로 교회가 황폐

되고 그 결과로 독일 개신교 교회의 단일성이 깨어지는 것을 보면서, 우리는 다음과 같이 복음적 진리들을 고백한다.

> 1. "내가 곧 길이요 진리요 생명이니 나로 말미암지 않고는 아버지께로 올 자가 없느니라."요 14:6 "내가 진실로 진실로 너희에게 이르노니 문을 통하여 양의 우리에 들어가지 아니하고 다른 데로 넘어가는 자는 절도며 강도요……내가 문이니 누구든지 나로 말미암아 들어가면 구원을 받고."요 10:1, 9
>
> 성경에서 증언하는 예수 그리스도는 우리가 귀 기울여 들어야 하고, 사나 죽으나 신뢰하고 순종해야 하는 하나님의 유일한 말씀이다.
>
> 우리는 교회가 하나님의 유일한 말씀과는 별도로, 또는 이 말씀에 추가해서, 다른 사건이나 권세, 표상, 진리 등을 하나님의 계시와 교회적 선포의 원천으로 인정할 수 있다거나 인정해야 한다고 주장하는 거짓 가르침을 배격한다.

그리고 이 고백의 끝에는 다음과 같이 힘 있게 비판하는 두 개의 반박문이 나온다.

> 우리는 교회가 자신이 선호하는 것으로 기울거나, 널리 퍼진 이념적이고 정치적인 신념을 따라 자신의 선포와 직제 형태를 자유롭게 포기할 수 있다고 주장하는 거짓 가르침을 배격한다.……
>
> 우리는 국가가 자기에게 맡겨진 특정한 사명을 넘어 인간의 삶에 유일한 최고 권위가 될 수 있고 마땅히 그렇게 되어야 한다고 주장하거나, 그때 국가의 소명뿐만 아니라 교회의 소명까지 성취할 수 있다고 주장하는 거짓 가르침을 배격한다.

⑥ 최근에 정부와 맞선 사례: 아파르트헤이트

현대에 이르러 스토트는 비교적 최근의 사례로 '아프리카 사역'African Enterprise의 설립자인 마이클 캐시디가 시민정부와 접촉했던 일을 제시했다.Stott, 341-342 캐시디는 남아프리카공화국의 인종차별 정부의 대통령과 개인적인 만남을 이루기 위해 오랫동안 노력하다가 드디어 그 기회를 얻게 되었다. 캐시디는 그때의 경험을 다음과 같이 기록했다. "1985년 10월, 프리토리아에서 P. W. 보타 대통령과 인터뷰를 했다. [사적인 회합으로, 인종차별 정책을 폐기할 것을 진지하게 요청하고자 했다.] 나는 방에 들어서자마자 그 만남이 내가 의도해 온 그런 만남이 아니라는 것을 깨달았다. 대통령이 일어서더니 내게 로마서 13장의 일부를 읽어주었다. 대통령은 이 본문이 국가 정부의 인종차별 정책을 지지하고 정당화하기에 충분하다고 생각했던 것이 확실하다." 이에 더해 우리는 인도에서 예수의 비폭력적 방법을 받아들인 마하트마 간디가 억압적인 정부에 맞섰던 유명한 일도 떠올릴 수 있고, 또 미국에서 활동한 마틴 루터 킹에게 감사하는 마음으로 고개를 숙일 수도 있을 것이다.

주 예수 그리스도와 정부 **모두에게** 동등하게 책임을 다하는 관계를 맺는 일은 언제나 복잡한 문제일 수밖에 없다. 위에서 성경과 역사의 다양한 논의를 통해 살펴본 대로 우리는 성경의 전체 증언이라는 틀 안에서 로마서 13장을 읽어야 한다.

⑦ 현재의 사건들: "흑인의 생명도 소중하다"

놀랍게도 내가 이렇게 로마서 13:1-7에 대한 주석을 쓰고 있을 때, 미국에서 경찰의 폭력으로 조지 플로이드가 살해당한 일에 항의해 "흑인의 생명도 중요하다"Black Lives Matter라는 깊은 진리를 외치며 저항 운동이 일어났다. 흑인들의 삶은 우리나라에서 많은 사람이 믿거나 실천해온 것보다 훨씬 더 중요하다. 미숙한 경찰의 처신에 맞서 일어난 시민 저항으로 인해 지방 정부들은 경찰이 바르게 행동하도록 더 철저하게 훈련했다. 그리스도인들은 오랜 세월 백인은 우월하고 흑인은 열등하다고 가르쳐 온 국가적인 거짓말을 완전히 거둬내는 것을 목표로 일해야 한다. 우리 백인들은 모두 철저하게 회개하는 마음으로 예수의 이웃 사랑 명령에 관심을 쏟아야 한다.

앞서 살펴보았듯이 신약성경의 정부 윤리에서는 어느 나라와 사회든 경찰이 크게 존중받고 영예로운 대접을 받을 자격이 있다고 가르친다는 점도 기억할 필요가 있다. 범죄와 폭력과 약탈은 당연히 경찰에 의해 저지되고 통제되고 처벌이 가해질 필요가 있다. 바울의 본문을 진지하게 읽으면 정확히 이러한 확신에 도달하게 된다. 신약성경이 증언하는 다면적인 사랑의 계명, 주 예수께서 분명하게 가르치시고 나아가 자신의 고난과 십자가 처형과 죽음으로 장엄하게 구현하신 사랑("예수께서 이르시되 아버지 저들을 사하여 주옵소서. 자기들이 하는 것을 알지 못함이니이다." 눅 23:34)은 정당한 항의자들과 시민 정부 및 경찰이 모두 진지하게 귀 기울여 배울 필요가 있다. 양쪽 사람들—항의자와 경찰, 그리스도인과 비그리스도인들—이 모두 바울이 여기서 가르치는 것이나 예수 자신의 말과 삶, 죽음, 부활에 비추어서 (정부와 원수들, 그리고 크신 하나님과 그분의 아들과) 책임을 다하는 관계를 이루는 일에 대해 배울 수 있다.

II. 서로 따뜻하게 사랑하라는 바울의 권면 13:8-10

8 피차 사랑의 빚 외에는 아무에게든지 아무 빚도 지지 말라. 남을 사랑하는 자는 율법
을 다 이루었느니라. 9 간음하지 말라, 살인하지 말라, 도둑질하지 말라, 탐내지 말라
한 것과 그 외에 다른 계명이 있을지라도 네 이웃을 네 자신과 같이 사랑하라 레 19:18 하
신 그 말씀 가운데 다 들었느니라. 10 사랑은 이웃에게 악을 행하지 아니하나니, 그러
므로 사랑은 율법의 완성이니라.

우리는 예수께서 의문을 품고 찾아온 율법사에게 이와 비슷하게 가르치셨던 것을 알고 있다. "한 율법사가 예수를 시험하여 묻되 선생님, 율법 중에서 어느 계명이 크니이까. 예수께서 이르시되 네 마음을 다하고 목숨을 다하고 뜻을 다하여 주 너의 하나님을 사랑하라 하셨으니 이것이 크고 첫째 되는 계명이요, 둘째도 그와 같으니 네 이웃을 네 자신 같이 사랑하라 하셨으니 이 두 계명이 온 율법과 선지자의 강령이니라." 마 22:35-40 로마의 그리스도인들에게 보낸 편지인 이 바울 복음서의 맥락에서 볼 때, 우리가 하나님을 사랑하는 주요 방법은 예수 그리스도께서 인류에게 베푸신 크신 은혜, 곧 하나님과의 완전히 바른 관계 롬 3:21-25 를 감사하는 마음과 단순한 믿음으로 받아들이는 것이다. 그리고 우리가 하나님의 윤리를 지키는 방법은 단순하게 믿는 제자들에게 성령께서 베푸시는 거룩한 선물을 힘입어 롬 8장 최선을 다해 모든 이웃과 원수들을 사랑하고 나아가 자기네 정부에 최선을 다해 복종하면서도 절대적인 충성은 오직 하나님께만 바치는 것이다.

Ⅲ. 생생한 위기의식을 지니라는 바울의 권면[13:11-14]

[11] 또한 너희가 이 시기를 알거니와 자다가 깰 때가 벌써 되었으니 이는 이제 우리의
구원이 처음 믿을 때보다 가까웠음이라. [12] 밤이 깊고 낮이 가까웠으니 그러므로 우리
가 어둠의 일을 벗고 빛의 갑옷을 입자. [13] 낮에와 같이 단정히 행하고 방탕하거나 술
취하지 말며 음란하거나 호색하지 말며 다투거나 시기하지 말고 [14] 오직 주 예수 그리
스도로 옷 입고 정욕을 위하여 육신의 일을 도모하지 말라.

바울은 그리스도인이라면 누구나 명료한 **위기 의식**을 지니고 살아가기를 바란다. 바울은 불신자들에게는 "일상적인 시간"에 불과한 것이 양심적으로 예수를 따르는 사람들에게는 **"위기의 시간"**이라고 확신했던 것이다. **"낮이 가까웠으니."** 예수께서 곧 오시기 때문이다. 오랜 세월이 지난 오늘날에 비해 바울의 시대에는 이 사실을 훨씬 더 굳게 믿었다. 하지만 **유한한 인간**은 누구나 **죽음**의 때에 가까워짐에 따라 부활하신 예수와 **인격적으로 만나게 되는 시간**에 가까이 다가선다는 의미에서 볼 때 예수의 임박한 오심은 언제나 참이었다. 그래서 바울은 우리에게 뜨거운 열심을 품고 **"어둠의 일을 벗고 빛의 갑옷을 입"**고 **"단정히"** 살 것을 강권한다. 또한 세상의 썩을 것들을 피할 뿐만 아니라, **"다투거나 시기하지"** 말라고 하는데, 이것은 그때 이후로 오랜 세월에 걸쳐 모든 그리스도인에게 합당한 권면이다. **"밤이 깊고 낮이 가까웠으니."**

아우구스티누스는 로마서 13장 끝부분에 나오는 **바로 이 본문**을 통해서 그 유명한 회심 경험을 했다. 그 자세한 내용이 그의 『고백록』에 실렸다.*The Church's Bible*, 333 "바로 그때 이웃집에서 어떤 이가 흥얼거리는 노랫소리가 들려왔습니다. 어린아이와 같은 목소리였는데, 계속해서 '집어 들어 읽어라, 집어 들어 읽어라'는 말을 반복했습니다.……아무리

생각해 보아도 전에 그런 노래를 들어 본 적이 없었습니다. 성경을 펴서 가장 먼저 보이는 곳을 읽으라는 하나님의 지시라고 깨닫고는 쏟아지는 눈물을 훔치고 벌떡 일어섰습니다.……서둘러 알리피우스가 앉아 있는 곳으로 달려갔습니다. 거기에 사도 바울의 책을 두고 왔기 때문입니다. 책을 집어 들어 펴고는, 가장 먼저 눈에 들어 온 구절을 조용히 읽었습니다. '방탕하거나 술 취하지 말며 음란하거나 호색하지 말며 다투거나 시기하지 말고 오직 주 예수 그리스도로 옷 입고 정욕을 위하여 육신의 일을 도모하지 말라'롬 13:13-14는 말씀이었습니다. 더는 읽지 않았습니다. 더 읽을 필요도 없었습니다. 그 구절 끝부분에서 돌연 자유의 빛이 내 마음속으로 쏟아져 들어오고 모든 의심의 그늘이 사라졌습니다." 우리도 어려운 시절을 지날 때 성경을 읽으면서 이런 경험을 할 수 있었으면 좋겠다.

14:1-15:13

신자들 사이의
견해 차이를 다루는 법

이 장은 두 개의 서언을 포함해 다음과 같은 구조로 이루어진다.

일반적인 서언

개인적인 서언

Ⅰ. 부차적인 문제로 다른 신자를 지나치게 비판하지 말라[14:1-4]

Ⅱ. 사례: 절기와 음식에서 부차적인 문제들[14:5-15:6]

Ⅲ. 그리스도께서 유대인과 이방인 모두를 위해 오셨다[15:7-13]

일반적인 서언

여러 가지 면에서 이 장은 바울의 로마서 전체에서 가장 실제적이고 현실적인 장이다. 서신 끝부분[16장]에서 바울은 로마에 있는 많은 친구들에게 따뜻한 인사말을 전하는데, 분명 그들을 통해서 그 당시 로마의 가정교회들이 한두 가지 교리적이고 윤리적인 차이점으로 인해 분열되고 있다는 사실을 전해 들었을 것이다. 유대계 그리스도인들은 예수가 약속된 메시아이신 주님이라는 사실을 분명히 믿고 공적으로 고백했으며, 그의 이름으로 세례를 받고, 로마에 있는 가정교회들에 적극적으로 참석했다. 그곳에서 그들은 주일마다 이방인 신자들과 기꺼이 어울려 주님에 관한 사도의 가르침을 듣고 토론했으며 그리스도인의 친교를 나누고 성찬례를 받고 함께 기도했다. (특히 사도행전 2:42을 보라. 여기서 누가는 초대 교회에서 이루어진 이 네 가지 중요한 일에 대해 간략하게 설명한다.)

그런데 바울은 로마에 있는 형제자매들을 통해 로마의 가정교회들에 한 가지 커다란 문제가 있다는 것을 알게 되었다. 그 문제는 신자들이 함께 교제하고 우정을 나누는 시간을 둘로 갈라놓을 만큼 분열적 성격이 강한 것이었다. 그리스도를 믿고 교회에 열심히 참석하는 상당수의 **유대인** 신자들은 이방인 형제자매들과 어울리는 소중한 주일 모임에 더해 자기들이 유대교 전통에서 가져온 두 가지 소중한 관례를 계속 지키길 원했다. 가정에서 토요일을 안식일로 지키는 관례와 식사 때 성경적인 음식 규례를 준수하는 일이었다. 이러한 신념들이 이방인 신자들에게는 이질적이요 율법주의적인 것으로 보였다. 이들은 유대계 그리스도인 형제자매들과 함께 일요일을 안식일로 지키면서도 통상적인 로마식 식사법을 따랐다. 이방인 신자들은 유대계 형제자매들이 "연약하고" 율법주의적이라고 여기기 시작했으며, 반대로 유대인 신자들은 이방인 형제자매들이 거리낌 없이 이방인의 음식과 고기(그중 일부는 로마의 우상들에게 바쳤던 것들이다)를 먹는 것을 보고는 헤프고 방탕하다고 여기는가 하면, 더 나아가 이방인 신자들이 사랑이 부족해서 토요일에 전통적인 안식일 관례를 지키고 유대식 음식 규례를 따르는 유대계 신자인 자기들을 얕잡아 본다고 생각하게 되면서 문제가 심각해졌다.

이와 비슷하게 긴 세월에 걸쳐 그리스도인들 사이에서는 여러 차이점에서 비롯되는 갈등이 끊이질 않았는데, 이러한 갈등들은 비록 원인은 달라도 똑같이 분열적인 결과를 낳았으며, 가끔은 신자들의 교제를 단절시킬 만큼 비극적인 결과에 이르기도 했다. 그러므로 교회 안에서 불가피하게 분열을 일으키는 쟁점들을 어떻게 해결할 것인가—다시 말해, 어떻게 그리스도께 충성하면서도 동시에 실제에서는 양심에 따른 차이점들을 용납할 수 있겠는가—라는 문제를 다룰 때 사도 바울의 권면을 받아들이는 것이 도움이 된다.

여기 14장에서 한 구절씩 살펴 가며 확인하겠지만, 바울은 이방인 기독교인의 견해를 대부분 받아들인다. 심지어 이방인 기독교인이 엄격한 유대계 기독교인들에게 붙인 경멸적인 호칭("연약한 자")까지도 사용한다. 그러면서도 바울은 이방인 형제자매들이 양심을 따라 믿음을 실천하는 유대인들을 혹독하게 비판하는 데서 벗어나게 하고자 애썼다. 두 집단—유대인과 이방인—이 모두 세례를 받아 주 예수 그리스도께 충성을 맹세했으며 신실한 그리스도인이 되기로 결심했다. 하지만 양쪽 사람들이 모두 주님이신 예수 그리스도에게서, 그리고 이제는 주님의 사도에게서, 핵심 사안에는 충실하고 동시에 주변적인 문제에는 관용을 베푸는 법을 배울 필요가 있다.

개인적인 서언

바울이 살았던 옛 시대의 로마 교회 상황을 현대적 시각에서 적절하게 이해하고자 하는 바람으로 개인적인 이야기를 나눈다. 내 아내 캐시는 로드 아일랜드 프로비던스에서 철저하게 근본주의적인 가정에서 성장했다. 하지만 나중에 가족과 함께 할리우드 제일장로교회로 옮기면서 은혜롭게도 신앙의 품이 넓어졌다(그때 내 장인 F. 칼톤 부스는 그 근처 파사데나에 있는 풀러 신학대학원에 최초의 전도학 교수로 초빙되었다). 나는 아내가 엄격한 가정교육을 받아 소중하게 실천했던 일들에 관해 직접 들었다. 초등학교 때부터 중학교 시절까지 아내는 학교에 오갈 때 다른 책들 위에 성경을 포개서 다녀야 했다. 그렇게 해서 아내가 기독교 신앙을 지니고 있음을 증언하게 하려는 것이었다. 아내는 학교 친구들의 책상마다 전도지를 넣었으며, 중학교의 사회 활동에 참여하는 것은 허락되지 않았다. 또 극장이나 공연장에도 갈 수 없었다. 마침내 은혜롭게도 캐시의 부모는 딸을 기독교 계통 고등학교(플로리다 소재 햄프턴 듀보스 아카데미, 우연히도 빌리 그레이엄의 자녀들도 이 학교에 다녔다)에 진학시켰다. 그녀의 부모는 그 학교에서 캐시가 세상을 에워싼 세속적 문화에서 벗어나 안전할 수 있으리라고 확신했다. 거기서 캐시는 여러 차례 상도 받았으나, 다른 한편으로는 지나치게 엄격한 "기독교식" 양육에 대해 깊은 의구심도 품게 되었다. 캐시가 할리우드 제일장로교회의 대학부에 나오면서 교회 생활에 관해 다양한 경험을 쌓게 되었고, 특히 헨리에타 미어즈 박사가 가르치는 은혜로운 에큐메니칼 복음주의의 영향을 받아 율법주의를 넘어서는 기독교 신앙을 받아들였으며, 지금도 그때 배운 것에 감사면서 그대로 실천하고 있다. 캐시가 어린 시절 경험한 근본주의적 복음주의 신앙과 훗날 경험한 에큐메니칼 복음주의 신앙은 우리 가족의 삶에 깊은 영향을 끼쳤으며, 바울이 여러 교회와 논쟁하며 겪었던 일들을 우리나 우리 친구들이 삶에서 일어나는 일로 이해할 수 있도록 도와주었다.

"보수적" 신앙과 "진보적" 신앙 태도 사이의 분열은 오랜 세월에 걸쳐서 많은 기독교 교회들이 겪어 온 일이었다. 1세기 로마의 가정교회들에서도 이방인 기독교인들은 자신들이 예수와 그의 은총을 힘입어 유대인의 엄격한 식사법과 절기에 관한 율법에서 자유롭게 되었다고 믿었다. 이와는 달리 초기의 유대계 그리스도인들 가운데 일부는 자기들이 성경을 엄격하게 따르는 것을 예수께서 인정하신다고 믿었다. 마지막으로, 예수께서 마가복음에서 음식에 관해 말씀하신 것을 생각해 보라. (이 말씀은 이방인 기독교인들에게는 감명을 주었을지 모르나 유대계 그리스도인들에게는 분명 곤란한 문제였을 것이다.)

무리를 다시 불러 이르시되 너희는 다 내 말을 듣고 깨달으라. 무엇이든지

> 밖에서 사람에게로 들어가는 것은 능히 사람을 더럽게 하지 못하되 사람 안에서 나오는 것이 사람을 더럽게 하는 것이니라 하시고……제자들이 그 비유를 묻자온대 예수께서 이르시되……무엇이든지 밖에서 들어가는 것이 능히 사람을 더럽게 하지 못함을 알지 못하느냐. 이는 마음으로 들어가지 아니하고 배로 들어가 뒤로 나감이라. 이러므로 **모든 음식물을 깨끗하다 하시니라.** 막 7:14-19

이렇게 예수와 바울의 시대를 배경으로 삼아 우리는 여기서 바울이 언급하는 로마 교회 내의 분열을 좀 더 자세히 이해할 수 있다. 하지만 우선 바울이 서로 상충하는 그들에게 은혜에 관해 가르치는 것을 들어 볼 필요가 있다.

Ⅰ. 부차적인 문제로 다른 신자를 지나치게 비판하지 말라 14:1-4

[1]믿음이 연약한 자를 너희가 받되 그의 의견을 비판하지 말라. [2]어떤 사람은 모든 것을 먹을 만한 믿음이 있고 믿음이 연약한 자는 채소만 먹느니라. [3]먹는 자는 먹지 않는 자를 업신여기지 말고 먹지 않는 자는 먹는 자를 비판하지 말라. 이는 하나님이 그를 받으셨음이라. [4]남의 하인을 비판하는 너는 누구냐. 그가 서 있는 것이나 넘어지는 것이 자기 주인에게 있으매 그가 세움을 받으리니 이는 그를 세우시는 권능이 주께 있음이라.

바울은 예수가 식사 규례에 관해 가르친 것뿐만 아니라 예수의 관용하는 마음도 잘 알았다. 유대계 그리스도인들은 바울이 가르친 예수에 대해서는 아직 알지 못했다. 하지만 그들도 예수 그리스도의 십자가와 부활을 알았기에 예수에게 충성하고 그의 교회에 참여했다. 이제 바울은 이방인 기독교인들에게 그들이 보기에 "연약한" 사람들에게 마음을 열라고 권고하는데, 그 까닭은 그 사람들이 양심에 따라 지키는 많은 식사 규례들은 예수께서도 크게 존중하시는 히브리 성서에서 배운 것이기 때문이라고 말한다. (예를 들어 마태복음 4장에서 예수가 사역을 시작하면서 유혹과 맞서 싸울 때 인용했던 신명기의 세 본문을 보라.) 여기서 바울은 두 집단 모두에게 적용되는 행동 지침을 제시한다. **"먹는 자는 먹지 않는 자를 업신여기지 말고 먹지 않는 자는 먹는 자를 비판하지 말라."**3절 그리스도인 사이에서 부차적인 문제로 충돌이 일어날 경우 그 특수한 사안들에 관해 의견을 달리하는 사람들을 진심으로 배려할 줄 알아야 한다(물론 핵심 사안들에서는 그렇지 않다)는 이러한 권고는 미래의 모든 그리스도인에게까지 적용된다. 우리는 핵심 사안과 주변적인 문제들이 어떤 차이가 있는지 계속해서 배우고 확인할 필요가 있다. 쥬웻은 이 문제에 대해 다음과 같이 말한다. "율법주의자의 찡그린 얼굴은 자유한 자의 거만한 미소 못지않게 그리스도의 나라에 부적합하다."Jewett, 840

II. 사례: 절기와 음식에서 부차적인 문제들14:5-15:6

5 어떤 사람은 이 날을 저 날보다 낫게 여기고 어떤 사람은 모든 날을 같게 여기나니
각각 자기 마음으로 확정할지니라. 6 날을 중히 여기는 자도 주를 위하여 중히 여기고
먹는 자도 주를 위하여 먹으니 이는 하나님께 감사함이요 먹지 않는 자도 주를 위하
여 먹지 아니하며 하나님께 감사하느니라.

7 우리 중에 누구든지 자기를 위하여 사는 자가 없고 자기를 위하여 죽는 자도 없도
다. 8 우리가 살아도 주를 위하여 살고 죽어도 주를 위하여 죽나니, 그러므로 사나 죽으
나 우리가 주의 것이로다. 9 이를 위하여 그리스도께서 죽었다가 다시 살아나셨으니 곧
죽은 자와 산 자의 주가 되려 하심이라. 10 네가 어찌하여 네 형제를 비판하느냐. 어찌하

여 네 형제를 업신여기느냐. 우리가 다 하나님의 심판대 앞에 서리라. [11] 기록되었으되

주께서 이르시되 내가 살았노니 모든 무릎이 내게 꿇을 것이요
모든 혀가 하나님께 자백하리라[사 49:18, 45:23] 하였느니라.

[12] 이러므로 우리 각 사람이 자기 일을 하나님께 직고하리라. [13] 그런즉 우리가 다시는
서로 비판하지 말고 도리어 부딪칠 것이나 거칠 것을 형제 앞에 두지 아니하도록 주
의하라. [14] 내가 주 예수 안에서 알고 확신하노니 무엇이든지 스스로 속된 것이 없으되
다만 속되게 여기는 그 사람에게는 속되니라. [15] 만일 음식으로 말미암아 네 형제가 근
심하게 되면 이는 네가 사랑으로 행하지 아니함이라. 그리스도께서 대신하여 죽으신
형제를 네 음식으로 망하게 하지 말라. [16] 그러므로 너희의 선한 것이 비방을 받지 않
게 하라. [17] 하나님의 나라는 먹는 것과 마시는 것이 아니요, 오직 성령 안에 있는 의와
평강과 희락이라.

[18] 이로써 그리스도를 섬기는 자는 하나님을 기쁘시게 하며 사람에게도 칭찬을 받
느니라. [19] 그러므로 우리가 화평의 일과 서로 덕을 세우는 일을 힘쓰나니 [20] 음식으로
말미암아 하나님의 사업을 무너지게 하지 말라. 만물이 다 깨끗하되 거리낌으로 먹는
사람에게는 악한 것이라. [21] 고기도 먹지 아니하고 포도주도 마시지 아니하고 무엇이
든지 네 형제로 거리끼게 하는 일을 아니함이 아름다우니라. [22] 네게 있는 믿음을 하나
님 앞에서 스스로 가지고 있으라. 자기가 옳다 하는 바로 자기를 정죄하지 아니하는
자는 복이 있도다. [23] 의심하고 먹는 자는 정죄되었나니 이는 믿음을 따라 하지 아니하
였기 때문이라 믿음을 따라 하지 아니하는 것은 다 죄니라.

[15:1] 믿음이 강한 우리는 마땅히 믿음이 약한 자의 약점을 담당하고 자기를 기쁘게
하지 아니할 것이라. [2] 우리 각 사람이 이웃을 기쁘게 하되 선을 이루고 덕을 세우도
록 할지니라. [3] 그리스도께서도 자기를 기쁘게 하지 아니하셨나니 기록된 바 주를 비
방하는 자들의 비방이 내게 미쳤나이다[시 69:9] 함과 같으니라. [4] 무엇이든지 전에 기록된

바는 우리의 교훈을 위하여 기록된 것이니 우리로 하여금 인내로 또는 성경의 위로로
소망을 가지게 함이니라. 5 이제 인내와 위로의 하나님이 너희로 그리스도 예수를 본
받아 서로 뜻이 같게 하여 주사 6 한마음과 한 입으로 하나님 곧 우리 주 예수 그리스
도의 아버지께 영광을 돌리게 하려 하노라.

14:5-6 먼저 바울이 두 집단에게 의견의 일치를 이루라고 강권하는 대신 서로 자유를 인정해 주고 차이를 뛰어넘어 그리스도의 사랑 안에서 서로 관용하고 어울려 살라고 권면한 일이 참 놀랍다. "**각각 자기 마음으로 확정할지니라.**"[5절] 신자들이 음식과 절기라는 아주 중요한 문제들에 대해 매우 다른 신념을 지니고 있는데도, 그들에게 함께 어울려 사이좋게 살라고 말하는 바울의 권면은 가볍게 생각하거나 쉽사리 받아들일 만한 것이 아니다.

14:7-12 하나님과의 완전히 바른 관계는 성경의 율법을 행함으로써 이루어지는 것이 아니라, 단순한 믿음으로 이루어지는 것이라는 가르침을 충분히 다룬 후에(3:21-25a에서 축약해서 다루고 있다) 우리는 여기서 처음으로 신약성경에서 거의 똑같이 중요한 가르침을 담고 있는 "**우리 각 사람이 자기 일을 하나님께 직고하리라**"[12절]는 말씀을 보게 된다. 하지만 이 두 가르침은 상충하지 않는다. 최후의 심판에 관한 가르침은 우리 그리스도인들이 일상생활 속에서 서로를 심판하고 또 자기 자신에 대해서도 심판하고 있는 것은 아닌지 신중하게 살펴보라고 권한다. 언젠가는 우리 모두 **심판관**이신 그분 앞에 서게 될 것이다. 최후의 심판에 대한 바울의 명료한 가르침은 고린도후서에 나온다. "이는 우리가 **다** 반드시 그리스도의 심판대 앞에 나타나게 되어 **각각** 선악간에 그 몸으로 행한 것을 따라 받으려 함이라."[고후 5:10]

바레트는 여기서 "바울은 [심판이라는] 중심 주제로 돌아와 곧바로

연약한 사람(비판하기를 좋아하는 사람)과 강한 사람(업신여기기를 잘하는 사람) 모두에 대해 말한다"고 지적한다.Barrett, 240 크랜필드는 다음과 같이 말한다. "모든 그리스도인이 하나님의 심판대 앞에 서게 될 것이라는 인식은 자기 형제를 판단하는 자리에 앉기를 포기하게 만드는 강력한 장치다."Cranfield, 709

14:13-17 바울은 냉정하게 비판하는 대신에 세심하게 배려하고, 우리의 신념을 옹호하고자 애쓰는 대신에 형제나 자매 앞에 부딪칠 것을 두지 말라고 가르친다. 믿음의 문제로 우리를 반대하는 사람들을 무조건 배려해야 한다고 말하는 것이 아니다. 오히려 바울이 **"부딪칠 것이나 거칠 것을 형제 앞에 두지 아니하도록 주의하라"**13절고 권고한 말이 정확하게 이런 세심한 배려가 의미하는 것이라고 볼 수 있다. 스토트는 "[바울의 권면에서] 예수를 따르는 사람들에게 금지하는 것은 비판 자체가 아니라 냉정한 비판, 곧 '비난한다'거나 정죄한다는 의미의 '판단'이다"라고 말한다. 이어서 스토트는 이 본문 및 이 본문에서 중요하게 다루는 주제인 차이점을 용납하는 일에 대한 해설을 마치면서 청교도인 리처드 백스터Richard Baxter가 말한 다음과 같은 지혜로운 경구를 인용한다. "본질적인 것들에서는 일치, 비본질적인 것들에서는 자유, 모든 것에서 사랑을."Stott, 363 음식과 절기는 비본질적인 것들이다. 예수께서 가르치셨고 바울도 가르치려는 대로 형제자매를 사랑하고 나아가 원수들까지 사랑하는 것이 본질적인 일들이다.

14:18-23 그러므로 우리가 신학적으로나 사회 윤리적으로 올바른 견해를 안다고 확신할 때조차도, 우리 왼편이나 오른편에 있는 양심적인 형제자매들이 우리의 신념이나 행동 때문에 크게 상처를 입을 정도로 우리 생각을 떠벌리는 일은 없도록 하자. 예수께서 산상설교의 윤리를 가르치면서 철저하고 분명하게 밝혔듯이마 5:38-48 우리는 신학과 윤리 양

면에서 그리스도를 중심으로 삼고서, 우리와 의견을 달리하는 그리스도인 형제자매들이나 우리 원수들과도 함께 하는 법을 배우고 또 배울 필요가 있다. 이런 정신을 배우고 실천할 수 있기까지는 평생의 시간이 필요하다. 미헬은 바울이 영혼을 구하고자 애쓴 일에 대해 이렇게 설명했다. "여기서 진정 바울은 '자유로운 영혼들'과 뜻을 같이하기는 했으나, 그 진리를 사랑의 빛 아래 세우기 원했다. 사랑으로 다져진 진리만이 복음에 합치하기 때문이다."Michel, 342

15:1-6 쥬웻은 바울이 이 단락을 시작하면서 **"믿음이 강한 우리는 마땅히 믿음이 약한 자의 약점을 담당하고 자기를 기쁘게 하지 아니할 것이라"**고 권고한 구절에서 중요한 사실을 밝혀내 이렇게 말한다.Jewett, 877 "바울은 일반적인 의무 구조를 뒤집었다. 여기서는 그리스-로마 문화의 전형적 특성을 따라 연약한 자들이 강한 자에게 복종하도록 강요하는 것이 아니라 힘 있는 사람들에게 약한 자의 약점을 '담당하는'bastazein 의무를 지운다." 벵엘은 바울의 성경적 권면을 자기 주석을 읽는 독자들에게 적용해 **"예전에 성경에 실린 것은 모두 우리에게 가르침을 주기 위해 기록된 것이다"**라고 말하면서 다음과 같은 유명한 라틴어 경구를 인용한다. "당신 자신을 철저하게 본문에 적용하라, 그리고 본문 전체를 당신에게 적용하라."Te totum applica ad textum: rem totum applica ad te 참으로 탁월한 성경 연구 방법이다.

III. 그리스도께서 유대인과 이방인 모두를 위해 오셨다15:7-13

7 그러므로 그리스도께서 우리를 받아 하나님께 영광을 돌리심과 같이 너희도 서로 받으라. 8 내가 말하노니 그리스도께서 하나님의 진실하심을 위하여 할례의 추종자가 되셨으니 이는 조상들에게 주신 약속들을 견고하게 하시고 9 이방인들도 그 긍휼하심으

로 말미암아 하나님께 영광을 돌리게 하려 하심이라. 기록된 바

> 그러므로 내가[유대인 다윗] **열방**[이방인들] 중에서 주께 감사하고
> 주의 이름을 찬송하리로다시 18:49 함과 같으니라.

10 또 [주께서] 이르되

> **열방들아**[이방인들], 주의 백성과 함께 즐거워하라신 32:43, 칠십인역성경 하였으며

> 11 또 모든 열방들아[이방 나라들], 주를 찬양하며
> **모든 백성들아**, 그를 찬송하라시 117:1 하였으며[다윗이 한 말]

12 또 이사야가 이르되

> 이새의 뿌리 곧 **열방**[이방인]을 다스리기 위하여 일어나시는 이가 있으리니
> **열방**이[이방인] 그에게 소망을 두리라사 11:10 하였느니라.

13 소망의 하나님이 모든 기쁨과 평강을 믿음 안에서 너희에게[로마서의 독자들] 충만하
게 하사 성령의 능력으로 소망이 넘치게 하시기를 원하노라.

로마 교회의 이방인 기독교인들(그리고 바울)에게서 "연약하다"는 말을 들은 사람들은 주로 유대계 기독교인들이었다. 유대계 그리스도인들은 예수나 바울이 절기와 음식에 관해 가르친 훨씬 더 폭넓고 바르고 은혜로운 견해들을 미처 배우지 못했던 탓에 자기들이 히브리 성서에서 배운 절기와 음식에 관한 신념들을 계속 지켜야 한다고 주장했다. 분명

바울은 유대계 그리스도인들이 자기네 절기와 음식 규례들을 고집하는 태도를 접고 덜 비판적인 모습으로 변화되기를 바랐다(14장의 시작 부분을 보라). 하지만 바울은 유대계 그리스도인들의 완고한 태도를 비판만 한 것이 아니다. 14장과 15장 앞부분에서 바울은 조금이나마 더 "옳은" 이방인 기독교인들에게는 "연약한" 사람들을 판단하는 일을 줄이고 그들과 사랑으로 어울려 살도록 권했으며, 양쪽 사람 모두를 향해서는 서로 다르게 지키는 음식과 절기 규정들을 용납하고 주일마다 말씀과 만찬과 기도와 교제를 위해 모이는 일에 힘쓰라고 요청했다. 의견이 서로 다른 그리스도인들일지라도 그들 가운데 왕으로 계신 주 예수 그리스도를 한마음으로 따른다면 동료 그리스도인들이 주장하는 부차적인 관례들은 얼마든지 용납할 수 있다. 주변적인 것들은 용납하고, 핵심은 굳게 잡으라. 이것이 14장과 15장 전반부에서 가르치는 중심 내용이다. 이제 나는 바울의 명료하고 **폭넓은** 핵심 가르침에 대해 지금까지 살펴본 것을 마무리 지으면서 그의 논의 전체에서 서론에 해당하는 첫 단락의 네 절[14:1-4]을 결론으로 삼는다. 그렇게 해서 "강하고 품이 넓은" 사람들—바울과 예수는 우리가 이런 사람이 되기를 바라실 것이다—에게 서로 의견이 다른 사람들과 어울려서 그리스도의 사람으로 살아가는 분명하고도 사려 깊은 길을 보여주고 싶다. (바울이 밝히고자 한 복음의 넓이를 강조하기 위해 본문의 핵심 단어와 구절은 굵은 글씨로 표시하고, 두 군데 "그들이 모두"라는 의미로 보아야 할 구절에는 대괄호로 묶어 그 말을 덧붙였다.)

> **믿음이 연약한 자를 너희가 받되** 그의 의견을 비판하지 말라. 어떤 사람은 모든 것을 먹을 만한 믿음이 있고 믿음이 연약한 자는 채소만 먹느니라. 먹는 자는 먹지 않는 자를 **업신여기지 말고** 먹지 않는 자는 먹는 자를 **비판하지 말라**. 이는 **하나님이 그를[그들을 모두] 받으셨음이라**. 남의 하인을 비판하는 너

는 누구냐. 그가 서 있는 것이나 넘어지는 것이 자기 주인에게 있으매 **그가 [그들이 모두] 세움을 받으리니** 이는 그를 세우시는 권능이 주께 있음이라.롬 14:1-4

15:14-16:27

바울의 로마서 결론

바울의 로마서 결론 부분은 다음과 같은 구조로 이루어진다.

Ⅰ. 바울이 담대히 글을 쓰는 이유 15:14-21

Ⅱ. 로마를 방문하려는 바울의 계획 15:22-33

Ⅲ. 바울이 로마의 그리스도인들에게 보내는 개인적 문안 16:1-16

Ⅳ. 바울의 마지막 가르침 16:17-24

Ⅴ. 바울의 마지막 송영 16:25-27

Ⅰ. 바울이 담대히 글을 쓰는 이유 15:14-21

14 내 형제들아, 너희가 스스로 선함이 가득하고 모든 지식이 차서 능히 서로 권하는
자임을 나도 확신하노라. 15 그러나 내가 너희로 다시 생각나게 하려고 하나님께서 내
게 주신 은혜로 말미암아 더욱 담대히 대략 너희에게 썼노니 16 이 은혜는 곧 나로 이
방인을 위하여 그리스도 예수의 일꾼이 되어 하나님의 복음의 제사장 직분을 하게 하
사 이방인을 제물로 드리는 것이 성령 안에서 거룩하게 되어 받으실 만하게 하려 하
심이라. 17 그러므로 내가 그리스도 예수 안에서 하나님의 일에 대하여 자랑하는 것이
있거니와 18 그리스도께서 이방인들을 순종하게 하기 위하여 나를 통하여 역사하신 것
외에는 내가 감히 말하지 아니하노라. 그 일은 말과 행위로 19 표적과 기사의 능력으로
성령의 능력으로 이루어졌으며 그리하여 내가 예루살렘으로부터 두루 행하여 일루리
곤까지 그리스도의 복음을 편만하게 전하였노라. 20 또 내가 그리스도의 이름을 부르
는 곳에는 복음을 전하지 않기를 힘썼노니 이는 남의 터 위에 건축하지 아니하려 함

이라. [21] 기록된 바

> 주의 소식을 받지 못한 자들이 볼 것이요
> 듣지 못한 자들이 깨달으리라 함과 같으니라. 사 52:15 칠십인역성경, 흥미롭게도 이 절은 이사야 53장의 서론 부분에 속한다

15:14a 여기서 바울은 로마서의 수신자들이 자신의 가까운 친척이라도 되는 양 따뜻하게 말을 건넨다. "내 형제들"아델포이 무(adelphoi mou)은 뒤에서 바울이 애정을 담아 길게 호명하는 여러 인명과 그들의 특징16:1-16에서 확인할 수 있듯이 거의 절반이 여성이다(따라서 나는 '아델포이 무'를 "**내 사랑하는 가족들**"이라고 옮긴다). 우리가 개인적 경험으로 잘 알듯이 동료 그리스도인은 "다른 사람들"이 아니라 사실상 "사랑하는 가족"이다.

15:14b 바울은 그가 여러 곳에서 '카리스마타'charismata, 문자적으로는 "은혜의 선물들"라고 부르는 것을 모든 그리스도인 공동체가 딱 알맞을 정도로 소유하고 있다고 보았으며, 그래서 모든 가정교회가 그리스도의 기쁜 소식과 선한 섬김을 각 친교 모임과 공동체의 다양한 요구와 상이한 구성원들에게 적절하게 베풀고 또 받을 수 있다고 여긴다. 바울이 로마 교회 신자들에게 보낸 서신의 서론적 논의에서 스스로를 어떻게 교정했는지 살펴보라. "내가 너희 보기를 간절히 원하는 것은 어떤 신령한 은사를 너희에게 나누어 주어 너희를 견고하게 하려 함이니 이는 곧 내가 너희 가운데서 **너희와 나의 믿음으로 말미암아 피차 안위함을 얻으려** 함이라."1:11-12

5:15 여기서 바울이 "**더욱 담대히**" 말한다는 것은 교회 안에서 절기와 음식 문제로 다투는 분파들에게 그가 14장에서 했던 권고를 확대하여 말한다는 것을 의미한다. 모든 교회는 그 나름으로 여러 가지 차이점들

을 지니는데, 그것들은 대체로 사소한 문제겠지만, 때로는 심각한 문제일 수도 있다. 따라서 교회가 이런 차이점을 지니고서도 함께 일하도록 돕는 적절한 은사를 지닌 일꾼들이 필요하다.

15:16 바울은 자신의 은사charisma가 이방인 선교임을 알고 있다. 바울은 이방인을 하나님께 제물로 드리기를 원했으며, 하나님께서는 바울이 이방인들을 그리스도에 대한 믿음으로 이끌어 그들도 "**성령 안에서 거룩하게 되어**" 하나님께서 "받으실 만하게" 하는 일을 하게 하셨다. 바울은 로마 교회의 가족에게 큰 기대를 품고 그들 각자가 교회와 세상 속에서 자기네 사역을 수행하기에 적합한 고유하고 독특한 카리스마—개인적인 은사—를 지니고 있다는 사실을 알게 되기를 바랐다.

15:17-21 여기서 바울이 쏟아내는 열망은 그의 은사가 **이방인 선교**라는 사실을 염두에 둘 때 제대로 이해할 수 있다. 그의 열망은 **이방 나라 로마 제국**의 **수도**로 가서 세상에서 가장 중요한 실재이신 역사적 예수 그리스도—하나님께서 인류에게 주신 큰 선물—에 관한 깊은 지식을 전하는 것이었다. 바울은 언제나 하나님께서 자신의 선교활동에 함께 하심을 경험했으며, 이렇게 말했다. 기적적인 "**표적과 기사**"가 "**성령의 능력으로 이루어졌으며 그리하여 내가 [동쪽의] 예루살렘으로부터 두루 행하여 일루리곤까지 그리스도의 복음을 편만하게 전하였노라.**"19절 하지만 바울은 로마를 복음화하는 일은 로마의 그리스도인들에게 맡겨졌다고 믿었으며, 자신이 서쪽 멀리 스페인으로 가는 일에 그들이 도움을 주기를 바란다.15:28 그는 그 이유를 이렇게 말한다. "**내가 그리스도의 이름을 부르는 곳에는 복음을 전하지 않기를 힘썼노니 이는 남의 터 위에 건축하지 아니하려 함이라. 기록된 바 주의 소식을 받지 못한 자들이 볼 것이요 듣지 못한 자들이 깨달으리라**사 52:15 **함과 같으니라.**"20-21절

로마서의 결론부에 해당하는 이 두 장의 첫 단락에서 바울이 **마지막**

에 인용한 성서 본문은 놀랍게도 많은 교회에서 장차 오실 메시아의 고난받는 종 사역을 가장 깊고 폭넓게 언급한 구약성경 부분(이 부분은 사 52:13에서 53:12까지 열다섯 절로 이루어진다)이라고 믿었던 본문이다. 나는 바울이 이 중요한 예언서 본문을 인용한 의도가 자신의 선교 사역이 외부의 이방인을 대상으로 한다는 사실을 밝힐 뿐만 아니라, 더 나아가 구약성경에 실려 있는—그리스도를 칭송하는—메시아 약속들 가운데서 가장 장엄한 이 약속을 자기의 미래 독자들에게 인식시키기 위해서였다고 믿는다. 이제 이사야가 고난받는 종에 관해 말한 본문의 서론 격인 세 절을 전부 인용해서, 바울이 그 구절을 통해 초기시대의 로마 교회 독자들에게 깨우쳐 주고자 했던 의미를 현대 독자들도 그 구절에서 깨달을 수 있을지 살펴보자.

> 보라, 내 종이 형통하리니
> 　받들어 높이 들려서
> 　지극히 존귀하게 **되리라**.
> 전에는 그의 모양이 타인보다 상하였고
> 　그의 모습이 사람들보다 **상하였으므로**
> 　많은 사람이 그에 대하여 **놀랐거니와**
> 그가 **나라들**을 놀라게 할 것이며
> 　**왕들은** 그로 말미암아 그들의 입을 봉하리니
> 이는 그들이 아직 그들에게 전파되지 **아니한 것**을 볼 것이요
> 　**아직 듣지 못한 것**을 깨달을 것임이라.사 52:13-15, 이사야 53장의 '고난받는 종'에 대한 서론

리앤더 켁은 바울이 로마서 10:16에서 이미 이사야 53:1(위에서 언급한 서론 부분인 이사야 52:13-15 바로 뒤에 이어지는 구절)을 인용했다는 사실

을 지적한다.[Keck, 362] **“그러나 그들이 다 복음을 순종하지 아니하였도다. 이사야가 이르되 주여, 우리가 전한 것을 누가 믿었나이까 하였으니.”**[롬 10:16] 옛 예언자 이사야는 장차 오실 종이 당하게 될 고난뿐만 아니라, 하나님의 구원자가 역사 속으로 들어와 그처럼 두들겨 맞고 비난당하고 비천하게 되는 일을 세상이 믿기 어려워하리라는 사실도 예견했다. 하지만 바울이 예수에게서 배웠듯이, 하나님의 방식은 우리의 방식과 다르다. 켁은 그리스도를 승리자의 모습으로 그리는 요한계시록에서조차 “유다 지파의 사자[그리스도]는 죽임을 당한 **어린 양**”[계 13:8]이라고 말한다는 사실을 우리에게 상기시킨다.[377]

II. 로마를 방문하려는 바울의 계획[15:22-33]

22 그러므로 또한 내가 너희에게 가려 하던 것이 여러 번 막혔더니 23 이제는 이 [동쪽]
지방에 일할 곳이 없고 또 여러 해 전부터 언제든지 [서쪽으로 멀리 떨어진] 서바나로 갈
때에 너희에게 가기를 바라고 있었으니 24 이는 지나가는 길에 너희를 보고 먼저 너
희와 사귐으로 얼마간 기쁨을 가진 후에 너희가 그리로 보내주기를 바람이라. 25 그러
나 이제는 내가 성도를 섬기는 일로 [동쪽에 있는] 예루살렘에 가노니 26 이는 마게도냐
와 아가야[그리스 북부와 남부에 있는 교회들] 사람들이 예루살렘 성도 중 가난한 자들을
위하여 기쁘게 얼마를 연보하였음이라. 27 저희가 기뻐서 하였거니와 또한 저희는 그
들에게 빚진 자니 만일 이방인들이 그들의 영적인 것을 나눠 가졌으면 육적인 것으로
그들을 섬기는 것이 마땅하니라. 28 그러므로 내가 이 일[동쪽 지역에 대한 선교]을 마치
고 이 열매를 그들에게 확증한 후에 [로마에 있는] 너희에게 들렀다가 [서쪽의] 서바나로
가리라 29 내가 너희에게 나아갈 때에 그리스도의 충만한 복을 가지고 갈 줄을 아노라.
30 형제들아, 내가 우리 주 예수 그리스도와 성령의 사랑으로 말미암아 너희를 권하
노니 너희 기도에 나와 힘을 같이하여 나를 위하여 하나님께 빌어 31 나로 유대에서 순

종하지 아니하는 자들로부터 건짐을 받게 하고 또 예루살렘에 대하여 내가 섬기는 일을 성도들이 받을 만하게 하고 [32] 나로 하나님의 뜻을 따라 기쁨으로 너희에게 나아가 너희와 함께 편히 쉬게 하라. [33] 평강의 하나님께서 너희 모든 사람과 함께 계실지어다. 아멘.

15:22-29 바울은 하나님의 섭리를 따라 자기 고향으로 삼은 지중해 주변 세계 전체로 복음을 전하기 원한다. 바울이 **"지나가는 길에 너희를 보고……너희가 그리로 보내주기를 바람이라"**[24절]고 한 말은 (그 자신만큼이나!) 담대하다. 하지만 다음 장에서 그가 길게 열거하는 동역자들의 목록에서 알 수 있듯이, 로마의 그리스도인들은 자기들이 사도 바울의 깊은 복음 이해에 따라 그의 동료에 포함되어 귀하게 대접받는다는 것을 알게 되고, 그래서 바울이 스페인으로 가는 길에 도움을 줄 수 있다는 사실에 크게 기뻐한다.

잘 알려졌듯이 마게도냐(그리스 북부)와 아가야(그리스 남부)의 교회들은 사도 바울의 손을 빌어 예루살렘(동쪽 지역)의 궁핍한 성도들에게 그들의 "연보"를 보냈다. 이는 초기의 이방인 교회들이 지녔던 교회 일치적 사랑과 사회적 감수성을 보여주는 놀라운 증거다. 그런데 사도행전 마지막 몇 장에서 알 수 있듯이, 예루살렘 성도들에 대한 바울의 사역은 그가 예루살렘에서 체포되어 자유를 누리지 못하게 되면서 끝난다. 하지만 그때 바울은 로마 시민으로서 누리는 특권에 따라 예루살렘에서 "카이사르에게 항소"했으며, 그 결과 이스라엘을 다스리던 로마의 관리자는 그를 죄수로서 로마로 호송한다. 로마로 이송된 후 바울은 감옥에 갇히는 대신 가택에 연금되었으며, 여러 해 동안 그가 머문 곳에서 사람들을 만나기도 하는 등 상당한 자유를 누렸다. 사도행전의 마지막 단락들을 통해 알 수 있듯이 바울은 그의 숙소를 찾는 사람들—흥미롭게도 주로 유대인이었다—을 만날 때마다 복음을 전했다. 사도행전의 마지막 28장에서 바울이 로마에 도착한 후 그곳에서 사역한 일에 대해 언급한 내용을 볼 수 있다.

> 거기서 둘러가서 레기온에 이르러 하루를 지낸 후 남풍이 일어나므로 이튿날 보디올에 이르러 거기서 형제들을 만나 그들의 청함을 받아 이레를 함께 머무니라. 그래서 우리는 이와 같이 로마로 가니라. 그 곳 형제들이 우리 소식을 듣고 압비오 광장과 트레이스 타베르네까지 맞으러 오니 바울이 그들을 보고 하나님께 감사하고 담대한 마음을 얻으니라. 우리가 로마에 들어가니 바울에게는 자기를 지키는 한 군인과 함께 따로 있게 허락하더라.……바울이 온 이태를 자기 셋집에 머물면서 자기에게 오는 사람을 다 영접하고 하나님의 나라를 전파하며 주 예수 그리스도에 관한 모든 것을 담대하게 거침없이 가르치더라.행 28:13-16, 30-31

바울이 로마에 있는 그리스도인 형제자매들을 얼마나 자주 만났는지는 알 길이 없다. 로마서 마지막 장에서 바울은 그들에게 매우 따뜻하게 인사를 하며, 그들도 바울이 로마에 도착했을 때 매우 기쁘게 환영했다. 바울이 갇혔던 장소와 그곳에서 그가 했던 일에 대해서는 누가가 저술한 사도행전의 마지막 장, 마지막 단락에 이렇게 기록되었다. "바울에게는 자기를 지키는 한 군인과 함께 따로 있게 허락"행 28:16되었으며, 감옥의 힘겨운 의무들을 감당하기보다는 자기가 지극히 사랑하는 복음을 자유롭게 전하면서 "자기에게 오는 사람을 다 영접하고, 하나님의 나라를 전파하며 주 예수 그리스도에 관한 모든 것을 담대하게 거침없이 가르"쳤다.행 28:30-31, 사도행전의 마지막 구절! 바울을 제대로 이해하면, 이러한 수감 생활은 형벌이 아니라 천국과 같아 보인다.

15:30-33 바울은 유대인 핍박자들에게 잡혀서 옥에 갇히거나 순교를 당하는 대신, 로마의 정권에게 체포됨으로써 유대 예루살렘에 있는 불신자들에게서 (절반쯤) 구원받았다. 하지만 바울의 **예루살렘** 방문 자체는 선교의 관점에서 보면 오순절보다는 십자가에 더 가깝다는 인상을 준다. 하나님의 방식은 흔히 위쪽보다는 아래쪽에서 이루어지는 것으로 보인다. 예수께서 예루살렘에서 지낸 마지막 날들을 보라. 처음에는 아래도 낮아졌으나, 그다음에 위로 솟구쳐 올랐다.

Ⅲ. 바울이 로마의 그리스도인들에게 보내는 개인적 문안16:1-16

1 내가 겐그레아 교회의 일꾼으로 있는 우리 자매 뵈뵈를 너희에게 추천하노니 2 너희
는 주 안에서 성도들의 합당한 예절로 그를 영접하고 무엇이든지 그에게 소용되는 바
를 도와 줄지니 이는 그가 여러 사람과 나의 보호자가 되었음이라.

3 너희는 그리스도 예수 안에서 나의 동역자들인 브리스가와 아굴라에게 문안하라.
4 그들은 내 목숨을 위하여 자기들의 목까지도 내놓았나니 나뿐 아니라 이방인의 모든
교회도 그들에게 감사하느니라. 5 또 저의 집에 있는 교회에도 문안하라. 내가 사랑하
는 에배네도에게 문안하라. 그는 아시아에서 그리스도께 처음 맺은 열매니라. 6 너희
를 위하여 많이 수고한 마리아에게 문안하라. 7 내 친척이요 나와 함께 갇혔던 안드로
니고와 유니아에게 문안하라. 그들은 사도들에게 존중히 여겨지고 또한 나보다 먼저
그리스도 안에 있는 자라. 8 또 주 안에서 내 사랑하는 암블리아에게 문안하라. 9 그리
스도 안에서 우리의 동역자인 우르바노와 나의 사랑하는 스다구에게 문안하라. 10 그
리스도 안에서 인정함을 받은 아벨레에게 문안하라. 아리스도불로의 권속에게 문안하
라. 11 내 친척 헤로디온에게 문안하라. 나깃수의 가족 중 주 안에 있는 자들에게 문안
하라. 12 주 안에서 수고한 드루배나와 드루보사에게 문안하라. 주 안에서 많이 수고하
고 사랑하는 버시에게 문안하라. 13 주 안에서 택하심을 입은 루포와 그의 어머니에게

문안하라. 그의 어머니는 곧 내 어머니니라. [14] 아순그리도와 블레곤과 허메와 바드로바
와 허마와 및 그들과 함께 있는 형제들에게 문안하라. [15] 빌롤로고와 율리아와 또 네레
오와 그의 자매와 올름바와 그들과 함께 있는 모든 성도에게 문안하라. [16] 너희가 거룩
하게 입맞춤으로 서로 문안하라. 그리스도의 모든 교회가 다 너희에게 문안하느니라.

이제 본문을 좀 더 자세하게 살펴보자.

16:1-2 뵈뵈는 바울의 편지를 전달한 사람으로 보인다. 바울은 먼저 "**우리 자매**"라는 말로 그녀와의 관계를 밝히며, 이어서 공식적으로 "**겐그레아 교회의 일꾼(집사)**"이라고 소개한다. 집사는 일종의 교회 직분이다. 뵈뵈라는 이름은 그리스 신화에서 온 것으로 우라노스(하늘)와 가이아(땅)의 딸인 타이탄 여신을 뜻한다. 이 사실을 주목한 벵엘은 "그 그리스도인들은 자기들이 버린 이교 신앙의 흔적으로 이교 신들에게서 유래한 이름을 지녔다"라고 말했다.[Bengel, 159] 뵈뵈의 활동 지역인 겐그레아는 고린도의 동쪽에 있는 항구다. 크랜필드는 "교회"[에클레시아(ekklēsia)]라는 말이 "로마서에서는 여기서[1절] 처음으로……그것도 부차적인 의미로 언급된다"고 밝힌다.[Cranfield, 768] 로마서가 바울이 쓴 포괄적인 "조직신학"이라고 볼 때 이러한 희소성은 참 놀랍다. 케제만은 바울이 뵈뵈를 집사라고 설명하는 것과 관련해 "집사가 교회의 직분인가?"라는 질문이 제기되는 것을 탐탁지 않게 여기는데, 그 까닭은 바울 서신들을 두루 살펴볼 때 "그리스도인은 누구나 특수한 사역을 위임받아 주님을 섬기도록 공적으로 세움 받았으며, 따라서 다른 사람이 담당할 수 없는 그 사역을 공동체 안에서 공동체를 위해 수행해야 한다"는 바울의 확신을 그 질문이 온전히 담아내지 못한다고 보았기 때문이다.[Käsemann, 410-411] (고린도전서 12장에서 그리스도인들이 지니는 각양각색의 은사들에 대해 설명하는 것을 보라.) 쥬웻은 뵈뵈의 지위와 관련해 현대에 이루어진 주요

한 합의를 다음과 같이 설명한다.Jewett, 944 "예전의 주석들에서는 디아코노스diakonos라는 말을 하찮은 역할로 해석했으나, 오늘날에는 그녀가 회중의 지도자로 일했을 가능성이 크다고 본다"(그러면서 가톨릭의 저명한 주석가 피츠마이어가 "디아코노스를 '사역자'로 번역한 것이 오늘날의 주된 경향을 잘 보여준다"고 덧붙여 말한다). 칼 바르트는 『간추린 로마서 주석』[181]에서 바울이 이 본문에서 언급하는 인물들의 다양성과 특성에 대해 이렇게 평했다. "바울의 서신 전체에서 가장 객관적인 로마서가 이러한 문안 인사들로 말미암아……가장 개인적인 서신이라는 인상을 얻게 되었다는 점이 주목할 만하다.……이 구절에 등장하는 이름들은 그 당시의 비문들에서 흔적을 추적할 수 있는데, 거의 다 노예들의 이름이었다는 특성으로 인해 이 교회의 사회적 구성요소를 파악할 수 있는 중요한 실마리가 되며, 이 사실은 여기뿐만 아니라 고전 1:26 이하에서도 확인할 수 있다."

16:3-5a 브리스가와 아굴라는 사도행전 18:18, 26과 디모데후서 4:19에서도 언급된다(여기서는 특이하게도 아내의 이름이 먼저 나온다. 하지만 행 18:2 고전 16:19에서는 통상적인 순서대로 이름이 언급된다). 바울은 환영하는 로마 그리스도인들에게 "**저의 집에 있는 교회에도 문안하라**"고 요청한다. 선교 역사를 살펴보면, 복음이 전해진 도시의 가정교회들이 독립적인 지역 교회들보다 여러 해 앞서 존재했다. 3-16절의 본문에서 바울이 가장 많이 사용하는 말은 "**문안하다**"라는 동사로 모두 19회 나오며, 쥬웻에 따르면 이 말의 원래 의미는 "팔을 활짝 벌려 다른 사람을 감싸 안는 것"—진실하고 따뜻한 문안 인사—이었다.Jewett, 952

16:5b "아시아"란 현대의 터키 아나톨리아 지방 서쪽에 있는 라틴 지역을 가리킨다.

16:6-16 존 스토트에 따르면, "바울은 스물여섯 명의 개인에게 문안 인

사를 전하는데, 그 가운데서 스물네 명은 이름을 부르고, 대부분에게 개인적인 감사의 말을 덧붙인다."Stott, 394 크랜필드는 "7절에서 안드로니고와 함께 여성인 "유니아"가 "사도들에게 존중히 여겨지"는 것을 보고서 다음과 같이 주장한다.Cranfield, 789 "바울이 한 여성을 사도들 가운데 포함할 뿐만 아니라, 그 여성을 안드로니고와 함께 사도들 가운데서 탁월한 인물로 묘사한다는 사실은 (이 장에서 바울이 뵈뵈와 브리스가, 마리아, 드루배나, 드루보사, 버시, 루포의 모친, 율리아, 네레오의 누이와 같은 여성들의 중요성을 인정한 것과 더불어) 바울이 여성을 열등하게 보았다는 식으로 굳어져 널리 퍼진 생각이 거짓임을 입증하는 매우 중요한 증거다. 그 사실을 전체 교회가 충분히 관심을 두고 살펴보지 못했을 뿐이다." 딤전 2:11-15과 고전 14:33-36의 두 본문에서 바울이 여성들을 얕잡아 말한 내용이 그에게 여성들과 관련해 나쁜 평판을 덧입혔다. 하지만 네 권의 복음서가 모두 부활의 날 아침에 신실한 마음으로 빈 무덤을 찾았던 사람들은 (남성이 아니라) 여성들이라고 말하고, 또 그 여성들이 빈 무덤을 확인한 후 천사들에게서 부활의 소식을 그 자리에 없는 남성들에게 전하라고 지시받았다고 기록한 것을 보면서 나는 여성들에 대해 늘 공평하지만은 않은 바울의 평판이 결국 우위를 차지하게 된 것이 아닐까 생각한다. 다시 말해 4 대 2, 곧 예수 대 바울의 힘겨루기라고 볼 수 있다. 헨리에타 미어즈 박사의 가르침은 내게 여성들의 사역이 지니는 큰 가치를 볼 수 있는 눈을 활짝 열어주었다. 나는 바울이 이 주요한 서신에서 전하는 문안 인사들을 보면서 그가 여성들의 사역을 크게 존중한다는 사실을 확인했다. 에드워즈는 "[바울이 언급한] 스물아홉 개의 이름 가운데서 무려 3분의 1이 여성들"이라고 지적하면서 "바울은 흔히 말하듯 여성을 경멸한 사람이 아니며 남성 중심 사역을 옹호한 사람도 아니라는 점만 밝혀둔다"라고 결론을 내린다.Edwards, 355

Ⅳ. 바울의 마지막 가르침16:17-24

17 형제들아, 내가 너희를 권하노니 너희가 배운 교훈을 거슬러 분쟁을 일으키거나 거
치게 하는 자들을 살피고 그들에게서 떠나라. 18 이같은 자들은 우리 주 그리스도를 섬
기지 아니하고 다만 자기들의 배만 섬기나니 교활한 말과 아첨하는 말로 순진한 자들
의 마음을 미혹하느니라. 19 너희의 순종함이 모든 사람에게 들리는지라. 그러므로 내
가 너희로 말미암아 기뻐하노니 너희가 선한 데 지혜롭고 악한 데 미련하기를 원하노
라. 20 평강의 하나님께서 속히 사탄을 너희 발 아래에서 상하게 하시리라. 우리 주 예
수의 은혜가 너희에게 있을지어다.
21 나의 동역자 디모데와 나의 친척 누기오와 야손과 소시바더가 너희에게 문안하
느니라. 22 이 편지를 기록하는 나 더디오도 주 안에서 너희에게 문안하노라. 23 나와
온 교회를 돌보아 주는 가이오도 너희에게 문안하고 이 성의 재무관 에라스도와 형제
구아도도 너희에게 문안하느니라. [초기의 가장 신뢰할 만한 사본에서는 20절을 되풀이하는
24절을 생략했다.]

16:17-20 거짓 교사들은 언제 어디서나 교회로 파고드는 원수들로, 성도들은 그들을 경계하는 일에 게을러서는 안 되며, 교회 교사들의 지도를 받아 그들에 대해 경각심을 늦춰서도 안 된다. 그러나 바울은 끝으로 교회들에게 "**평강의 하나님께서 속히 사탄을 너희 발 아래에서 상하게 하시리라**"[20절]고 약속한다. 사탄이 세상에서 사용하는 주요 무기는 거짓 가르침이다. "주님의 기도"에서 예수께서는 제자들에게 "우리를 시험에 들게 하지 마시옵고 다만 **악한 자에게서** 구하시옵소서"라고(모호하게 "우리를 악에서 구하시옵소서"가 아니다) 기도하라고 가르치심으로써 사탄을 정복하는 일을 청원의 정점으로 삼는데, 이것이 예수께서 선물로 가르쳐 주신 이 기도의 극적인 결말을 장식한다. ("나라와 권세와 영광이

아버지께 영원히 있사옵나이다"라는 구절은 훨씬 나중에 교회가 예수의 기도를 좀 더 긍정적인 결말로 다듬기 위해서 덧붙인 것이다, 이 구절은 그리스어 사본에는 들어 있지 않으며, 따라서 예수께서 하신 말씀이 아니다.)

벵엘에 따르면 바울은 로마서에서는 여기서 딱 한 번 우리의 강력한 영적 원수인 악마에 관해 언급하며, 다른 바울 서신들에서는 그 원수를 아홉 번 "사탄"이라고 부르고 여섯 번 "악마"라고 부른다.Bengel, 162-163 빌켄스의 확신에 따르면, "바울은—고린도와 빌립보, 갈라디아에서—그에게 맞섰던 유대계 그리스도인들과 벌인 세 번의 논쟁으로 말미암아 이미 2년 전에 로마서의 구성을 확정지었다."Wilckens, 3:145 그러므로 오늘날 로마서를 제대로 가르치기를 원하는 사람이라면, 앞에서 언급한 세 서신에서 바울을 신학적으로 반대하는 사람들이 주장한 내용과 그에 대해 바울이 응답한 것을 두루 살펴서 그것을 바탕삼아 우리 시대에 등장하는 거짓 가르침에 맞서 우리 자신과 교회를 지키는 것이 현명할 것이다. 일부 주석가들은 여기서 바울이 "**평강의 하나님께서 속히 사탄을 너희 발 아래에서 상하게 하시리라**"고 쓴 것은 창세기 3:15에 나오는 원복음Protoevangelium, "가장 초기의 복음"을 뜻한다을 염두에 둔 것이라고 주장한다. 그 본문을 보면 주 하나님께서는 믿음을 파괴한 사악한 뱀에게 "내가 너로 여자와 원수가 되게 하고 네 후손도 여자의 후손과 원수가 되게 하리니 여자의 후손은 네 머리를 [철저하게] 상하게 할 것이요 너는 그의 발꿈치를 [극히 미미하게] 상하게 할 것이니라"고 말씀하신다. 그리고 에드워즈의 글Edwards, 360도 보라. 스토트는 바울이 "평강의 하나님께서 속히 사탄을 너희 발 아래에서 상하게 하시리라"고 말하는 20절에서 시간을 나타내는 "속히"라는 단어그리스어 '타케이'(tachei), 나는 NRSV를 따라 이 말을 "곧바로"라고 옮긴다를 사용한 데 대해 다음과 같이 현명한 판단을 내렸다.Stott, 401 "이 사건이 '속히' 일어나리라는 것은 결코 시간을 가리키는 것이 아니라, 하나님께서 [그리스도의] 승천과 파루시아[재림] 사이에는 그 어떤 것도 끼어들지 못하도록 계획하셨다는 뜻이다. 하나님의 시간표에 따르면 바로 뒤에 오는 사건이 파루시아다." 이는 "마지막 때 일어날 사건들"을 다루면서 자기네 "예언"으로 교회를 혼란케 하는 모든 "예언자들"에게 주는 엄중한 경고다.

16:21-24 바울의 다른 서신들에서 이름이 자주 언급되었던 디모데를 여기서 만난다. 바울의 로마서 전부를 받아 쓴 더디오도 고맙게 한 줄 허락받아 자기의 인사를 전한다. 바울은 사려 깊고, 더디오는 정이 많다. **"이 성의 재무관 에라스도"**[23절]가 고린도 교회의 교인이라는 사실은 바울이 고린도 교회에 보낸 서신에서 암시한 것과는 달리 고린도 교회의 그리스도인이 모두 가난한 계층은 아니라는 점을 밝혀 준다. 예를 들어 바울은 고린도전서에서 다음과 같이 썼다. "형제들아, 너희를 부르심을 보라. 육체를 따라 지혜로운 자가 많지 아니하며 능한 자가 많지 아니하며 문벌 좋은 자가 많지 아니하도다. 그러나 하나님께서 세상의 미련한 것들을 택하사 지혜 있는 자들을 부끄럽게 하려 하시고, 세상의 약한 것들을 택하사 강한 것들을 부끄럽게 하려 하시며, 하나님께서 세상의 천한 것들과 멸시 받는 것들과 없는 것들을 택하사 있는 것들을 폐하려 하시나니 이는 아무 육체도 하나님 앞에서 자랑하지 못하게 하려 하심이라."[고전 1:26-29]

"이 성의 재무관 에라스도……도 너희에게 문안하느니라"는 말은 교회들 안에 다양한 계층이 존재하는 경우도 있었다는 사실을 보여준다. 피츠마이어는 다음과 같이 평했다.[Fitzmyer, 750] "고린도 공동체에서 두드러졌던……에라스도는……1세기 때 로마 고린도의 광장을 포장했던 조영관[귀족]인 에라스도[Erastus]와 동일 인물이 분명하다. 광장 안에 있는 극장의 동편 둔덕 곁 마당에 지금도 부분적으로 남아 있는 라틴어 명문에서 다음과 같은 원문을 볼 수 있다.

ERASTVS PRO AEDILIT[AT]E

S P STRAVIT

이 글귀를 번역하면 "에라스도가 조영관[장관] 직책에 대한 답례로 자비를 들여 포장하다"이다[S P=sua pecunia=자기 돈을 들여].

V. 바울의 마지막 송영[16:25-27]

25 나의 복음과 예수 그리스도를 전파함은 영세 전부터 감추어졌다가 26 이제는 나타내
신 바 되었으며 영원하신 하나님의 명을 따라 선지자들의 글로 말미암아 모든 민족이
믿어 순종하게 하시려고 알게 하신 바 그 신비의 계시를 따라 된 것이니 이 복음으로
너희를 능히 견고하게 하실 27 지혜로우신 하나님께 예수 그리스도로 말미암아 영광이
세세무궁하도록 있을지어다. 아멘.

18세기의 벵엘은 바울이 로마서에서 마지막으로 말한 세 절[16:25-27]이 맨 처음에 말한 다섯 절[1:1-5]과 "특히……[바울이 여기서 다루는] 하나님의 능력, 복음, 예수 그리스도, 성경, 믿음의 순종, 모든 민족이라는 주제에서" 얼마나 커다란 유사성을 지니는지 밝혀 냈다.[Bengel, 163] "감추어졌다가"라는 구절에 대해 벵엘은 다음과 같이 멋들어지게 설명한다. "구약성경은 조용히 작동하는 괘종시계와 같다. 그런데 신약성경으로 넘어오면 놋 시계추가 힘차게 울리는 소리가 들린다." 에드워즈는 두 성경의 관계를 다음과 같이 설명한다.[Edwards, 345] "하나님께서 '너희 모든 형제를 뭇 나라에서 나의 성산 예루살렘으로……태워다가 여호와께 예물

로 드릴 것이요'사 66:20라는 약속은 [신약성경의 복음 안에서] 현실로 이루어졌다." 피츠마이어는 바울이 **"이제는 나타내신 바 되었으며……모든 민족이……알게 하신 바 그 신비"**16:26라고 말하는 구절의 의미를 다음과 같이 설명한다.Fitzmyer, 754-755 바울은 "구약성경과 기독교의 연속성을 주장하여 그리스도 예수는 구약성경에서 가르친 그대로 오셨으며, 또 새로운 모양의 구원과 칭의는 [이미] 구약의 예언자들이 증언했던 것이요, [이제] 하나님께서는 당신의 구원 계획을 실현하셨다"고 가르친다. 스토트는 결론부에 들어 있는 바울의 송영을 깔끔하게 정리해서, 그 안에는 "구원하고 세우시는 하나님의 능력, 한때 감추어졌다가 이제 십자가에 달리고 부활하신 그리스도를 통해 드러난 비밀과 복음, 구약성경에 담긴 그리스도 중심적 증언, 기쁜 소식을 온 세상에 전하라는 하나님의 명령, 모든 민족에게 믿음으로 나와 순종하라는 부르심, 영원토록 홀로 영광 받으실 하나님께서 구원을 베푸시는 지혜가 담겨 있다"고 말한다.Stott, 406

"너희를 능히 견고하게 하실" 이는 크신 하나님이다. 바울이 **"나의 복음과 예수 그리스도를 전파"**하는 일에 힘쓰는 이유는 크신 하나님께서 이 로마서를 사용하셔서, 그리고 이 서신에 담긴 놀라울 정도로 그리스도 중심적인 선포, 곧 하나님께서 외아들이신 주 예수 그리스도의 기쁜 소식을 통해 인간 역사 속에서 행하셨고, 또 끊임없이 행하시게 될 일에 관한 선포를 사용하셔서 "너희를 능히 견고하게 하실" 수 있다고 믿기 때문이다. **"그 신비의 계시를 따라"**라는 구절은 '예수 이야기'를 가리키는 것으로, 바로 이것이 바울이 이 편지에서 제시하는 핵심이다. 이 신비는 로마서 이후에 몇십 년에 걸쳐 기록된 네 권의 복음서를 통해 그 소중하고 역사적인 면모를 선명히 드러내게 되는데, 이것을 가리켜 바울은 복음이라고 부르면서 **"선지자들의 글로 말미암아 모든 민족**

이……알게 하신 바"라고 설명을 덧붙인다. 바울은 "**이제는**" 복음서 저자들(사도행전에서 바울의 여행에 자주 동참했던 누가가 그 가운데 한 사람이다)이 활동하면서 '예수 이야기'를 기록하고 있다는 사실과 그 가운데서 가장 신뢰할만하고 좋은 이야기가 이방의 "**모든 민족**"에게까지 이르게 되리라는 것을 안다. 또 바울은 "**이 모든 일**"이 "**모든 민족이 믿어 순종하게 하시려고**" 이루어진 것이라고 덧붙여 말한다. 다시 말해 예수 그리스도의 이야기는 진리 가운데 진리이며, 지금까지 **인간에게 주신 하나님의 말씀 가운데서 가장 인격적인 말씀**이라는 사실을 믿어 순종하게 하려는 것이다. 하나님의 아들 예수의 이야기는 인격적이고 진심 어린 믿음을 요구한다. 이 믿음은 예수께서 하나님의 참 아들이시며 하나님께서 인간에게 주신 가장 인격적인 말씀이시라는 믿음이며, 그를 단순하게 믿는 사람이라면 누구나 참 하나님과의 완전히 바른 관계를 (믿음으로만![sola fide]) 허락받는다. 이것이 바로 기쁜 소식이다!

"**지혜로우신 하나님께 예수 그리스도로 말미암아 영광이 세세무궁하도록 있을지어다. 아멘.**" 이것이 바울의 결론이다!

···

이 서신은 진정 신약성경의 중심을 이루는 부분이며, 가장 순수한 복음이다. 이 서신은 그리스도인이라면 누구나 말씀 그대로 마음으로 이해해야 할 뿐만 아니라 날마다 온 정성으로 품어 영혼의 일용할 양식으로 삼아야 한다. "루터의 로마서 서언에서"『루터 전집 영문판』35:365

참고 문헌

ACCS. *Ancient Christian Commentary on Scripture*. (『교부들의 성경 주해』 분도출판사)

Achtemeier, Mark. *The Bible's Yes to Same-Sex Marriage: An Evangelical's Change of Heart*. Louisville: Westminster John Knox, 2014.

Althaus, Paul. *Der Brief an die Römer*. 8th ed. Das Neue Testament Deutsch 6. Göttingen: Vandenhoeck & Ruprecht, 1954.

Ancient Christian Commentary on Scripture. Vol. 6: *Romans*. Edited by Gerald Bray. Downers Grove, IL: InterVarsity Press, 1999.

Anselm, Saint. *Proslogium; Monologium*;……and *Cur Deus Homo*. Translated by Sidney Norton Deane. La Salle, IL: Open Court Publishing, 1954. (『모놀로기온 & 프로슬로기온』 아카넷)

Bainton, Roland H. *Here I Stand: A Life of Martin Luther*. New York: Penguin Books, 1950. (『마르틴 루터』 생명의말씀사)

Barclay, William. *The Letter to the Romans*. Daily Study Bible. Edinburgh: Saint Andrew Press, 1969.

Barrett, C. K. *The Epistle to the Romans*. 2nd ed. Black's New Testament Commentary. London: Hendrickson, 1991.

Barth, Karl. *The Epistle to the Romans*. Translated by Edwyn C. Hoskyns from the 6th German ed. London: Oxford University Press, 1976. (『로마서』 복 있는 사람)

———. *A Shorter Commentary on Romans*. London: SCM, 1959.

Bengel, Johann Albrecht. *Gnomon of the New Testament*. Vol. 2. New York: Sheldon, 1860. Orig. pub., 1742.

Book of Confessions. Part 1 of *The Constitution of the Presbyterian Church* (U.S.A.). Louisville: Presbyterian Church (U.S.A.), Office of the General Assembly, 1991.

Bornkamm, Günther. *Early Christian Experience*. Translated by Paul Hammer. London: SCM, 1969.

Bruner, Frederick Dale. *The Gospel of John: A Commentary*. Grand Rapids: Eerdmans, 2012.

———. *Matthew: A Commentary*. Revised and expanded edition. Vol. 1: The

Christbook: Matthew 1–12; vol. 2: The Churchbook: Matthew 13–28. Grand Rapids: Eerdmans, 2004.

———. *A Theology of the Holy Spirit: The Pentecostal Experience and the New Testament Witness*. Grand Rapids: Eerdmans, 1970. (『성령신학』 나눔사)

Bruni, Frank. "The Sunday Review." *New York Times*, August 11, 2019, p. 3.

Burns, J. Patout, Jr., trans. and ed. *The Church's Bible: Romans—Interpreted by Early Christian Commentators*. Grand Rapids: Eerdmans, 2012.

Calvin, John. *Commentary upon the Epistle of St. Paul to the Romans*. Edinburgh: Calvin Translation Society, 1998. (『칼빈주석 로마서』 규장)

———. *The Epistles of Paul the Apostle to the Romans and to the Thessalonians*. Calvin's Commentaries. Grand Rapids: Eerdmans, 1960.

Cranfield, C. E. B. *Romans*. 2 vols. International Critical Commentary. London: T&T Clark, 1975; 16th impression, 2010. (『C.E.B. 크랜필드의 로마서 주석』 생명의말씀사)

Dunn, James D. G. *Romans*. 2 vols. Word Biblical Commentary. Dallas: Word, 1988. (『로마서(상), (하)』 솔로몬)

Durant, Will. *Caesar and Christ: A History of Roman Civilization and of Christianity from Their Beginnings to AD 325*. Vol. 3 in The Story of Civilization. New York: Simon & Schuster, 1944. (『카이사르와 그리스도』 민음사)

Edman, V. Raymond. *They Found the Secret: Twenty Transformed Lives That Reveal a Touch of Eternity*. Grand Rapids: Zondervan, 1960; repr., 1984.

EDNT. *Exegetical Dictionary of the New Testament*.

Edwards, James R. *Romans*. New International Biblical Commentary. Peabody, MA: Hendrickson, 1992.

Exegetical Dictionary of the New Testament. Edited by Horst Balz and Gerhard Schneider. 3 vols. Grand Rapids: Eerdmans, 1990–93.

Fitzmyer, Joseph A. *Romans: A New Translation, with Introduction and Commentary*. Anchor Bible 33. New Haven: Yale University Press, 1993. (『앵커바이블 로마서』 CLC)

Godet, Frederick L. *Commentary on the Epistle to the Romans*. 2 vols. Zondervan Commentary Series. Edinburgh: T&T Clark, 1881–82; repr., Grand Rapids: Zondervan, 1968.

Heidelberg Catechism (1563). In Book of Confessions, part 1 of *The Constitution of the Presbyterian Church* (U.S.A.). Louisville: Presbyterian Church (U.S.A.), Office of the General Assembly, 1991. (『하이델베르크 요리문답』 성약)

"Here Comes the Sun." In the Beatles album *Abbey Road*, 1969.

Hultgren, Arland J. *Paul's Letter to the Romans: A Commentary*. Grand Rapids: Eerdmans,

2011.

Jewett, Robert. *Romans: A Commentary*. Hermeneia. Minneapolis: Fortress, 2007.

The Jewish Annotated New Testament. Edited by Amy-Jill Levine and Marc Zvi Brettler. Oxford: Oxford University Press, 2011. 2nd revised and expanded edition, 2017.

Joint Declaration on the Doctrine of Justification: The Lutheran World Federation and the Roman Catholic Church [1999]. Grand Rapids: Eerdmans, 2000.

Käsemann, Ernst. *Commentary on Romans*. Translated by Geoffrey W. Bromiley from 4th German ed. Grand Rapids: Eerdmans, 1980. Orig. pub., 1973. (『로마서』 한국신학연구소)

Keck, Leander E. *Romans*. Abingdon New Testament Commentaries. Nashville: Abingdon, 2005.

Kittel, Gerhard, ed. *Theological Dictionary of the New Testament*. Translated by Geoffrey W. Bromiley. Grand Rapids: Eerdmans, 1964–74. (『신약성서 신학사전』 요단출판사)

Kümmel, Werner Georg. *Römer 7 und das Bild des Menschen im Neuen Testament: Zwei Studien*. Munich: Kaiser, 1974. From Kümmel's 1929 Heidelberg dissertation.

Leenhardt, Franz J. *The Epistle to the Romans*. Translated by Harold Knight. London: Lutterworth Press, 1961. French orig., 1957.

Lietzmann, D. Hans. *An die Römer*. 5th ed. Handbuch zum Neuen Testament 8. Tübingen: Mohr Siebeck, 1971.

Lightfoot, J. B. *Notes on the Epistles of St. Paul*. Eugene, OR: Wipf & Stock, 2001. Orig. pub., 1895.

Luther, Martin. *Lectures on Romans: Glosses and Scholia. Vol. 25 of Luther's Works: American Edition*. Edited by Hilton C. Oswald. St. Louis: Concordia Publishing House, 1972.(『루터: 로마서 강의』 두란노아카데미)

———. *The Luther Bible of 1534: Complete Facsimile Edition. Vol. 2: The New Testament*. Paris: Taschen, 2016.

———. *Luther: Lectures on Romans*. Translated by Wilhelm Pauck. Library of Christian Classics 15. Philadelphia: Westminster, 1961.

———. "On the Jews and Their Lies" (1543). Pages 121–306 in vol. 47 of *Luther's Works: American Edition*. Philadelphia: Fortress, 1971.

Meyer, Heinrich August. *Critical and Exegetical Handbook to the Epistle to the Romans*. 6th ed. Winona Lake, IN: Alpha Greek Library, 1979. Orig. pub., 1873.

Michel, Otto. *Der Brief and die Römer*. 12th ed. Meyer Kritisch-exegetischer Kommentar über das Neue Testament. Göttingen: Vandenhoeck & Ruprecht, 1963.

Mohrlang, Roger. *Romans*. Cornerstone Biblical Commentary. Carol Stream, IL: Tyndale

House, 2007.

Moo, Douglas J. *The Epistle to the Romans*. New International Commentary on the New Testament. Grand Rapids: Eerdmans, 1996. (『NICNT 로마서』 솔로몬)

The New Jerome Biblical Commentary. Edited by Raymond E. Brown, Joseph A. Fitzmyer, and Roland L. Murphy. Englewood Cliffs, NJ: Prentice Hall, 1990.

NRSV = New Revised Standard Version.

Nygren, Anders. *Commentary on Romans*. Translated by Carl C. Rasmussen. Philadelphia: Muhlenberg Press, 1949. Swedish orig., 1944.

The Oxford Bible Commentary. Edited by John Barton and John Muddiman. Oxford: Oxford University Press, 2001.

REB = *Revised English Bible*.

Sanday, William, and Arthur C. Headlam. *The Epistle to the Romans*. 2nd ed. International Critical Commentary. New York: Scribner's Sons, 1896.

Sanders, E. P. Paul and Palestinian Judaism: A Comparison of Patterns of Religion. Philadelphia: Fortress, 1977. (『바울과 팔레스타인 유대교』 알맹e)

———. Paul, the Law, and the Jewish People. Philadelphia: Fortress, 1983. (『바울, 율법, 유대인』 감은사)

Schlatter, Adolf. *Die Briefe des Paulus*. Erläuterungen zum Neuen Testament. Stuttgart: Calwer, 1921.

———. *Gottes Gerechtigkeit: Ein Kommentar zur Römerbrief*. 3rd ed. Stuttgart: Calwer, 1959. (『로마서강해』 종로서적)

Stott, John R. W. *The Message of Romans: God's Good News for the World*. The Bible Speaks Today. Downers Grove, IL: InterVarsity Press, 1994. (『로마서』 IVP)

Str.-B. = Hermann L. Strack and Paul Billerbeck. *Kommentar zum Neuen Testament aus Talmud und Midrasch*. Vol. 3: *Die Briefe des Neuen Testament und die Offenbarung Johannes*. 3rd ed. Munich: Beck, 1926.

Stuhlmacher, Peter. *Paul's Letter to the Romans: A Commentary*. Translated by Scott J. Hafemann. Louisville: Westminster John Knox, 1994. (『로마서 주석』 장로회신학대학교출판부)

Wilckens, Ulrich. *Der Brief an die Römer*. 3 vols. in 1. Evangelisch-Katholischer Kommentar zum Neuen Testament 6. Neukirchen-Vluyn: Neukirchener & Patmos Verlagen, 1982–87.

Wright, N. T. *Romans: Paul for Everyone*. Louisville: Westminster John Knox, 2004. (『모든 사람을 위한 로마서 1, 2』 IVP)

Zahn, Theodor. *Der Brief des Paulus an die Römer*. Leipzig: Deichert, 1910.

인명 색인

ㅅ

ㅇ

ㅈ

ㅊ

ㅋ

ㅌ

ㅍ

ㅎ

주제 색인

ㄴ

ㄷ

ㄹ

ㅇ

ㅈ

ㅊ

ㅋ

ㅌ

ㅍ

성구 색인

사도행전

로마서

고린도전서

고린도후서